国重臣系列

魏徵

不留情面的谏臣

冯晖 著

辽宁人民出版社

图书在版编目（CIP）数据

不留情面的谏臣：魏徵 / 冯晖著． -- 沈阳：辽宁
人民出版社，2025．4． --（历代开国重臣系列 / 赵毅
主编）． -- ISBN 978-7-205-11315-5

Ⅰ．K827=421

中国国家版本馆 CIP 数据核字第 2024AC3849 号

出版发行：辽宁人民出版社
　　　　　地址：沈阳市和平区十一纬路 25 号　邮编：110003
　　　　　电话：024-23284191（发行部）　 024-23284304（办公室）
　　　　　http：//www.lnpph.com.cn
印　　　刷：嘉业印刷（天津）有限公司
幅面尺寸：165mm×235mm
印　　张：19
字　　数：215 千字
出版时间：2025 年 4 月第 1 版
印刷时间：2025 年 4 月第 1 次印刷
责任编辑：刘　明
封面设计：乐　翁
版式设计：一诺设计
责任校对：吴艳杰
书　　号：ISBN 978-7-205-11315-5
定　　价：58.00 元

"历代开国重臣系列" 序

　　展示在读者面前的这套"历代开国重臣系列"，共收录了中国帝制时代由秦至清辅佐开国皇帝创立基业的重臣李斯、萧何、张良、王导、高颎、魏徵、赵普、耶律楚材、李善长、刘基、多尔衮、范文程12人的传记，除东晋王导外，其余11位传主均为统一型王朝之开国重臣。共计10册，由10余位史学工作者分别撰写完成。

　　自秦灭六国，一统天下，至清军入关，定鼎中原，2000余年的帝制时代，王朝更迭反复无常，国运盛衰纷纭不定，形形色色的人物轮番登上历史舞台，演出了一幕幕人间悲喜剧。

　　时代造就了这些历史人物，历史就在这幕起幕落中悄然前行。没人怀疑人民是创造历史的动力这一至理名言，中华民族勤劳、勇敢、睿智绝非虚语，杰出人物只有在顺应历史潮流和民众意愿的前提下，才能在时代变革中运筹于帷幄之中，决胜于千里之外。

但是，历史不可能将每个人的活动都详尽地加以记载，翻检正史、政书、实录，唯帝王将相、英雄豪杰之履历和业绩而已。因此，当今天的人们追溯历史、探究历史，只能披阅典籍，循着那些杰出人物的足迹去把握历史发展的脉动。

不仅如此，杰出人物的活动并非只是历史潮流、人民意愿的被动反映。他们是历史的灵魂、人民的代言，当关键时刻来临，他们敢于挺身而出，拔剑而起，建立不朽的功勋和皇皇伟业。

倘若没有这些杰出人物，历史将黯然失色，民众将无所适从。从这层意义来说，书写、研究杰出人物的活动虽然是我们认识历史的被动选择，但也是必然选择。

本套书所收录的12位开国重臣，是这类人物中的典型。他们或来自旧王朝的世家豪族，或出身旧王朝的基层属吏，或属于旧王朝的达官显宦，或是旧王朝失意的知识分子。他们所面临的形势正值新旧王朝交替。当是之时，沧海横流，匹夫兴志，群龙无首，兆庶失归，社会需要新的理念，群黎需要新的代言。

这些人物起于山泽草莽、陇亩幽隐之间，得逢明主，风云际会，展布平生大志。有人挟聪睿之资，经天纬地，一言兴邦；有人荷新主眷顾，克己尽忠，死而后已；有人以持重著称，审时度势，力挽狂澜；有人以刚正名世，规谏君主，勇揭逆鳞，以诤臣流芳后世；有人以博通经史为本，申明典章，恢宏治道；有人以勇略见长，深谋远虑，克敌制胜。

他们佐开国之君于基业草创，拯倒悬之民于水火，成就大业，建立奇勋，垂名当世，贻范后昆。从这一视角观察，他们是成功人物，是时代骄子。但是，从另一视角观察分析，他们中的许多人又是失败人物，难以逃脱悲剧结局。他们所生活的时代，正值专制皇权日渐强化，尊君卑臣日益泛滥。

当大业未就的创业阶段，历史与社会的局限使他们不可能完全按照理想模式重建公平与正义，如此局面之中，委曲求全，已是不可避免；当新朝既立，新皇位加九五之后，这些人虽身处国家权力核心，但地位往往微妙，甚至尴尬。功高震主，兔死狗烹者不乏其人；在权位角逐中，为佞臣诬诋，落职除爵，被赶回"高老庄"者大有人在；而因亲故失检、子孙败德受到牵连，身败名裂者更为常见。像西汉开国重臣张良佐高帝创大业，功成名就，急流勇退，保持令名者并不多见。

本套书作者探微索幽，铺排史实，目的并非仅仅在于重现 12 位传主的一生主要经历和功过是非，还在于透过这些人的升降浮沉，展示由秦至清 2000 余年间中国历史发展演变的大体脉络和基本规律；不仅使读者了解上述杰出人物对社会发展带来的推进和影响，也要使读者了解社会现实和文化环境印在这些杰出人物思想与行为上的烙印，从而获得对中国帝制时代历史较为深刻而具体的认识。该书若能在全民普及历史教育的活动中发挥作用，则是作者和编辑最大的心愿。

本套书曾在多年前刊印行世。此次，由辽宁人民出版社再度修订出版。书中所叙述的内容，基本依据典籍所载史实并参酌部分民间传说。对问题的看法及对传主的评价，或基于作者个人的研究探索，或吸纳学界同行的成果，力求科学、实事求是，反映本领域的最新学术认知。

为了使传主形象生动、丰满，使文本富有可读性，在修订过程中，尽力搜求文献资料、披阅同行论著，对传主政治、经济、军事和文化方面的建树乃至生活细节都进行了尽可能详尽的研究。在语言文字方面，力求清新流畅、简洁明快，融学术性和通识性于一体，雅俗共赏是我们期待的社会效果。

本套书规模较大，成于众手，风格互异，在所难免。本套书编撰之初，有的作者已是名满学界的教授，有的还是史学新兵，功力不同，水平必有参差，亦可预料。在本套书修订再版之际，我们诚恳欢迎广大读者批评指正。

辽宁师范大学　赵毅

2023 年 5 月 12 日

目　录

第一章 官宦世家，中道而衰

古城巨鹿坐落在今河北省境内，依山傍水，风景秀丽，人杰地灵，历代出现了许多杰出的人物。大唐开国功臣名相魏徵，就出生于巨鹿的下曲阳（今河北晋州西），后来举家迁到相州内黄（今河南内黄）。

魏徵，表字玄成，生于 580 年，即北周宣帝大象二年。他所出生的官宦世家，属于典型的书香门第，是当地的名门望族。其家从北魏以来就是很有权势的官僚地主。从其曾祖直至其父都知识渊博，才能出众，在朝中位居显官。

魏徵的曾祖父魏钊，本名显义，字弘理。魏钊博闻强识，深受魏世祖喜爱，赐名魏钊，仍命以显义为本字。少时即博览群书，精通儒家经典，擅长辩论，文才武略无不精通，有济世之才，在当时中原一带颇有名望。魏世祖向南征讨淮上地区，听说魏钊才能出众，便召他随军同行。见面之后，言谈之中颇为投机，魏世祖非常高兴。世祖对魏钊说："现在我这次进军，正是你建功立业的好机会，希望你能充分发挥自己的才能，好好地做事，不用发愁不富贵通达。"当即任命其为内都直，每天侍从左右。

当时魏军驻扎在淮南一带，由于敌军的顽强抵抗，伤亡很大，却没攻下一座城池。情况对魏军十分不利，世祖愁得寝食不安。魏钊详细了解情况之后，知道立功的机会到了，就对世祖说："陛下的百万大军，如风行电扫，攻城略地，所向披靡，锐不可当，可是进军到淮南，已经很多天了，义阳等城池还敢于拒守不降，这不是不害怕灭亡，自以为一定能够保全，只是因为陛下的士兵所到之处，杀掠太多的缘故，人们都害怕得不到一点儿实惠，恐怕一旦投降，妻子儿女的性命都不保，所以才迟疑不决，不敢首先开城来投降。臣请求潜入城中，传达陛下的旨意，晓以诚信，他们一定会相继献城投降的。陛下可以选拔有能力的人，加以任用。其他各城，不用一兵一卒就可以安定下来。"世祖闻言，高兴地说："我所以召你，正是为此。你刚才所说的，正符合我的想法。"

魏钊于当夜进入义阳城中，向城中的守将晓以利害，指明出路，城中百姓均很高兴，第二天一早就开门投降了。从这以后的进军途中，敌人望风归服。魏钊的声望大大提高了，更加受世祖的赏识和重视。世祖夸赞魏钊说："你的一句话，胜过十万大军；宣传我的信义，使之达于四方，的确是靠你一个文人的力量啊！"随即授命魏钊为义阳太守、陵江将军。又令魏钊与诸将统兵讨袭，所向披靡，军中的将士都非常佩服他的勇敢和智谋。世祖对群臣说："中原的士人，我都搜罗提拔殆尽，论文武胆略，没有像魏钊这样出色的了。"又加官为建忠将军，追赠其父魏处为顺州刺史。

魏徵的祖父魏彦，字惠卿。魏彦也是一个很有才学的士人，他博学善写，生性淡泊，多次被北魏诸王辟召为幕僚而不就。陈留公李崇特别器重他，引荐为镇西参军事。李崇讨伐叛氐杨灵珍、叛蛮鲁北燕，又请他为记室参军，均有不凡表现。中山王拓跋英讨伐淮南，也请他为记室参军。还朝之后，魏彦请求为著作郎，一心想从事著述，修撰《晋书》，树立不朽的功业。因当时私家著述史书，《晋书》作者有好多家，体例繁杂。魏彦想改正其纰缪，删掉其中的游辞，自成一家之典。可是不久彭城王听说李崇称赞魏彦，就请魏彦当幕僚，兼知客郎中，因政务缠身，修史的事只好一拖再拖，没有实现。彭城王遇害之后，魏彦心灰意冷，退守田园。清河王久闻其名，又请他为谘议。清河王势大名重，深为权幸所疾。魏彦恐怕遭受祸患，以身体多病为由辞官。之后他又被北魏皇帝拓跋诩任命为骠骑长史、光州刺史等。

魏徵的父亲魏长贤，早年曾经在洛中（今河南洛阳）学习儒家经典，博涉经史，词藻清华，被任命为汝南王说参军事。进入北齐后，平阳王淹任命他为法曹参军，接着转任为著作佐郎，掌管编纂国史的工作。他想完成其父未完成的心愿，继续编纂《晋书》。但是，由于当时的阶级矛盾、民族矛盾都很尖锐，赋役繁重，民不聊生，卖官鬻爵，贪贿成风，魏长贤不满当时的社会现实，于河清二年（563）前后上了一道奏疏，讥讽北齐统治者的残暴，大忤权幸，结果被贬为上党屯留县令。

这件事在当时震动很大。有些魏家的亲朋好友都认为魏长贤过于耿直，不顾时机、条件轻发议论，得罪了当权者，因此，写信规劝他苟且偷安，以便维持自己的地位。魏长贤接到书信后，立即复信，作了明确的回答。他认为士人立身处世，尽管途径不同，在原则上是一致的，这就是忠孝。凡是做官的人都应该对国君尽忠，劝君以仁义为先，对于黑暗的政治、道德沦丧的社会现实，不能"大臣持禄而莫谏，小臣畏罪而不言"。默默苟容，这不是我平生的本意。况且我的先人世传儒业教导我为子之道、事君之节。我愿意去掉一恶，树立一善。不违背先人的旨意，说与不说在于我，用与不用在于时。这封信发出之后，很多人都大为不满，认为魏长贤太固执己见，不识时务。但他怡然处之，全然不顾外界的舆论。

正是魏长贤这种刚直不阿、直言敢谏、正道而行的风度，为君尽忠、为父尽孝的封建道德，在年幼的魏徵心灵中产生了一定的影响，为其以后的政治生涯树立了榜样。武平年间，魏长贤因病辞职，一直到北齐灭亡，不再出来做官。周武帝灭齐以后，积极搜罗人才，聘请他做官的诏书屡降，但他均以身体有病婉言谢绝了。唐贞观年中，被追赠为定州刺史。

魏徵，可以说是出生于书香门第的官宦世家，从小就熟知先祖的事迹。家庭的熏陶，使他立志成就一番事业。但不幸的是，魏徵的父亲去世较早，魏徵从小就孤贫落魄，加之用心攻读，不善于经营家中的产业，家世很快就衰落了，失去了往日的权势。

面对家业的衰落，魏徵感到无能为力，不得不过着一种清贫的生活。但他性格坚强，胸怀大志，家道的衰落并没有使他意志消沉，甘心于垄亩生涯，醉心于生财之道；相反，他并不关心家庭生计、经营财产，而是闭门读书，终日手不释卷。他以奋发向上的激情和渴求知识的强烈愿望，博览了大量的文史书籍，特别留心于历代王朝兴衰得失之道，从中汲取了很多有用的知识。同时，家道的衰落也使魏徵脱离了上层社会的腐朽生活，开始接触社会的下层人民，得以细致地观察黑暗的社会现实，体会到了世态炎凉。这些都为他以后从政、治史奠定了良好的基础。

第二章

动荡岁月，犹豫彷徨

魏徵生于 580 年，正是北周外戚杨坚建立隋朝的前一年，他的少年和青年时代都生活在隋代。

杨坚在 581 年篡权后，恰逢混乱时期，南北分割，各个割据势力为争夺地盘、人口和权力，彼此进行连年不断的战争，人民痛苦不堪。

隋文帝杨坚是中国古代一位有作为的皇帝，在隋朝前期，他以身作则，励精图治，为了加强封建的中央集权，巩固国家的统一，在政治、经济、法律、兵制等方面，重新整顿，并且建立了一些相适应的制度。这些制度对隋朝以后的各个封建王朝特别是取代隋的唐王朝产生了深远的影响。

隋文帝的内政改革和整顿，有利于战乱后经济的恢复和发展；南北统一局面的出现，使人民的生产和生活稳定，促进了封建经济的短期繁荣。因此，在隋王朝统治的时期，几百年来迟缓发展的社会经济，迅速走上了上升的道路，使农业、工商业、贸易等有了长足的发展，为封建社会的繁荣奠定了基础。

在农业方面，全国的耕地面积增加很多，开皇九年，即隋朝灭掉南陈、统一全国的 589 年，全国垦田面积统计有一千九百四十万四千二百六十七顷，到隋炀帝大业五年，即 609 年，短短的二十年时间里，增加到五千五百八十五万四千零四十顷，增加了近两倍。农业发展的具体表现是粮食储备量大大增加，当时，隋朝政府在全国各地设置了许多官家粮仓，特别是在长安和洛阳附近，更是星罗棋布。开皇三年（583），在卫州（今河南卫辉）设置了黎阳仓，洛州设置了河阳仓，陕州（今河南三门峡）设置了常平仓，华州（今陕西华州）设置了广通仓。大业元年（605），隋炀帝杨广下令营建东都洛阳，当时在宫城的东边添建了含嘉仓，在宫城右掖门西增设了子罗仓，储粳米六十窖，每窖储粮八千石。第二年又设置洛口仓，又名兴洛仓，同时在巩县东南高地，筑仓城周二十里，内设三千窖，每窖储量八千石；在洛阳城北设置回洛仓，仓城周围十里，内有三百窖。开皇末年，总计天下粮储，可供五六十年。库藏之多，前所未有，到大业初年，东都洛阳的布帛堆积如山，太原的粮储可够用十年，以至于到唐贞观十一年（637），大臣马周对唐太宗说："隋家储洛口，而李密因之；西京府库，亦为国家所用，至今未尽。"这就是说，隋朝已经灭亡二十年了，他们储备的粮食还没有用完，可见隋朝农业的发展、库藏粮食的充实，确实惊人。开皇五年（585），隋文帝又在全国各地设置义仓，以备荒年饥馑时救灾急用。农民每年在秋收以后交纳一些粮食，放在义仓，由本地的社司管理，发生灾荒急难时便开仓济赈。到开皇十五年（595），封建政府直接控制了义仓。

随着农业的发展，土地的重新开垦，生产的恢复，人口也逐年增长。在封建社会，人口的增长也是社会发展进步的重要标志之一。开皇元年（581），全国只有三百五十九万九千六百零四户，灭掉南陈后，增加户数五十万，到大业二年（606），上升到八百九十万七千五百三十六户，人口数是四千六百零一万九千九百五十六口。仅仅二十余年的时间，全国户数增加了一倍以上。

　　隋朝农业的发展，为工商业的发达创造了条件，而南北大运河的开凿，又促进了全国各地的物资交流，因此隋朝的工商业也出现了繁荣昌盛的局面。长安、洛阳、蜀郡、荆州、吴郡、会稽、毗陵、豫章、余杭、宣州、蔡州、岐州等大中城市的工商业都很发达。隋朝初，与周围的各少数民族以及外国的贸易往来也很频繁。

　　仁寿四年（604）正月，虚弱的隋文帝离开京师，到仁寿宫休养。这一年隋文帝已经六十四岁，到仁寿宫不久就病倒了。野心勃勃、迫不及待的文帝的四子杨广，派一个名叫张衡的人直入隋文帝寝室，把隋文帝身旁的人全部支开。不一会儿，张衡从寝室中走了出来，大声嚷道："皇上已经驾崩，你们为什么不早些报告！"众宫人吓得不敢说话。实际上，隋文帝是被张衡杀死的。据说，张衡入宫，杀害了隋文帝，鲜血染红了屏风，喊痛的声音传得很远。这一天正是仁寿四年七月十三日。

　　杨广害死父亲的当天夜里，霸占了隋文帝的宠妃宣华夫人和容华夫人。不久，又杀害了他的哥哥及原先的太子杨勇父子共十人。仁寿四年七月二十五日，弑父、杀兄、淫母的杨广登上了皇帝的宝座，他就是中国历史上有名的暴君隋炀帝。

　　隋炀帝不仅荒淫无度，而且残暴毒辣。为了满足他骄奢淫逸的生活，在大业元年（605）春天，正式颁布诏书，任命宰相杨素为营建东京大监，纳言杨达、将作大匠宇文恺为副监，每月征调民夫二百万人，开始了营建东都洛阳的宫城。为了供自己游玩享乐，隋炀帝在营建洛阳城的同时，还在洛阳城西修建一座显仁宫。这个宫殿规模极其宏大，周围十几里，南连皂涧，北接洛滨，有奇峰曲水，优美林亭。又在大业元年（605）五月，修筑西苑，周围二百余里，苑内有海，名叫积翠池，周围十几里，海中建有蓬莱、方丈、瀛州等名山，每座山相距三百步，各高出水面十丈，亭台楼阁，罗列山上，互相掩映，金碧辉煌。在海的北面又修建一条龙鳞渠，曲曲折折，注入海中。沿渠还修建了十六座宫院，每院由一名四品夫人主持。每到月明星稀之夜，隋炀帝就来西苑游玩，常常彻夜不归。苑中的树木，湖中的荷花，到秋冬时节叶子要落，隋炀帝就命人剪锦彩为花叶，锦彩褪色，就马上更换新的，西苑总是给人以四季如春的感觉。

隋炀帝营建东都和修筑西苑，役使了大量人力，耗费了无数资源。从长江以南、五岭以北运来许多奇材异石，还有不少珍禽异兽和名花异草。据说从南方采集的大木，在运往洛阳途中，所过州县，百姓往返运送，前后相连一千多里，有的大木柱，需要运夫两千人，运费数十万钱。在东都营建过程中，每月役使的二百万民夫中，有三分之一的人因疲病而死。隋炀帝的荒淫和残酷，给人民带来了极大的灾难和痛苦。

隋炀帝又在全国各地建造了四十多座离宫。还征调一千万十五岁以上的男子，用了整整六年的时间开凿了一条北起涿郡、南到余杭全长四千八百多里的大运河。开凿大运河，使南北的交通方便起来，这本是一件好事，但隋炀帝开凿运河的目的是方便他到江南游玩。大运河在挖掘的过程中，男丁不足，就征调妇女，一半以上的人都被役使死了。

大业元年（605）八月，隋炀帝不等大运河全部竣工，就开始了江都之行。他乘坐的龙舟，高四丈五尺，宽五丈，长二十丈，建有正殿、内殿和东西朝堂，以及房屋数百间，全都金玉装饰，雕刻花纹。拉龙舟的总计一千多人，一律穿锦彩衣袍。皇后坐的船叫翔螭舟，拉船人九百多名。嫔妃坐的船叫浮景舟，总计九艘，每艘拉船人二百多名。贵人、美人和十六院妃子乘漾彩舟，共三十六艘，每艘拉船人一百名。除上述外，还有各式各样的豪华大船上千艘，上面坐着官人、诸王公主、僧尼道士、各国使节、宫廷卫士，总计拉船人八万多名。整个船队长达二百多里，两岸还有二十万骑兵护送。

隋炀帝三次游玩江都，每次船队所过州县五百里内，皆令百姓贡献出山珍海味，吃不完的一律埋掉。耗费财物无数，百姓不堪重负，怨声载道。地方官吏竭尽搜刮之能，置办礼物，弄得百姓倾家荡产，激化了阶级矛盾。

隋炀帝不仅荒淫腐朽，寻欢作乐，而且好大喜功，穷兵黩武。他继位后极力向少数民族和外国炫耀富强，引诱西域各国使者和商人齐集洛阳，从正月十五夜里开始，在天津街开设百戏场，为西域人演奏，戏场周围五千兵，有一万人吹奏，声音传出数十里，灯光亮如白昼，一直演奏了十五天。隋炀帝还下令点缀洛阳市容，把所有的树木都饰以锦花，让商人穿上华丽的衣服，甚至卖菜的地方也用贵重的龙须席铺地。西域的商人来到饭馆门前，饭店老板请他们吃饭，酒足饭饱，不要分文，还欺骗这些商人说："中国富足，吃饭不要钱。"

为了对外炫耀武力，从大业八年（612）开始，先后发动了三次进攻高句丽的战争。为了进攻高句丽，隋炀帝进行了长时期的准备。大业五年（609），他命令幽州总管元弘嗣，在东莱（今山东莱州）督造大船三百艘，工匠们日夜泡在齐腰深的水里劳动，自腰部以下由于得不到休息全都腐烂生蛆，几乎一半人葬身海底。进行长途跋涉的战争必须有装运衣甲帐篷之类的战车，隋炀帝命令江南、淮南、河南等地的老百姓制造战车五万辆并送到河北。

在备战过程中还要有粮食，俗话说"兵马未动，粮草先行"。隋炀帝从水陆两方面征调粮食，他调发江淮以南的民夫和船只，转运黎阳和洛口的仓米，经永济渠运到涿郡，舳舻相接千余里，来往于道路的民夫们经常有几十万人，日夜不停，以致死者相枕于路。水路不够，还下令征调山东一带的畜力车进行陆运，把米运到泸河、怀远二镇。畜力车不够，就用人力车。人力车夫达六十多万人，每两人推三石米，由于道路遥远险阻，车到达目的地以后，车上的粮食也吃光了。车夫们无法交差，只好大批逃亡。

大业八年（612），隋炀帝发动了第一次进攻高句丽的战争。征调一百一十三万农民充实军队，加上转运粮饷的民夫，将近四百万人。他自认为出师必胜，事先任命了受降使者。但是，无论水军还是陆军，都遭到了惨重的失败，水军登陆的四万人，因进攻平壤时纵兵大肆抢掠，被高句丽打得大败，只有几千人逃回船上。陆军渡过鸭绿江的有三十万人，由于士兵自带口粮负载过重，疲惫不堪，最后弃粮而行，饥困交迫，也被打败，生还的只有二千七百人。这次战争虽然失败，隋炀帝还没有清醒，仍旧一意孤行，又于大业九年（613）发动了第二次对高句丽的战争。这时，国内阶级矛盾已达白炽化，爆发了农民起义。统治集团内部也分化，大官僚杨玄感在黎阳（今河南浚县）发动兵变，进攻东都。隋炀帝内外交困，不得不从高句丽撤军，丢弃了所有的军用物资。隋炀帝调回军队镇压了杨玄感的兵变，杀了三万多人，流放六千多人，还残杀了一批从杨玄感那里领过救济粮的老百姓。疯狂的屠杀，更激起了农民起义的高涨。隋炀帝无视劳动人民的反抗力量，顽固不化，继续在大业十年（614）发动了第三次对高句丽的战争。这年七月，来护儿又在高句丽登陆，高句丽王请降，隋炀帝就此班师回国。

隋炀帝继位以来，骄奢淫逸，横征暴敛，穷兵黩武，全国劳动人民疲惫不堪，饥寒交迫，挣扎在死亡线上。全国大规模的征调，劳动力锐减，田园荒芜，连年征战，广大人民靠树皮野菜充饥。沉重的兵役、徭役和饥饿的折磨，终于引起广泛的不满和反抗，人们纷纷揭竿而起。

大业七年（611），齐郡邹平（今山东邹平）人王薄首先在长白山（今山东章丘）点燃了反抗隋朝的烈火。当时山东、河南两省正闹水灾，淹没了两省三十多个郡县，而且山东又是隋炀帝进攻高句丽的军事前沿基地，他对当时灾情不闻不问，还认为这样危难的情况更能激励人民当兵为他作战，到处悬榜招兵，以至发现在大街上行走的青壮年就抓来服兵役，正在做着征服高句丽的美梦，无视劳动人民的困顿劳苦，对他们的死活漠然置之，被抓去的人在路上不是累死、饿死，就是被残暴的军官活活折磨死，多少人妻离子散，家道败落，路边的枯骨随处可见。王薄早先曾做过私塾先生，当时也在征兵之列，愤世嫉俗，认为隋王朝摇摇欲坠了，已是最后的挣扎了，自称"知世郎"，意思是"时事可知"，以先知先觉自居，借以树立自己的威信，并宣传隋代必然灭亡的主张。他审时度势，作了一首《无向辽东浪死歌》，来激励起义群众的士气，号召人民起来对腐败的隋王朝进行武装斗争，不要为隋炀帝的个人所好去无端送死。歌词写道：

长白山前知世郎，纯着红罗锦背裆。

长矟侵天半，轮刀耀日光。

上山吃獐鹿，下山吃牛羊。

忽闻官军至，提刀向前荡。

譬如辽东死，斩头何所伤！

传说王薄教书失业后还曾做过铁匠，有一手打铁的好手艺，贫困的农民都把家里剩存的铁器收集起来，送到王薄那里打造军械。不知谁又写了一首歌谣：

要抗兵，要抗选（指隋炀帝强选美女），

家家都把铁器敛，敛起来做成枪，昏君赃官都杀个光。

王薄的长白山起义揭开了声势浩大的隋末农民大起义的序幕，成为抗击暴隋的先声。"星星之火，可以燎原。"一呼百应，起义军很快遍及神州大地。

同年，孙安祖、窦建德在高鸡泊（今山东武城），张金在郁县（今山东夏津），高士达在蓚县（今河北景县），刘霸道在豆子航（今山东惠民）等地起义。翟让与单雄信、徐世勣在瓦岗（今河南滑县东南），外黄王当仁、济阳王伯当、雍丘李公逸、韦城周文举及其他不知名者纷纷响应起义。

大业九年（613），隋炀帝发动了第二次进攻高句丽的侵略战争，以反兵役、反徭役、反人身依附为中心的隋末农民大起义也更加迅速高涨起来，农民起义不仅遍及山东、河南、河北各地，而且发展到大江南北、长城内外。孟海公据济阳周桥（今山东曹县），孟让在齐郡（今山东济南），郭方预在北海（今山东青州），郝孝德在平原（今山东曹县）相继起义。六月，杨玄感起兵以后，在刘元进、朱粲、管崇等人的领导下，江南人民在余杭（今浙江杭州）、吴郡（今江苏苏州）一带发动起义；在白瑜娑等人的领导下，西北农民在灵武（今宁夏宁武）等地起义。十二月，章丘杜伏威、临济辅公祐起义，与下邳苗海潮、海陵赵破陈等部会合。当时仅见于记载的起义军就达一百多支，参加人数达到数百万。起义军"大则跨州连郡，称帝称王，小则千百为群，攻剽城邑"。

大业十年（614）以后，各地的农民起义军切断了长安、洛阳、江都隋朝三大据点之间的联系，隋统治集团成为农民起义汪洋大海中的几个孤岛。

大业十二年（616），各地的农民起义，开始由分散到集中，逐渐形成了三大主力军，即窦建德领导的河北起义军，翟让、李密领导的河南瓦岗军以及杜伏威、辅公祐领导的江淮起义军。这三大主力声浩势大，如日中天，多次打败前来围剿的隋军，把隋王朝搅得天翻地覆，从根本上动摇了隋王朝的统治，使隋炀帝惶惶不可终日，寝食难安。

魏徵生活在这样一个风雨飘摇的时代，亲身经历了隋王朝由盛到衰的全部过程。倏忽弹指一瞬间，沧桑风雨。隋朝建立前期，社会比较安定，人民的生活也可算得上是安居乐业，衣食有余。魏徵出身于官宦世家，望门贵族，自然要比一般老百姓的生活条件优越，虽然家道中衰，不及先前那样显赫，但祖辈遗留给他的家产还足以使他"两耳不闻窗外事，一心只读圣贤书"，在家闭门，潜心研究儒家经典。

魏徵的幼年时代，天资聪颖，刻苦勤奋，曾一度跟随祖父读书，梦想长大后实现儒家宣扬的"修身、治家、平天下"的宏大抱负。

魏徵出生后，祖父给他取名顺成，取顺天事成之意。后来，他的父亲与母亲做组字游戏，年仅七岁的魏顺成在旁边静静观看，居然也能联句成诗。其父先说第一句"禾苗青青庄稼长"，其母说了第二句"女子下地锄草忙"，其父又说第三句"鬼神领她上天去"，这时，小顺成摇头摆脑想了一会儿，应声接了第四句"征召顺成进朝堂"。这首诗前三句的第一字合起来就是一个"魏"字。从此以后，父母给他取第四句诗的第一个字"征"字为名，于是便改名魏徵，原来名字"顺成"，改"顺"为"玄"，以"玄成"为字。因此，魏徵的名字，可以说是他自己起的，意思是将来长大以后，能被皇帝征召到朝堂上为官。从这件事上可以看出魏徵从小受到家庭的熏陶，胸怀大志，准备在将来政治舞台上干出一番事业来。

隋朝政权前后仅仅几十年，治乱差异如此悬殊，仿佛一夜之间，旧貌换新颜，轰轰烈烈的隋末农民起义席卷神州大地，如一匹野马纵骋草原，势无可挡，极大地震动了封建统治阶级，整个社会动荡。面对残酷的阶级斗争，人们惶恐、惊惧、忧虑、怀疑、不安，每一个人都必须重新认识自己，不能不有所考虑，表明自己的态度，做出自己的选择。魏徵长期生活在世代相传的儒教的官宦地主家庭，成天捧着"四书""五经"，耳濡目染，头脑中充满了封建的伦理道德、三纲五常，当然无法理解当时社会发生的天翻地覆的变化，对广大劳动人民"犯上作乱"的起义行为感到无法理解，极为鄙视，认为是小民作乱，大逆不道，有违天意，并为此忧心忡忡。另一方面，由于魏徵父亲的早逝，家业不断衰落，他的生活极为清贫，逐渐接触社会下层的三教九流、各行各业，理解和同情他们的困境和痛苦，希望当政者能下体民情，减轻劳动人民的负担。这种矛盾的思想经常在他的头脑中交锋，有时累得他心力交瘁，仍然不能辨别孰是孰非，使得他在农民革命风暴面前犹豫、彷徨，拿不定主意，不可能立即投身于火热的斗争中去。

在这种想法的支配下，魏徵宏图不得施展，终日忧患郁闷。为了躲避战乱，到他家乡附近的紫云观当了一年多的道士，企图过一种与世无争的隐居生活，借以逃避现实。魏徵在紫云观依然勤奋读书，并且开始涉猎一些医学药理方面的书籍。道长元藏和魏徵的父亲认识，早先还经常得到魏家的接济，因此魏徵来到道观后得到各方面的关照。每天天刚蒙蒙亮，魏徵就在晨曦中舞剑，增强体质，白天大部分时间用于读书写字，偶尔与道长下下棋，晚上有时与道长探讨道家的经典教义。日子倒也过得无忧无虑，清闲自在，暂且忘却世间的风云变幻。光阴荏苒，日月如梭，不知不觉已经一年多了。

一天早上，魏徵舞罢剑后，静静地坐在观中的石凳上，思索着自己的人生。最近他总觉得被一种无端的烦恼困惑着，想到自己已三十五六岁了，古语曰"三十而立，四十不惑"，可是我现在却一事无成，幼年时济世报国的凌云壮志在无形中逐渐消退，先贤圣人孔子三十而立，我真是愧对先圣，愧对列祖列宗啊！难道我这一辈子就这样饱食终日无所事事地度过吗？想到这里，魏徵恰巧遇到道长前来找他吃早饭。道长非常理解魏徵的心情，认为像他这样才华出众、思路敏捷的人，又恰值盛年，道观不应是他的久居之处。在道长的劝说和支持下，魏徵终于豁然开朗，晓喻大义，认清了天下的大势，断然离开了道观，投奔武阳郡丞元宝藏，踏上了一条通向政治舞台的道路。

第三章 武阳策划，义投瓦岗

魏徵的父亲魏长贤做过隋阳的官吏，与元宝藏有过交往。一日，元宝藏云游紫云观，巧遇魏徵，言谈中见其学识渊博、志向远大，一问方知是魏长贤之子，于是邀请他到武阳郡做事。此时的魏徵虽为躲逃兵役栖身于紫云观，但苦于无法施展自己的抱负，正想离开紫云观，便欣然应允。魏徵先在元宝藏家做门客，后来，元宝藏见他学识过人，便请他到郡中做典书记，掌管文书。

这时，反隋农民大起义风起云涌，渐渐汇成三大支：一支是翟让、李密领导的河南瓦岗军，一支是窦建德领导的河北起义军，一支是杜伏威等人领导的山东起义军。特别是河南的瓦岗军，势力发展迅速，声势浩大，威震中原。

大业七年（611），韦城（今河南滑县）人翟让曾在洛阳做一名执法的小吏（法曹），因犯罪被判处死刑，一名管监狱的小官黄君明同情他的遭遇，偷偷将他放跑。翟让逃到滑县东南的瓦岗，那里的农民因不堪隋朝的暴政，正在酝酿起义，他的到来恰似一颗火星落在干柴上。在这过程中，翟让积极组织、策划，揭露隋朝的暴政，在起义的农民中树立了威信，被推举为领袖，发动起义。翟让的同乡单雄信听说翟让在瓦岗领导农民起义，便带领很多贫苦百姓投奔瓦岗军。后来陆续加入的还有东阿人程咬金、浚县怀山起义的徐世勣等部。

瓦岗军起义以后，不久就攻下滑县和浚仪（今河南开封），活动在西至郑州、东至宋州（今河南商丘）一带。他们打劫运河中隋朝运载粮食的官船和商船，来解决起义军的粮食供应。

大业十二年（616）秋天，内黄起义的王伯当率所部三千人投奔瓦岗军，同时还带来一个人见翟让，此人便是李密。这为瓦岗军注入了新的血液。

李密曾参与杨玄感的起义，失败后四处逃难。当他看到瓦岗军势力发展很快，便打算投奔起义军。翟让早就听说李密很有才能，非常尊重他。李密当即献计："现在隋炀帝正在江都游山玩水，不理政事，他的精兵又大部分被高句丽打败，应该抓住这个大好时机，打起反抗隋朝暴政的义旗，各地的老百姓一定能够积极响应。这样，我军的势力能够迅速壮大，不用多久，就可以推翻隋朝。"翟让听了以后，非常高兴，当即留下李密为他出谋划策。翟让又接受李密的建议，并派李密劝说各地起义军的首领加入瓦岗军。在李密的游说下，周文举、李公逸等领导的农民起义军纷纷加入，瓦岗军很快发展到数万人。

这一年冬天，瓦岗军从金提关出发，攻打战略要地荥阳。瓦岗军的迅速壮大，使隋朝受到很大的震动。隋炀帝派张须陀为河南讨捕大使，与荥阳太守杨庆联合镇压瓦岗军。翟让、李密面对强大的敌人决定智取，把大部分兵力埋伏在荥阳大海寺北面的树林里，而由翟让率领一小部分瓦岗军与张须陀交锋。曾经打败过翟让的张须陀，这次率领两万精兵赶来，更不把翟让放在眼里。当他看到翟让的人马很少，便率军掩杀过来，翟让佯装不敌，向大海寺方向退却。张须陀不知是计，拼命追赶。刚刚追到大海寺，只听得杀声四起，瓦岗军的主力从隐蔽的树林中冲杀出来，将张须陀团团围住。瓦岗军人人奋勇当先，以一当十，杀死无数隋军。张须陀左冲右突，还是冲不出重围。这个双手沾满起义军鲜血的刽子手心里明白，如果被起义军活捉，绝不会有好下场，于是拔剑自刎。

瓦岗军打败张须陀、攻占荥阳以后，威名远震，隋军闻风丧胆，纷纷开城投降。

大业十三年（617）二月，瓦岗军沿登封东南，翻过方山，进到离洛口仓不远的罗口，从罗口向驻守洛口仓的隋军发动突然袭击。隋军没有准备，闻风而逃，瓦岗军不费吹灰之力就攻占了洛口仓。洛口仓是隋朝最大的粮仓之一，储藏了大量粮食，瓦岗军四处张贴告示，凡没有粮吃的人均可来仓城领米吃。饥饿的百姓奔走相告，纷纷涌向仓城，百姓个个喜笑颜开，从内心感激瓦岗军，为保卫胜利成果，纷纷参加起义军。

洛口仓离东都洛阳只有一百多里，瓦岗军攻占洛口仓直接威胁洛阳。驻守洛阳的越王杨侗派虎贲郎将刘长恭率步骑二万五千人攻打瓦岗军，又令裴仁基为河南讨捕大使，领兵西出汜水（今河南荥阳东北），企图从东西两面夹击瓦岗军，一举消灭起义军。翟让、李密根据形势，决定派一小部分兵马，埋伏在横岭，阻击裴仁基，用大部分人马抵御刘长恭的军队。刘长恭根本未把这些"流寇"放在眼里，不等裴仁基兵到，便发动进攻，双方在巩县东南的石子河西列阵交锋。瓦岗军士气旺盛，越战越勇，最终大获全胜。刘长恭脱掉官服，混入士兵队伍，仓皇逃回东都。当刘长恭败回东都时，裴仁基还未到达合击地点，瓦岗军又移师反攻裴仁基，他审时度势，不战而降。

石子河战役以后，瓦岗军在洛口正式建立统一的政权。翟让本来是瓦岗军的最高领导者，由于李密的功劳，瓦岗军迅速壮大，翟让认为自己才能不如李密，出于对瓦岗军的前途考虑，决定将领导权让出，这样大贵族出身的李密被推为魏公兼行军元帅，执掌瓦岗军的军政大权。翟让退居上柱国、司徒、东郡公，单雄信任左武卫大将军，徐世勣任右武卫大将军。黄河以南、江淮以北的小股起义军，如王君廓、李士才、魏刀儿、李文相、孟让、王当仁等，都加入瓦岗军，众至数十万。声威日盛，控制区不断扩大，达到了瓦岗军的鼎盛时期。

接着，瓦岗军开始攻打洛阳。翟让、裴仁基率兵两万人，占领了洛阳北面的回洛东仓。为瓦解隋军，配合攻打东都，瓦岗军的文书祖君彦写了一篇讨伐隋炀帝的檄文，在洛阳城下发布，很快就传遍全国。东都告急，隋炀帝派江都通守王世充率江淮劲旅北上救援。他一到洛阳，就纠集了刘长恭等各军十多万人，进攻瓦岗军。十月末，王世充派出一部分人马夜渡洛水，进攻瓦岗军的背后，抢占黑石关，准备两面夹攻瓦岗军。当李密得知后，引兵到洛水北岸以断其后路，但被打败，大将柴孝和坠河而死。李密又返回洛水以南，派小部分人马奔向月城，王世充跟踪追击，直指月城。李密却率大部人马采用调虎离山之计，回军黑石关，大破守军，连下六个据点。王世充得知上当后，急返救援黑石关，在途中遭到李密伏击，死伤三千多人，瓦岗军反败为胜。

王世充兵败以后，高挂免战牌，坚守不出。越王侗却派人安慰他，督促他继续出战，无奈，王世充只好收集几万残兵败将，向石子河一带进攻。李密我擒了。"于是，静伏以待。李密与王伯当果然逾山而南，进入彦师的埋伏圈。待李密的人马走过一半，彦师指挥伏兵上下齐发。李密所率人马只有一千多人，被截成两段，不能相救。上面万箭齐放，下面刀似削草，没用多时，便将李密的一千多人马杀尽，李密、王伯当同时被杀，即将二人首级函送长安。盛彦师因功赐爵葛国公，拜武卫将军，仍镇守熊州。

魏徵随李密降唐，来到京都长安，因为身材相貌平常，很久没有得到赏识，默默无闻。他看到李密的部下还有不少人在太行山以东地区坚持斗争，便向高祖请求安抚山东，以便为自己寻找一个立功的机会。唐朝建立后，首要的任务就是消灭各地的农民起义及武装割据势力，因此，李渊同意了魏徵的请求，并提拔他做秘书丞（掌管国家图书的官）。

魏徵从长安出发，来到黎阳。这时，李密的旧将徐世勣还在据守黎阳。魏徵以原来的旧关系给徐世勣写了一封信，劝他归降唐朝。信中写道：

自隋末乱离，群雄竞相逐鹿中原，跨州连郡，不可胜数。魏公起自叛徒，奋臂大呼，四方响应，风驰万里，云合雾聚，有众数十万。威力所加，将近半个天下，打败王世充于洛口，摧垮宇文化及于黎山。正想西蹈咸阳，北逼玄阙，扬旗瀚海，饮马渭川，结果反以百胜之威，败于奔亡之虏。固知神器所归，自有定数，不可以力争取，所以魏公考虑到皇天对李渊的关怀，便毫无迟疑地入关降唐。你生在混乱之时，感激李密的知遇之恩，虽然瓦岗军的大势已去，但你却岿然决定兵分三路，王伯当、裴仁基各率一支伏于两侧，李密率中军直接迎战王世充，大败，引王世充进入埋伏圈，正当王世充得意之时，不料从侧后杀出两支人马，撤退中的李密又掉转马头，掩杀回来，王世充大败，逃回东都，隋军死伤无数，遭到重创。

武德元年（618）春季，经过一段时间的整休，王世充又集结七万余人，准备渡河与瓦岗军决战。先令部队在洛水架浮桥，接着率军渡河。最先登岸的虎贲郎将王辩的部队已攻破李密外围营寨，但其后续部队却被另一支瓦岗军打败。多次上当的王世充，本来就惧怕，认为渡河部队战败，下令撤兵，李密则趁其撤退之机挥军掩杀。隋兵争先恐后地跑回浮桥逃命，因桥窄人多，互相践踏，落水而死者不计其数，大将王辩当场被杀，再次重创隋军。屡战屡败的王世充，损兵折将，自知论罪当斩，率领数千人逃到河阳，不敢回东都，自缚待罪。越王侗遣使宣布赦令，又把他召回东都。这时瓦岗军乘胜攻占了金墉城。

王世充的战败给隋朝的封建统治以沉重打击，上层建筑摇摇欲坠。在河南瓦岗军的威慑下，隋朝的地方长官和守将纷纷开城投降。正当瓦岗军左右冲杀时，河北的窦建德领导的起义军也声威日盛，势力迅速壮大。随着这两支义军的壮大，武阳郡渐渐与隋军失去联系，处于两支义军包围之中，成了瓮中之鳖。作为武阳郡郡丞的元宝藏，日子很不好过。当初，隋炀帝发动对高句丽的战争，除征收定额的苛捐杂税外，还另外加税，同时还征发大量的徭役、兵役，为此朝廷不断派遣使者，责成郡县定时交纳。而当时隋朝政治混乱，官吏贪污受贿，无休止的横征暴敛，使地方郡县长官也疲于奔命。再加上农民起义蜂起，武阳郡诸县多被起义军占领。元宝藏清楚地知道，在他的郡内，贫苦的百姓逃的逃、死的死，而上面摊派的各种税收名目繁多，皇帝又连连下诏，逐捕盗贼，如战不利，按隋代的法律，做郡丞的也自身难保，这使他如坐针毡。处在如此困境的元宝藏，整天唉声叹气，自感末日来临。在他手下做事的魏徵看到这些，对自己的前途十分担忧。他看到隋炀帝大势已去，再为这暴君卖命已失去意义，便向元宝藏建议投奔瓦岗军，为自己准备一条后路。元宝藏乍一听，吃了一惊，对作为封建统治阶级的他来说，这么做是大逆不道的，但元宝藏细一想，认为魏徵言之有理，况且又没有别的办法，只好派魏徵与瓦岗军联系，表示愿意投奔。魏徵就这样卷入了农民起义的浪潮中。

元宝藏归降李密以后，经常与李密联系，他写给李密的书信，均由魏徵执笔，李密看了这些信后，称赞不已，信中词句文采出众、书法遒美。一问得知这些信都是魏徵的手笔，李密便聘请魏徵到瓦岗军元帅府任文学参军，让他掌管文书。李密虽然欣赏魏徵的才学，但只是把他当作一般的文人学士来看待，并不重用魏徵的谋略。魏徵曾经主动向李密献《十策》，其中最重要的一条就是指出瓦岗军今后的发展方向。魏徵说："如今瓦岗军兵精粮足，民心所向，如果沿运河两岸南下，出兵直捣扬州，那隋氏江山必将瓦解无疑。"据魏徵分析，隋炀帝久居扬州，游山玩水，不理政事，且武备空虚，而瓦岗军兵强马壮，兼有运河之利，占尽了天时、地利、人和，一战即能摧毁隋朝的统治。这条策略得到当时各将领的赞许和支持。而这时的李密被胜利冲昏了头脑，不能对形势做出正确的估计，他认为位低历浅的魏徵不会提出什么好的建议，只不过是借此捞取向上爬的资本。李密认为当时瓦岗军离洛阳与其离扬州相比，要近得多，所以他十分武断地决定：西进洛阳，放弃南下扬州。这个决定关系着瓦岗军的发展，尽管当时瓦岗军西进取得了胜利，但却极大地消耗了瓦岗军的实力，奠定了瓦岗军失败的悲剧。

瓦岗军在军事上取得很大胜利的同时，在领导集团内部发生了分裂、残杀的严重问题。瓦岗军最初是由翟让领导的，人数很少，发展缓慢，反隋的目标也不很明确。后来，李密加入了瓦岗军，他提出了明确的反隋号召，屡出奇谋，使瓦岗军迅速壮大起来。在这个过程中，李密的功劳最大，所以在石河子战役后，翟让从大局出发，将领导权让给李密，这也是当时的形势所迫。但跟随翟让起义的王儒信、翟宽（翟让的哥哥）等人却始终不甘心。他们多次劝说翟让自为"大冢宰"，与李密争夺领导权。翟宽甚至斥责翟让："天子只可自做，怎能让人？如果你不愿做，我自己来做。"而且经常煽动翟让杀掉李密，夺回领导权。作为客串领导权的李密，对这一切十分担心，害怕某一天成为别人刀下冤鬼，所以为了保住自己的寨主地位，他一方面竭力扩大自己的势力，不惜重用刚刚投降过来的隋朝的降官降将，如裴仁基、秦琼等；另一方面准备阴谋杀掉翟让，以彻底消除隐患。大业十三年（617）十一月，李密故意设宴宴请翟让，在宴会上，瓦岗军的首领济济一堂，开怀畅饮。这时，有人把一张漆得油光光的弓递给李密说："攻城用的良弓已经做好，这是样品。"李密马上递给翟让说："翟兄是百发百中的神箭手，请你先试试。"翟让离座站起，拿起弓，试拉一下，当他把弓刚拉满时，从背后突然出现一个送酒的大汉，从腰边抽出一把大刀，猛地向翟让砍去。这个刺杀翟让的大汉就是李密的心腹蔡进德。

翟让倒在血泊中，但他的眼睛和嘴都张着，手里还拿着李密递给他的那张弓。瓦岗军的将领们顿时乱作一团。翟宽、王儒信被事先埋伏好的刀斧手杀死，徐世勣慌忙出门逃走，被守门人砍了一刀，险些丧命。单雄信跪地叩头求饶，李密才免他一死。

李密杀了翟让以后，大大削弱了瓦岗军的领导力量，将领们人心惶惶，害怕悲剧掉在自己头上。徐世勣伤好以后，就带领自己的军队攻打黎阳（今河南浚县东南），后来就一直在那里驻守，再也没有回来。这部分军队又正是瓦岗军的中坚力量，使李密的瓦岗军受到沉重的打击，瓦岗军由顶峰走向下坡。

武德元年（618）三月，握有军权的宇文化及看到隋代的残暴统治已到了末途，再为他卖命也不会有什么好下场，便勒死隋炀帝，发动兵变，立秦王浩为傀儡皇帝，自称宰相，掌握了军政大权。下一步就是打着隋的旗号，以武力统一全国，为自己篡权作准备。只可惜他逆历史潮流而上，未看清当时的反隋起义已是时代的主流，失败的悲剧不可避免。兵变后不久，宇文化及引兵十余万人，进入中原。瓦岗军正好处于王世充和宇文化及的夹击之中，李密担心腹背受敌，所以表面上向杨侗（这时已称帝）称臣，以便全力以赴对付宇文化及。宇文化及率军由徐州直趋黎阳，企图一举攻占黎阳仓，兵乏将缺的徐世勣动员全军死命保守黎阳，自己也亲自上前线，顿时士气大增，孤军坚战，迫使宇文化及撤退。这时，李密亲率大军由金墉城赶到浚县东南，和宇文化及大战于童山脚下。两军从早上打到中午，瓦岗军士气高涨，打着隋的旗号的宇文化及军队士气低沉，尽管人数众多，逐渐招架不住，兵败向后退却。稳住阵脚后，宇文化及只收集到两万残兵向河北大名方向逃去。不过，瓦岗军由于领导集团的分裂，战斗力也有所下降，在这次战役中，损失也很大，主帅李密在厮杀中不幸被流箭击中落马，被秦叔宝救起。

遭受重创的宇文化及逃到河北，用金帛收买了据有聊城的王薄，得以进驻聊城。武德二年（619），唐大将李神通在贝州一带又一次重创宇文化及。窦建德看到宇文化及的窘境，也乘机围攻宇文化及。王薄看到聊城危在旦夕，于是在府内将宇文化及捆绑起来，打开城门，迎接窦建德。宇文化及这个双手沾满起义军鲜血的刽子手，当即被斩首示众。

当瓦岗军和宇文化及在童山脚下决战的时候，王世充在洛阳也发动了兵变，杀了内史令元文都，掌握了军政大权。令他头痛的是，洛阳东都附近的粮仓均被起义军所占领，洛阳城中粮食储备很少，没有粮草，军队就会发生骚乱。焦急中的王世充看到瓦岗军与宇文化及决战时双方消耗很大，再加上瓦岗军领导集团内部的分裂，瓦岗军的实力下降，防守有些空虚，于是想趁机夺取洛口仓等仓城的粮食。为此，他挑选了两万精兵，出击瓦岗军。当时，李密认为瓦岗军连续进行恶战，尚未得到休整，不利再战，主张坚城固守，等到敌人粮尽，自然退却。但是翟让的老部下单雄信等人，为替翟让报仇，极力鼓动李密出战，鼓吹瓦岗军如何如何骁勇善战，王世充如何如何昏庸无能，说他只不过是屡败屡战的将军罢了，刚获得大胜的李密被单雄信等人吹得飘飘然，遂改变原来的打算，决定举兵迎战王世充。战前，李密曾招集诸将商量对策，并不是所有的将领都像单雄信，对瓦岗军前途担忧的裴仁基献策说："王世充倾兵而来，东都必虚，请挑选两万精兵进攻洛阳，王世充必然回兵救援，我再整军慢慢退回。兵书上说'彼归我出，彼出我归'，用此法来疲劳敌人。"但李密受大多数翟让部下的鼓动，没有采用裴仁基的建议。裴仁基击地叹息道："你将来一定后悔！"

这时，魏徵因为职位低、资历浅，不能参加会议，但他很关心瓦岗军的命运，便找到元帅府长史郑颋，献计说："魏公虽然最近打败了宇文化及，取得胜利，但我们的损失也很严重。勇敢善战的将士死的死，伤的伤，消耗得差不多了。目前仓库里缺乏财物，对作战有功的将士，又不能及时奖赏，难以鼓舞士气。由于这些原因，主动出击，和王世充拼杀，对我们是不利的。不如深沟高垒，跟敌人拖延时间，敌军粮草用尽，必然退却，那时我们再出兵追击，一定能够取得胜利。并且，东都的粮食快要吃光，王世充无计可施，可以说穷寇难以与其争锋，请魏公采取慎重态度，不要立即与他交战。"几句话，魏徵就把当时的形势分析得淋漓尽致，然而郑颋根本看不起这位掌管文书的小吏，说道："这只不过是老生常谈！"魏徵说："这是奇谋深策，怎么能说是老生常谈呢？"魏徵见话不投机，没有再多说什么，怀着忧虑的心情走了。

而在敌人王世充方面，却在挑选精兵，磨砺战刀，准备作最后的决战；同时，王世充暗地里找了一个相貌和李密长得极相似的人，给他穿上和李密相同的服装，然后用绳索捆绑起来。

很快两军展开决战，瓦岗军因屡经恶战，疲劳至极，战斗力有所下降；加之对方是被瓦岗军多次打败的王世充，有所轻敌。而王世充却亲自督众疾战，双方战鼓齐鸣，喊杀声震动山谷。双方战至酣时，王世充便牵那貌似李密的人到阵前，让士兵大嚷道："已经抓到李密了！"士兵皆欢呼万岁。瓦岗军见主帅被俘，顿时大乱，纷纷溃散，王世充挥兵掩杀，裴仁基、祖君彦皆为王世充所擒。偃师守军单雄信见王世充取胜，正中下怀，于是劫持郑颋叛归王世充。王伯当也被迫放弃金墉城，屯河阳，李密率残余的一万多人退往洛口，而洛口守将邴元真背叛了瓦岗军，准备投降王世充。李密被迫在洛水南岸扎营，想趁王世充抢渡洛水的时候，一举把他打垮，但李密没有及时发现王世充渡洛，等发现时，王世充的军队已经全部渡过黄河。至此，李密知道败局已经无可挽回，便引军退往虎牢关。然而这一役，李密失去了粮仓，损兵折将，无关隘可守，打算投靠黎阳。有人对他说："从前你杀翟让，徐世勣也被砍杀，几乎丧命，现在伤还未好，你去投靠他，他能保你吗？他一定会杀你为翟让报仇。"最后，李密决定到河阳投王伯当，对王伯当说："现在我们失败了，我让你们为我受苦，今我自刎以向大家谢罪。"王伯当抱住李密痛哭，众人都流泪哭泣，不能抬头看李密。李密心里十分清楚，瓦岗军遭此重创，已不能复起，都是因为自己一手造成的，替众将士打算，准备投降李渊，为众将士谋一条出路。想到这里，李密流泪说道："感谢大家不抛弃我，我们应当共赴关中，密虽无功，诸君必富贵。"李密部下柳燮说："从前刘盆子归汉，享受皇帝一样的饮食。公与唐同族，虽然不是共同起兵，但公阻止隋军西归的道路，因此唐军可以不战而据京师长安，这也是公的功劳。"李密又对王伯当说："将军家族的人很多，难道还和我一起去关中吗？"王伯当说道："从前萧何带领全族人跟随刘邦起兵，我今天还不能做到举族与公同行，感到很惭愧。难道因为你一时失利就轻易地离开你吗？即使掉脑袋，我也心甘情愿。"众人都很受感动，跟随李密进入关中，投降了李渊。魏徵也随之来到唐都长安。这样魏徵摆脱了在李密军中不受重用、压抑的境况，投入唐朝的怀抱，开始与李渊共事，终于找到了明主，有了出头之日。

第四章　说降世勋，幸遇夏王

李密投降唐朝的时候，部下尚有两万多人。唐高祖李渊派遣使者迎接。李密大喜，对其部下说："我拥兵百万，一败至此，这是命啊！今事败归唐，幸蒙殊遇，我应当竭尽忠诚侍奉唐主。山东连城数百，知我在此，遣使招之，尽当归国。比起汉朝的窦融，我的功劳也不算小，唐主念我有功，难道还不给我一个台司之职吗？"

及入长安，入拜唐主，只授李密为光禄卿，赐爵邢国公。李密大失所望。朝廷的官员大都轻视他，当权的官员又向他索取贿赂，李密心中愤愤不平。唐高祖李渊对他还算热情，常呼他为弟，并把表妹独孤氏嫁给李密做妻室。王伯当任左武卫将军，亦未如愿，因此，二人经常暗地里密谋，复有叛唐的异心。李密身为光禄卿，因朝廷举行宴会，负责安排饮馔，感到深受污蔑，对王伯当说："过去，我在洛口，曾想以崔君贤为光禄卿，想不到今天我自己充当了这个角色。"王伯当于是劝李密离开唐朝。李密便向高祖献策说："臣虚蒙恩宠，毫无报效，山东诸州均是臣的旧部，臣愿前往招抚，去讨东都，仰托陛下声威，取王世充的脑袋是很容易的事情。"高祖说："朕听说东都将士，多叛世充，我本来打算派弟趁机往讨，弟愿效力，这太好了！"李密又请求与原部下王伯当、贾闰甫同行，高祖全部答应李密所请，并且引密升御榻，把酒浇在地上，发誓与李密同心。李密再拜受命，立即与王伯当、贾闰甫启程。

唐朝群臣向高祖进谏说："李密狡猾多变，反复无常，今遣使东往，正如投鱼赴水，纵虎归山，必一去不复返了。"高祖笑道："帝王自有天命，非李密那小子所能取代的，即使叛去，也没有什么可怕。今且让李密与王世充争斗，我坐等其弊，也未尝不是目前的一个良策。"群臣默然而退。

李密等人既已出关，长史张宝德单独向高祖上封章，说李密必叛唐无疑。高祖这时改变了主意，不想让李密出关了。于是派人召回李密，托言与其商议大事。李密得到高祖的手谕，非常害怕，对贾闰甫说："既然派我去，又召我回去，想必朝廷有人挑拨唐主与我的关系，我如果回去，恐怕活不成了。不如袭破桃林，劫取兵粮，渡河而东，直达黎阳，然后可图大事，君意以为如何？"闰甫说："唐高祖待公甚厚，不宜背叛，况且李渊姓名，适应图谶，天下终当一统。你既然已经委质称臣，再生异图，即使得到桃林，也不能很快集聚大量的士兵，一说是叛逆之臣，何人相容？今为公打算，不如暂时服从朝廷的命令，表示自己没有二心。高祖见你对他恭敬顺服，必定再次派你往山东，到那时再作打算。"李密非常气愤地说："唐朝让我与周勃、灌婴之流同列，我怎能服气？并且他姓李，我也姓李，他如果应图谶，我也应图谶，他得到关中，我得到山东，天与不取，反受其咎。你是我的故友，为什么不和我的想法一致？"闰甫又哭泣着劝谏说："你的姓虽然应图谶，但近观天时人事，与李渊相差很远。自翟让被杀后，人人都说你弃恩忘本，今日还有什么人再肯为你卖力？大福不会再来，请你三思。"李密听到此处，不由得怒气上冲，竟拔出腰刀，要杀闰甫。王伯当急忙上前相劝说："贾君所言，不见得不对，请你审慎为好。"李密瞋目说："你也来说这话吗？"王伯当说："义士为朋友尽忠，不以存亡而改变志向。你如果不听我们的劝告，伯当愿与你同死，只怕徒死无益呢！"

李密不听劝告，杀掉朝廷来使，撕毁高祖的诏书。贾闰甫恐怕跟随李密叛唐惹祸，偷偷地跑到熊州，李密也无暇追还。于是，简选骁勇士卒数十人，穿上妇人的衣服，戴幂䍠（类似带有遮盖面部的帽子），藏刀裙下，诈称是李密的妻妾，李密亲自率领他们进入了桃林县衙门，对县吏说："奉诏暂还京师，随来家属，请暂寄县舍。"县令自然应允。不料那数十名"妇女"竟然变成大汉，抽刀杀死县令，抢劫武器和粮食，占据了县城，驱掠畜产，直趋南山，乘险东行，并派人驰赴襄城，让刺史张善相（李密故将）发兵来迎。

当时，右翊卫将军史万宝留镇熊州，由贾闰甫得知李密叛唐，对副将盛彦师说："李密是一个骁贼，又有王伯当相助，必为大患。"彦师笑道："只用兵数千人，即可枭二贼首级。"万宝说："你有什么好计？"彦师回答："兵法尚诈，此时不便与你明言，等我杀贼回来，再与你说明不迟。"说完即率兵五千，逾熊耳山，南据要道，高处埋伏弓弩手，低处埋伏刀斧手，且下令说："等李密的队伍走过一半，同时齐发。"有一个偏将问彦师说："李密想去洛阳，你却让我们入山，这是什么用意？"彦师说："李密一向很狡猾，去洛阳是假话，他实际上是想去襄城，依张善相，我料想他必经此道。如果让他们全部进入山谷，山路崎岖，只要令一人断后，我便无能为力。今我先得入谷，李密必然被

不动，集合分散的队伍，据守一隅。王世充以乘胜余勇，停止向东经略；窦建德因侮亡之势，不敢向南谋取。你的英名，足以振于古今。然而谁没有一个良好的开端，可是坚持到底确很困难。你现在面临一个何去何从的选择，这关系到你的安危和大节。如果你跟随明君，可以留名千古，荫及九族；委质非人，则一身不能自保。历史教训不远，你都听说看见过。现在你处于兵家必争之地，如果不早点替自己的前途着想，那么，你的大事可就完了！

徐世勣得到魏徵的信后，决意归顺唐朝。这时，徐世勣占据着瓦岗军原来控制的广大地区，东至于海，南至于江，西至汝州，北至魏州，未有所属。徐世勣对长史郭孝恪说："魏公既归大唐，今此人众土地，均属于魏公所有。我如果上表献之，就是利用魏公的失败，自为己功，以获富贵，我认为这样做是可耻的。现在应该具录州县名数及军人户口，全部报告魏公，让魏公把这些土地人民献给唐朝，这就是魏公的功劳了。"于是遣使报告李密。使者初至长安，高祖听说徐世勣无表章上奏，只带给李密一封信，感到非常奇怪。使者把徐世勣的想法向高祖奏明，高祖大喜说："徐世勣感恩戴德，推功于人，实在是一个纯正的臣子啊！"下诏授徐世勣为黎阳总管、上柱国、莱国公。不久，又加授右武侯大将军，改封曹国公，赐姓李氏，后因避唐太宗李世民的讳，改称李勣。赐良田五十顷，甲第一区。封其父徐盖为济阴王，徐盖固辞王爵，改封舒国公，授散骑常侍、陵州刺史。令徐世勣总领河南、山东之兵以拒王世充。

及李密叛唐被杀，高祖因徐世勣是李密的旧将，遣使向他报告李密叛唐的事状。徐世勣上表请求收葬李密，高祖许之。徐世勣与旧僚吏将士为李密服丧，葬李密于黎山之南，坟高七仞。朝廷内外都赞美徐世勣讲义气，不负旧主。

就这样，魏徵不用一兵一卒，通过在瓦岗军时与徐世勣的旧关系，对他晓以利害，终于使他归降唐朝，他所占据的山东广大地区尽归于大唐版图。这时，唐高祖的堂弟淮安王李神通被窦建德打败，退到黎阳，徐世勣就开仓发放大批粮食供应淮安王的军队。徐世勣归唐后，为大唐王朝东征西讨、南征北战，立下了赫赫战功，成为唐初著名的大将。

瓦岗军以李密、徐世勣归唐而宣告失败。瓦岗军失败以后，窦建德就成了河北地区农民起义军的主要领导人物了。

窦建德是漳南（今河北故城东北）人，勇敢而有谋略，在漳南一带很有声望。当隋炀帝为征伐高句丽而大征调的时候，漳南县令知他勇敢过人，就派他当二百人长。窦建德看到隋炀帝横征暴敛，穷兵黩武，料定天下必将大乱，所以劝贫农孙安祖起义。当时，农民起义军往来漳南，所过皆杀掠居人，焚烧宅舍，唯独不入窦建德之家，因此，隋朝地方郡县官吏怀疑他与农民起义军有联系，就杀了他的家属。窦建德被迫参加蓨县（今河北景县）高士达领导的农民起义队伍。窦建德才略过人，受群众拥护，高士达就让他当管作战的司兵。从此，高士达和窦建德成了漳南农民起义军的领袖。

大业十二年（616），窦建德领导的农民起义军很快发展到一万多人。这一年十二月，涿郡通守郭绚率兵一万多人来讨伐高士达，士达自以为智谋不及窦建德，于是进建德为军司马，把全部士兵都交给他指挥。窦建德请高士达守辎重，自己挑选精兵七千人抵御郭绚，诈称与高士达有矛盾，派人给郭绚送信请降，愿为郭绚前驱，破高士达以效力。高士达也声称窦建德背叛逃跑，而取虏获妇人诈为窦建德妻子，于军中杀之。郭绚信以为真，即引兵到长河地界与窦建德军会合，希望与他结盟，共破高士达。郭绚放松了警戒而不加防备，建德乘机偷袭郭绚，大破郭绚军，杀虏数千人，获马千余匹，郭绚率数十骑逃跑，窦建德遣将追赶，至平原，把他追上，斩其首以献高士达。与此同时，隋遣太仆卿杨义臣率兵万余人讨伐张金称，大破之于清河，所获起义军士兵全部屠杀，其余逃散的士兵又相聚而投奔窦建德。杨义臣乘胜进至平原，欲入高鸡泊中。窦建德对高士达说："历观隋将，善于用兵的人只有杨义臣。他最近刚刚打败张金称，远道而来，袭击我们，其锋锐不可当。请引兵回避，让他欲战不能，空延岁月，等到他的将士疲倦以后，寻找适当时机袭击他们，可获大胜。现在与他争锋，恐怕你打不过他们。"高士达不听窦建德的劝告，留窦建德守营垒，自率精兵迎击杨义臣。刚刚获得小小胜利，便开宴会纵酒庆贺，有轻视杨义臣之心。建德听到后说："东海公（高士达）未能破敌而骄傲自大，大祸将要临头了。隋兵乘胜，必长驱直入至此，人心惊慌，我恐怕也难保了。"于是留人守营垒，自率一百多精锐士兵占据险要之处，以防士达之败。过了五天，杨义臣果然大破高士达，高士达在战斗中牺牲。杨义臣率领的隋军乘胜追击，将要包围窦建德，窦建德的守兵很少，听说高士达战败，众皆溃散。窦建德率百余骑逃跑，行至饶阳，看到那里没有防备，攻陷城门，抚慰士兵和百姓，很多人愿意跟随窦建德，又得到三千余兵。

杨义臣杀了高士达，以为窦建德不足为忧，就带着主力撤走了。窦建德又回到平原，收葬起义军牺牲的士兵，为高士达举行葬礼，三军将士都穿着丧服。窦建德抓紧有利时机，收集张金称和高士达的残部，得数千人，军威大振，开始自称将军。

大业十三年（617）春季，窦建德领导的农民起义军已经发展到十余万人。正月，他在乐寿（今河北献县）建立了农民政权，自称长乐王，设置百官。

七月，隋朝派遣右翊卫将军薛世雄率兵三万讨伐窦建德，进至河间城南，驻扎在七里井。窦建德听说薛世雄大军已到，选精兵数千人埋伏在河间以南的草泽中，并假装弃城逃跑，声言逃入豆子航中。薛世雄以为窦建德害怕了，不加防备。窦建德亲自率领敢死队一千人，乘云雾弥漫之机，向薛世雄发起猛攻，歼灭隋军一万多人，薛世雄只带几百骑兵逃回涿郡，其余的人都做了俘虏。接着，窦建德率军乘胜进攻河间，屡战不下。其后城中粮尽，又听说隋炀帝被弑，郡丞王琮率将士官吏为炀帝发丧，窦建德派使者前去吊唁，王琮告诉使者请求投降，窦建德准备酒馔等待。王琮率官属，穿着白色的衣服，用绳子捆绑着身体，来到窦建德军门前，窦建德亲自为他解去绳索，与他谈起隋亡之事，王琮悲痛不已，窦建德也为之哭泣。有的起义军将领说："王琮抗拒我军很久，杀伤起义军战士很多，现在没办法才投降，请把他烹死。"窦建德说：

"此人是义士啊！我准备提拔重用他，以勉励侍奉君王的臣子，怎么可以杀他呢？往日在高鸡泊中做小盗，还可以随意杀人，现在想要安抚百姓以平定天下，怎么能杀害忠良呢？"因而下令军中说："以前与王琼有矛盾的，今敢伤害他，罪及三族。"当天授王琼瀛州刺史。窦建德开始建都乐寿，号曰金城官。自此以后，河北大多数郡县，都被窦建德所领导的农民起义军占领。

武德元年（618）窦建德改国号为夏，改元五凤。

武德二年（619）正月，唐将淮安王李神通在魏县攻打宇文化及，宇文化及招架不住，东走聊城。李神通攻占魏县，斩获两千余人，引兵追宇文化及至聊城，将他包围起来。

窦建德对其部下说："我为隋民，隋为我君，今宇文化及弑逆，就是我的仇人，我不能不讨伐他！"立即领兵讨伐宇文化及。

淮安王李神通攻聊城，宇文化及粮食将尽，请求投降，李神通不答应。安抚副使崔世干劝李神通答应。李神通说："军队士兵出外征战已经很长时间了，粮食快要用完，已经无计可施，攻克聊城只在旦夕，我应当攻取以示国威，并且将缴获的玉帛奖赏将士，如果接受他的投降，将拿什么东西作为军队将士的赏赐呢？"崔世干说："现在窦建德就要领兵来到，如果宇文化及没被消灭，我军将内外受敌，必败无疑。不攻而能拿下聊城，轻而易举地立功，为什么要贪图玉帛而不接受他们的投降呢？"李神通大怒，将崔世干囚禁在军中。不久，宇文士及从济北向宇文化及军运送粮草，宇文化及军又坚持守城。李神通督兵攻城，贝州刺史赵君德攀登城墙首先冲了上去。李神通怕他抢了头功，收兵不战，君德大骂而下，因此没有攻下聊城。因窦建德的军队快要到来，李神通引兵退去。

窦建德四面攻城，王薄打开城门，建德入城，生擒宇文化及，拜见隋萧皇后，对隋称臣，身穿丧服，哭隋炀帝，抚慰隋朝百官，然后将谋杀隋炀帝的逆党宇文智及、杨士览、元武达、许弘仁、孟景，当着隋官的面斩首，枭首于军门之外。把宇文化及连同他的两个儿子承基、承趾用囚车押送到襄国斩首。

九月，窦建德领兵南下相州，唐朝河北大使淮安王李神通不能抵御，退奔黎阳。窦建德又进攻卫州，攻陷黎阳，唐朝左武卫大将军李世勣、皇妹同安长公主和李神通都被俘虏。窦建德释放了李世勣，让他领兵驻守黎阳，让他父亲徐盖随军为人质，将李神通安置在下博，以客礼相待。

武德三年（620），李世勣不顾其父留在窦建德军中，逃归长安。执法的人请求窦建德杀死徐盖，建德说："李世勣本来就是唐臣，被我所虏，不忘其主，逃还本朝，这个人是忠臣，他的父亲有什么罪？"竟不杀徐盖。唐高祖李渊遣使与窦建德连合，窦建德立即让同安长公主与使者一同回长安。

魏徵也是在这次黎阳陷落后被窦建德俘虏的，因为此时窦建德已经建立了农民政权，正在广泛搜罗人才，于是便拜魏徵为起居舍人，负责记录夏王窦建德的言行。

魏徵前后在李密、窦建德这两支农民起义军中生活了两年多，亲身体验到农民的反抗精神和巨大的力量，了解到广大农民的悲惨生活和推翻封建统治的

强烈愿望，也使他懂得了"水可载舟，亦可覆舟"的深刻道理。这对于魏徵以

后政治思想的形成产生了很大的影响。

第五章 重返长安，东宫任职

武德三年（620）七月，唐朝在平定了西北地区的割据势力以后，唐高祖李渊派秦王李世民率大军出关东征，讨伐王世充。

唐军至新安，距洛阳七十里。王世充派魏王王弘烈镇守襄阳，荆王王行本镇守虎牢，宋王王泰镇守怀州，齐王王世恽检校南城，楚王王世伟守宝城，太子王玄应守东城，汉王王玄恕守含嘉城，鲁王王道徇守曜仪城，王世充自将战兵，左辅大将军杨公卿率左龙骧二十八府骑兵，右游击大将军郭善才率内军二十八府步兵，左游击大将军跋野刚率外军二十八府步兵，共三万人，以防备唐军的进攻。

罗士信率领前军包围慈涧（今河南新安东），王世充自率兵三万救援。秦王李世民率领轻骑侦察，突然与王世充的军队相遇，因寡不敌众，道路险阻，被王世充包围。李世民左右开弓，郑军应弦而毙，俘获其左建威将军燕琪，杀出重围。李世民还营，尘埃覆面，守营的士兵都认不出他来，想不让他进，世民脱去甲胄，作了一番说明才进入。

第二天清晨，李世民率步骑五万进军慈涧，王世充撤去慈涧的戍兵，还归洛阳。李世民遣行军总管史万宝从宜阳南据龙门，将军刘德威从太行东围河内，上谷公王君廓从洛口切断王世充的粮饷供应之路，怀州总管黄君汉从河阴攻回洛城，大军驻扎在北邙山，连营威逼洛阳。

八月，黄君汉派校尉张夜叉以舟师从怀州渡过黄河，袭破回洛城，俘获其将达奚善定，断河阳南桥而还，降其堡聚二十多个。王世充让太子王玄应率杨公卿等攻回洛，没有攻下。于是在回洛城的西面筑月城，留兵戍守。

王世充列阵于青城宫，秦王李世民也列阵与之对峙。王世充隔水对李世民说："隋室倾覆，天下分崩离析，唐在关中称帝，郑在河南称帝，各有自己的地盘。世充未曾西侵，而秦王忽然率大军东来，这是为何？"李世民让宇文士及回答他说："四海之内，都服从大唐的统治，只有你执迷不悟，独阻声教。东都士庶，强烈要求讨伐你，关中义勇，都感激大唐皇帝的恩德，愿意效力。大唐皇帝难违众愿，所以派秦王前来讨伐你。如果你想投降，可以保全富贵；如果想要顽抗，就无须再说什么了。"王世充又说："我想和你们息兵修好，不也很好吗？"宇文士及回答说："奉大唐皇帝的诏命取东都，不与你讲和修好。"王世充无话可说，到了傍晚，两军各自回营。

刘德威袭击怀州，进入外城。

王世充显州总管以所部二十五州归降唐朝，从此以后，襄阳与洛阳之间失去了联系。

史万宝进军至寿安的甘棠宫。

王君廓攻拔辕关，王世充派魏隐等击君廓，君廓佯败逃跑，事先设下埋伏，大败魏隐。接着向东长驱直至管城（今河南郑州）。

王世充尉州刺史时德叡率所部杞、夏、陈、随、许、颍、尉七州来降，于是河南郡县相继归唐。

李世民率五百骑巡行战地，登魏宣武陵，王世充率步骑一万多人突然而至，将李世民团团围住。单雄信引槊直奔李世民，尉迟敬德跃马大呼，横刺单雄信坠马，王世充兵稍稍退却，尉迟敬德护卫着李世民杀出重围。李世民、尉迟敬德又率骑兵还战，出入王世充战阵，似入无人之境。屈突通率大军相继而来，王世充兵大败，仅以身免，擒其冠军大将军陈智略，斩首千余级，获排稍兵六千人。李世民对尉迟敬德说："你报答我怎么这样快呢！"

十月，王世充大将军张镇周来降。

行军总管罗士信袭击攻占王世充的硖石堡，又包围千金堡，堡中人大骂。罗士信在夜里派一百多人抱着婴儿数十个来到堡下，使婴儿啼哭，诈说："我们是从东都来的，投奔罗总管。"过了一会儿又相互说："这是千金堡，我们搞错了。"说完离堡而去。堡中以为罗士信已经离开，来者是洛阳方面的逃亡人，于是出兵追赶，罗士信埋伏士兵于道路两侧，看到堡门打开，突然而入，把堡中人全部杀死。

武德四年（621），正月，王世充梁州总管程嘉会以所部来降。

秦王李世民选精锐千余骑，皆穿黑衣玄甲，分为左右队，使秦叔宝、程知节、尉迟敬德、翟长孙分别率领，每次作战，李世民亲披玄甲，率兵为前锋，乘机进攻，所向披靡，使敌人闻风丧胆，行台仆射屈突通巡行屯营，突然与王世充军相遇，接战不利，秦王李世民率玄甲救援，世充大败，俘虏骑将葛彦璋，俘获、斩首六千余人。

二月，李世民使宇文士及奏请进围东都，唐高祖李渊对宇文士及说："回去以后告诉秦王，今取洛阳，目的是结束战争，克城之日，乘舆法物，图籍器械，非私家所需要者，委托你收归朝廷，其余子女玉帛，都赏赐给将士。"宇文士及回来以后，转告秦王。

秦王李世民移军青城宫，壁垒未立，王世充已率健卒二万从方诸门出城，在谷水边凭借废弃的马坊垣堑布阵，气势汹汹地欲与唐军决一死战，诸将皆惧。李世民以精骑部署在北邙山，然后登上魏宣武陵瞭望敌阵，对左右的人说："贼势已走投无路，倾巢而出，侥幸一战，今日打败他，以后他就不敢出来了。"于是，命屈突通率步卒五千渡谷水进攻，并与其约定"兵交则纵烟"。及见烟起，李世民亲率骑兵南下，身先士卒，与屈突通合势力战。李世民急于了解敌阵的纵深情况，便与精骑数十冲入敌阵，一直杀到敌军阵后，众皆披靡，杀伤甚重。忽然看到前面有长堤阻挡，只好退转杀回。那时人自为战，不能相顾，世民与从骑失去联系，身旁只剩丘行恭一人。王世充立即率骑兵追赶，且用强箭射世民，世民坐骑中流矢而毙，行恭忙回马接箭，发无不中，接连射毙数人，追骑不敢近前。丘行恭将自己的坐骑让给李世民，自己在马前步行，手执大刀，跳跃大呼，砍死敌人数名，始得突围而出，与大军会合。李世民了解敌人的情况以后，继续指挥大军进攻，王世充也率众死战。王世充军四次被唐军冲散，旋即复聚，从早晨一直打到中午，渐渐不能支持，引兵退去。李世民乘胜追杀，直抵东都城下，俘斩七千人，包围了洛阳城。

王世充退入洛阳城，李世民下令猛攻。城中守御甚严，大炮飞石，足重五十斤，掷至二百步，强弩似车辐，硬镞似巨斧，远射至五百步。李世民挥兵从四面攻城，昼夜不息，但都被击退，旬余未克。李世民射书城中，招谕王世充等投降，城内守将有十三人欲做内应，均被王世充察觉，一律处死。唐军屡攻不下，多疲敝思归，总管刘弘基等请求班师。李世民摇头说："今大举而来，应当一劳永逸。东方诸州已望风归服，只剩下洛阳一座孤城，势不能久，功在垂成，奈何弃之而去？"于是下令军中说："洛阳未破，师必不远，敢言班师者斩！"众将不敢再说什么。唐高祖李渊在长安听到这种情况，也秘密下令让李世民还军，世民上表说洛阳一定能够攻下，又派遣封德彝入朝汇报洛阳战况。封德彝对唐高祖李渊分析了洛阳的形势，他说："世充得地虽多，大都属于羁縻之州，号令所行，唯洛阳一城而已，智尽力穷，旦暮可克，今若还师，贼势复振，更相联结，将来更难图了。"

正在这时，李世民忽然接到东方警报："窦建德起兵十万众，来援助洛阳，管州被攻陷，刺史郭士安遇害，荥阳、阳翟等县，也大都失守。建德部众，水陆并进，用不了几天就到这里了。"唐将士闻听此报皆相顾失色，连李世民也颇费心思。此时，有巡官入报："夏主窦建德遣使致书，现来使正在营外等候。"李世民说："引他进来。"

当初，王世充侵占窦建德所辖的黎阳，窦建德袭破殷州来报复，自此以后，两国信使不通。及唐兵逼迫洛阳，王世充派使者向窦建德求救。夏国中书侍郎刘彬劝窦建德说："天下大乱，唐得关中，郑得河南，夏得河北，形成鼎足之势。现在唐兵逼近洛阳，从秋天到冬天，唐兵日增，郑地日蹙，唐强郑弱，势必支持不住，郑国如果灭亡，那么夏国也将不复存在。不如与郑国捐弃前嫌，发兵救援，夏击其外，郑攻其内，一定能打败唐兵。唐师既退，再慢慢观察形势的变化，如果郑国可以攻取就攻取，合并夏、郑两国之兵，乘唐师疲敝，天下可取。"窦建德采纳刘彬的建议，派使者到洛阳，答应派兵救援。又派礼部侍郎李大师等赴唐，请求秦王李世民罢围洛阳之兵。李世民看过来信，微笑着说："夏王想让我退兵潼关，返还郑国的土地，试想我军至此，已经快一年了，耗费很多粮饷，伤亡若干将士，才得到这数十个郡县，现在，洛阳危在旦夕，指日可下，反劝我退兵还地，哪有这般容易的事情！"李大师说："贵国既有志于安定百姓，不应穷兵黩武，还是罢战修和为好，一来可使兵民休息，二来免伤和气。'李世民闻听此话，添了三分怒气，便怒目道："郑、夏本为敌国，我灭世充，与你国何干？现在你们前来劝阻，究竟是什么意思？"李大师说："敝国为了休兵息民，所以派我来送信，代表郑国请求讲和，殿下如果不肯接受，敝国现已发兵，不便收回了。"李世民更加愤怒，说："你们出兵，有什么可怕的！"说到这里，即令左右将李大师拿下，囚于军中。同时，召集僚佐商议对策，诸将闻听夏军将至，个个面面相觑。郭孝恪说："世充穷蹙，势必将要投降，现在窦建德远来相救，这是天意欲灭亡他们二国，我军可占据武牢，伺机而动，必能破敌。"话未说完，又有一人接着说："世充保守东都，府库充实，部下都是江淮精锐，很是能战，只因缺少粮饷，所以困守孤城，坐以待毙。如果窦建德与他合兵，输粮相济，恐怕贼势益强，战争一时不能结束。今请分兵困住洛阳，深沟高垒，休与争锋，大王亲率精锐，先占据成皋，以逸待劳，一定可以打败窦建德。建德既败，世充自然会投降，不出两旬，窦建德和王世充就可以被擒了。"李世民一看，说此话的是记室薛收，便说："你说得很好，我心里也是这样想的，立即照你所说的执行。"萧璃、屈突通等听世民这么一说，且上前劝阻，请退保新安，依险自固。世民驳斥他们说："窦建德新破孟海公，将骄卒惰，不堪一战。我出据武牢，扼住咽喉要道，他如果冒险来争，我自有法抵御。如果犹豫不进，不出旬月，世充必溃。城破兵强，气势自倍，一举两克，即在此行，否则贼入武牢关，诸城新附，必不能守，两贼并力，与我相争，我军尚能自固吗？"萧璃等默然而退。世民召回屈突通，令他辅佐齐王，围住东都，不得轻易与王世充交锋，亲自率领李世勣、程知节、秦叔宝、尉迟敬德等共三千五百骑，东趋武牢。

窦建德眼巴巴地等待李大师归报，可是杳无音信，哪知唐秦王李世民已经率领精骑，历北邙，过河阳，径入武牢来了。

窦建德见李大师未回，派出侦骑出营探望，才走出三里多路，见前面有骑士四人，前面的一个人执弓，随后的一个执槊，威风凛凛，控马前来。侦骑还以为是巡卒，正要问来者是谁，忽听得一声大喝："我是秦王，你等看箭！"话音未落，箭已离弦，一骑便撞落马下，余骑慌忙后退。原来李世民既入武牢，便率领五百骁骑，出武牢东二十余里，观察窦建德的情况。沿途留下李世勣、程知节、秦叔宝埋下伏兵，世民只带领尉迟敬德及从骑二人前行。至射死敌骑一名，两从骑请世民回马说："敌骑还报，必有大军来攻，不如速反。"李世民顾谓敬德说："我执弓矢，你执槊，虽有百万敌骑，也不怕他们！"正说着，前面尘土大起，有五六千人马驰驱过来。两从骑不觉失色，李世民从容说："你们二人不必惊慌，尽管返行，我与敬德断后。"于是按辔徐行，追骑将至，则引弓射之，一人立毙。追者惧而止，止而复来，敌三却三进，世民射杀数人，敬德舞槊前迎，也刺杀敌骑十余人。夏军不敢进逼，世民佯败，且战且退，那夏军不知是计，穷追不舍。走了一里多路，夏军进入埋伏之内，李世勣等伏兵一齐跃出，奋击夏军，大破之，斩首三百余级，俘获其骁将殷秋、石瓒，余众奔去，李世民收兵曰营，写信给窦建德说：

赵、魏之地，久为我有，为足下所侵夺。但以淮安见礼，公主得归，故相与坦怀释怨。世充顷与足下修好，已尝反覆，今亡在旦夕，更饰辞相诱，足下乃以三军之众，仰啗他人，千金之资，坐供外费，良非上策。今前茅相遇，彼遽崩摧，郊劳未通，能无怀愧。故抑止锋锐，冀闻择善，若不获命，恐虽悔难追。

书成后，派人送与建德，建德没有回信。自此两军相持，屡有战事。

窦建德在武牢遇秦王李世民的阻挡，数战不利，留屯累月，将士思归。秦王李世民又派王君廓率领轻骑一千多人截击夏军的粮道，又破之，擒其大将军张青特。

凌敬对窦建德说："大王应当率领全部人马渡过黄河，攻取怀州、河阳，使重将据守，再率众鸣鼓建旗，翻过太行山，入上党，占领汾、晋，趋蒲津。

如此有三利：一则进军无人之境，取胜可以有把握；二则扩大地盘，增加民众，我军形势益强；三则关中震骇，郑围自解。为今之策，这样做是最好不过了，没有其他的计策可以代替它。"

窦建德本来打算接受凌敬的这一正确建议，但由于王世充遣使告急相继于道，王世充的使者王琬、长孙安世尚留在军中，朝夕哭泣，苦苦哀求窦建德，速救洛阳，又暗地里以金玉贿赂窦建德的部将。诸将都说："凌敬是一个书生，安知战事，其言岂可用也？"窦建德在诸将的怂恿下，决定与李世民决战，于是对凌敬说："今众心甚锐，天赞我也，因之决战，必将大捷，不得从公言。"凌敬坚持自己的意见，窦建德大怒，令人把凌敬扶出。窦建德的妻子曹氏说："凌敬之言不可违也。今大王自滏口乘唐国之虚，连营渐进以取山北，又因突厥西抄关中，唐必还师自救，郑国何忧不解？若屯兵于此，劳师费财，欲求成功，在于何日？"建德说："此非女子所知！我来救郑，郑国现在危在旦夕，我舍之而去，是畏敌而弃信也，不可。"于是，窦建德结阵于氾水，准备与李世民决战。

窦建德原来打算等唐军粮草用尽、牧马河北的时候，率军攻袭唐军武牢。但这一机密被唐军的探子侦得。五月一日，李世民将计就计，北渡黄河，南临广武，察看敌情，留下千余匹马，牧于河边，以引诱窦建德军，并于当晚回到武牢。第二天，窦建德果然率众而至，从板渚出牛口列阵，北据大河，西临氾水，南靠鹊山，绵延二十里，鼓行而进。唐诸将皆惧，李世民带领数骑登上高丘瞭望，对诸将说："贼起山东，未曾见大敌，今虽结成大阵，我看他部伍不整，纪律不严，逼城而列阵，有轻我之心。我且按兵不出，他的锐气自然衰落，列阵时间一长，士兵饥饿，势必自退，我乘机追击，无不获胜。今与诸公相约，过了中午，必能破乱了。"

窦建德轻视唐军，派三百骑兵渡过汜水，距唐营一里的地方停下来，派使者前去告诉李世民说："请选锐士数百，我们要和你们较量较量。"李世民派王君廓带领二百名长槊兵出来应战。两军相与交战，忽进忽退，大战几十个回合，不分胜负，各自收兵。

在夏营中，郑国的使者仆王王琬骑一匹隋炀帝乘过的青骢马，昂然立着，耀武扬威。李世民说："那个人骑的真是一匹好马！"尉迟敬德请往取之，李世民阻止说："岂可以一马丧猛士。"敬德不从，与高甑生、梁建方三骑跃马而出，直入其阵，生擒王琬，引其马驰归，夏军将士无一人敢阻挡。李世民派人引回放牧河北的战马，等待这些马回来再出战。

建德列阵，自辰时至午时，士卒饥饿疲倦，皆散坐阵前，又争着向河边饮水，毫无斗志，急欲退归。李世民看到战机已经成熟，便命宇文士及带领三百骑从窦建德阵西经过，驰而南上，并嘱咐他说："敌阵如果不动，你就马上回来；动则由东驰归。"宇文士及冲到夏军阵前，敌阵果动，李世民立即下令："可以出击了！"此时，河边的战马都已引回，乃命出战。李世民率轻骑为先锋，大军紧跟其后，东涉汜水，直逼敌阵。

窦建德因日已过午，士卒不得食，正召集诸将商议行止，忽见唐军杀来，来不及整顿队伍，急令骑兵出战，自率步兵退后，依据东坡。世民命窦抗领兵绕道击建德，自与尉迟敬德等拦杀骑兵，把敌骑杀得零零落落，尽行散去。窦抗被窦建德击退，力渐不支，世民大呼突入，夏军披靡。淮阳王李道玄挺身冲锋陷阵，直上南坡，穿过敌阵，又自敌阵杀回，再入再出，身中飞矢如刺猬，而勇气不衰，射人则应弦而倒，唯马负重伤，不能再用，世民又给他一匹马，令他跟随自己，不让他再入敌阵。李世民指挥大军激战，尘埃弥天。世民率史大奈、程知节、秦叔宝、宇文歆等卷旗而入敌阵，绕到背后，展开唐的旗帜，窦建德将士相顾失色，顿时大溃，追奔三十里，斩首三千余级。窦建德在战斗中受伤，逃到牛口渚。车骑将军白士让、杨武威在后面紧迫，窦建德从马上掉下来，白士让拿槊正想刺下，建德说："不要杀我，我是夏王，能使你富贵。"杨武威下马，把窦建德擒住，来见世民。世民斥责他说："我自讨王世充，与你何干，你远道而来，犯我兵锋？"建德回答说："今不自来，恐烦远取。"窦建德的将士见主帅已被擒，纷纷溃散，所俘获的五万人，世民也即日遣散，使还乡里。

建德妻曹氏与左仆射齐善行带领数百骑逃回洺州。

秦王李世民囚窦建德、王琬、长孙安世、郭士衡等来到洛阳城下，给王世充看。王世充从城楼往下一看，果见一人坐在囚车里，便问道："囚车里可是夏王？"建德说："不必说了，我来救你，反先做了囚徒，你害得我好苦啊！"说完泪下，世充也不禁垂泪。那唐营中又牵出囚车三乘，被囚的便是王世充的兄子王琬、长孙安世及郭士衡。李世民又对王世充说："你若不降，我就要杀死他们！"世充哭着说："且慢，我将出降，大王肯许我免死吗？"世民道："准你免死！"世充于是走下城楼，与城内诸将商议，有的人说不如突围而走，有的人说不如死战，大部分将领说："我们原来依靠夏王来救援，夏王今已被擒，即使突围出去，最终必难成大事。"第二天，王世充身穿素服，率其太子、群臣两千余人来到李世民的军门前投降，世民以礼迎接，世充跪在地上，流汗不止，李世民说："你经常把我看成是一个小孩子，今见我这个小孩子，为什么这样恭敬我呢？"王世充顿首请罪。于是，部署各军，先入洛阳，分守主要街道、市场，禁止侵掠百姓，无敢犯者。

李世民进入洛阳以后，命萧璃、窦轨等封府库，收其玉帛，颁赐将士。将王世充之党罪恶特别大的段达、王隆、崔洪丹、薛德音、杨汪、孟孝义、单雄信、杨公卿、郭什柱、郭士衡、董叡、张童儿、王德仁、朱粲、郭善才等十余人斩于洛水之上。囚韦节、杨续、长孙安世等十余人送长安。

窦建德余众逃回洺州，欲立窦建德养子为主，征兵以拒唐；又欲剽掠居民，还向海隅为盗。左仆射齐善行说："隋末丧乱，所以我们相聚草野，苟求生存。以夏王之英武，平定河朔，士马精强，一朝被擒，易如反掌，难道这不是天命有所属吗？不是人力所能争的。今丧败如此，守亦无成，逃亦不免，不如委心请命于唐，必欲得缯帛者，当尽散府库之物，不要再残害人民了。"于是，散府库之帛数十万匹，以赠将卒。士卒散尽，然后与仆射裴矩、行台曹旦，率其百官奉建德妻曹氏及传国八玺以及破宇文化及所得珍宝请降于唐。

王世充的堂弟徐州行台杞王世辩以徐、宋等三十八州到河南道安抚大使请降。王世充原来所控制的地区全部平定。

窦建德的博州刺史冯士羡，又推淮安王李神通为慰抚山东使，攻占三十余州。窦建德原来所控制的地区也全部为唐所有。

窦建德被秦王李世民打败以后，魏徵逃到关中，重新走上了归唐的道路。太子李建成素知魏徵很有才气，便召他为洗马，掌管图书经籍，成为东宫的属官。

第六章 争当太子，喋血宫门

唐高祖李渊的窦皇后生有四子：长子建成性情愚钝，缺才少能；次子李世民却胸怀雄才大略，深谋远虑；三子玄霸英年早逝；四子元吉溺于酒色，唯利是图。在四子当中，按照传统的宗法制度，长子建成以嫡长子的特殊身份被立为皇太子，袭承皇位，成为唐高祖李渊的唯一合法继承人。但是，次子李世民在唐朝建立的过程中立有赫赫战功，威望极高。他又招贤纳士，团结了一大批人，培植自己的政治势力，政治野心日益显露，欲夺皇位，因此，与太子李建成之间产生了尖锐矛盾。齐王元吉因性情暗弱，毫无功勋，也只得与大哥建成站在一个战壕。到武德末年，在唐朝最高统治集团内部，就形成了分别以太子李建成和秦王李世民为核心的两个政治集团，这两个集团围绕着争当太子展开了你死我活的明争暗斗。

李渊在太原起兵时，李世民出谋划策，制定攻守方略，参与决策，出了大力。李渊曾私下对李世民说：“如果将来大事成功，都是靠你的力量，我应当立你为太子。”李世民心中高兴，但在表面却惶恐地加以谢绝。等到李渊被隋恭帝封为唐王，手下将佐也请求以世民为世子，李渊早有此心意想要立之，而李世民再三推辞才罢了。长子建成性格宽和愚钝，喜好酒色游猎，四子元吉更是“宁三日不食，不能一日不猎”的浪荡公子，他俩都不受李渊宠爱。

唐武德元年（618），李建成以嫡长子的身份被册立为皇太子。但是，由于李世民功高盖世，声名大噪，唐高祖李渊在言语中也有意无意地透露出以世民代建成之意。这使李建成深感不安，于是就与李元吉商量，说："四弟，皇上意欲把皇位传给李世民，我该如何是好？"李元吉看了看建成焦灼的样子，阴着脸嘿嘿笑道："皇上不是喜欢李世民功高声隆吗？我们只要把这些给他压下去不就行了吗？"于是两人共同商定，出府库金帛财物收买朝官和宫人，拉拢一些人作为自己的党羽，培植势力，扩大影响，并寻机陷害李世民。

唐高祖李渊晚年多内宠，嫔妃成群，充盈宫中，这些嫔妃所生的孩子都被封为王，将近二十人。这些"小王"的母亲为了巩固自己的地位而不失宠，竞相结交太子。而建成和元吉为了自己的目的，也曲意侍奉诸妃，送其金帛进行贿赂，以便让她们在高祖面前说些好话。更有甚者，建成和元吉为了诋毁李世民，巩固自己皇太子的地位，竟然与张婕妤、尹德妃发生不正当的关系，淫乱后宫。而李世民却一向刚正不阿，不怀二意，向来不对诸嫔妃进行阿谀奉承，因此，这些后宫的嫔妃在高祖面前经常赞誉太子而诋毁世民。

李世民平定洛阳后，高祖让贵妃等数人到洛阳选阅隋宫人及收府库珍贵之物。她们却乘机私自向李世民求取宝货，并为自己的亲属求官。李世民听后，心中很不高兴，却也只能婉言谢绝说："宝货都已经封存、登记上奏，我不能私自动用。再说官职应当授予贤才有功之人，怎么能私自求取呢？"嫔妃们回去后十分羞愤，便更加怨恨李世民了。

李世民因淮安王李神通屡建战功，就赏其田地数十顷。张婕妤的父亲则利用女儿的关系向高祖请求赏田，高祖手敕赐之，李神通因有秦王的教令赏田在先，就拒绝把土地让给张婕妤的父亲。于是，张婕妤向高祖告状说："秦王抢夺了陛下赐给我父亲的田地，并给了李神通。"高祖听罢勃然大怒，对李世民斥责道："难道我的手敕不如你的教令吗？"另有一天，高祖对左仆射裴寂愤然说："世民这小儿长期在外领兵，为书生所教，已经不是我过去的儿子了。"尹德妃的父亲阿鼠骄横狂傲，秦王府属杜如晦路过他家门口，没有下马，被阿鼠的家童看见，其中一人喊了一声："谁敢不下马，上去打！"于是家童数人一哄而上，把杜如晦拽下马来痛打了一顿，并折断了他的一个手指。一家童指着杜如晦骂道："你是什么人，敢过我家大门而不下马？"家僮添油加醋地把此事告诉了阿鼠，阿鼠恐怕李世民告诉高祖，先让德妃奏说："秦王左右的人欺凌妾家。"说完不禁泪如雨下，抽泣不已。高祖看美人如此委屈，不禁大怒，对李世民斥责说："我嫔妃家都被你左右的人所凌辱，何况小民呢！"李世民听罢，知道一定是有人在陷害自己，于是耐心地向高祖解释，高祖却始终不相信。

　　李世民每次在宫中侍宴，面对诸嫔妃吃喝玩乐、欢声笑语时，就不禁想起自己的母亲早逝，不能看到高祖有天下，享几天清福，不禁暗中垂泣。高祖看到李世民这个样子，心中很不高兴。诸嫔妃互相使了个眼色，乘机在高祖面前诋毁李世民说："现在天下太平无事，陛下年纪又大了，应当好好享乐享乐。而秦王每次都是在独自流泪，正是厌恶我们的缘故。到陛下万岁后，妾母子必不为秦王所容纳，一个也活不了。"说着说着，相与哭成一团，并说："皇太子仁孝，如果陛下把妾母子托付给他，必能保全性命。"高祖听罢伤心不已。从此不再有换太子之意，对待李世民也就渐渐疏远了，而对建成、元吉却越来越亲近。

太子中允王珪、洗马魏徵劝太子说："秦王功高盖世，中外归心。殿下只因年长才位居东宫之位，没有大功来镇服海内，怎么可以呢？现今刘黑闼散亡部队，人不过万，财物和粮食都很匮乏，如果殿下以大军临之，必能势如破竹。殿下应该亲自率兵攻打来博取功名，结纳山东豪杰，这样才能自安。"建成信以为然，于是向高祖请求率兵征讨刘黑闼，得到高祖的允许。

再说窦建德被俘后，送至长安后不久便被杀害。同时，唐朝还下令，在各地追查窦建德的旧部，致使窦建德的故将皆惊惧不安。唐高祖又征窦建德故将范愿、董康买、曹湛及雅贤等人入朝，于是范愿等人相互商议说："王世充以洛阳降唐，其大臣段达、单雄信等都被杀害，我等去长安，也免不了一死。我们从起义以来，十多年间，身经百战，早就应该死了，今何惜余生，不以之立事。并且夏王得淮安王，以客礼相待，唐得夏王就把他杀掉了。我们与夏王的关系非常密切，今不为他报仇，将无颜见天下之士。"议罢，决定共推刘黑闼为主，重新举起反抗的旗帜。刘黑闼本人也是窦建德故将，他杀牛会众，举兵得百余人，袭破漳南县，各地纷纷响应。刘黑闼作战勇敢，指挥果断，先后击败淮安王李神通和李世勣等，不到半年，刘黑闼就完全恢复了窦建德故地，仍以洺州为都城。

武德四年（621）十二月，高祖命秦王世民、齐王元吉讨伐刘黑闼。武德五年（622）二月，李世民帐前大将罗士信列阵挑战，被刘黑闼劈于马下，血染疆场。李世民看到刘黑闼如此英勇，急令收兵，高挂免战牌。三月，李世民与罗艺决定分兵洺水南北，坚守城池，绝不出战。另一方面，却派一支奇兵割断刘黑闼粮道，坐等刘黑闼缺粮自退。双方又相持二十余日，刘黑闼意欲速战速决，每日骂战、攻打，也小战数次，各有胜负。终因刘黑闼粮道被断，缺乏粮草供应，被迫南渡洺水攻唐突围。李世民则采取决洺水淹刘黑闼军的办法，才打败了他。刘黑闼只率百余骑逃往突厥。过了两个月，刘黑闼率部又杀回山东，很快收复了许多故地，旧势复起。十月，唐高祖下诏派齐王元吉前去镇压，行军总管淮阳王李道玄战死，史万宝败归。十一月，唐又派太子李建成率兵前往河北、山东镇压。

这次太子东征，协同魏徵等诸多谋士一同前往，希求马到成功。一路上，太子非常高兴，想到李世民小儿虽然杀退刘黑闼，却未能彻底清除后患，而如今自己亲率天兵，又有谋臣策士保驾，定能凯歌还朝。唐军浩浩荡荡进至昌乐，安营扎寨，准备休息三日再与刘黑闼决战。三日后两军对阵，李建成出阵骂道："刘黑闼老贼，你屡次蛊惑民众，口宣妖言，纠集贼寇，进犯天朝，你可知罪？如今，天子命我率兵百万，征讨老儿，汝等安有命在？还不快下马投降！"刘黑闼大怒，拍马上前骂道："匹夫可知，官府涂炭生灵，欺压百姓，众不反何为？如今已反，生死早已置之度外！"说到此，刘黑闼看到唐军旌旗招展，人强马壮，彼多我寡，心想：不如回去再商对策以破敌兵。于是下令鸣金收兵，紧闭寨门。如此两次列阵，都未交锋，太子一筹莫展。魏徵退而思之，向太子建成献策说："以前破黑闼，所有贼将，都挂名处死，妻子作为俘虏。所以余众尚存，统为尽力拼死。如今应该把俘虏都放了，一律慰遣，彼等既得生机，何必自投死路？此离彼散，黑闼自无能为力了。"建成听罢大喜，立即按魏徵的策略行事。不过几日，军士来报，果然见刘黑闼部将逐渐散去。刘黑闼见将士离心，士气低落，十分不安。又闻粮草官报告说，粮食已尽，不能再继续御敌，于是刘黑闼乘无月的夜晚，率一部分军士逃至馆陶永济桥，但桥尚未建成，不能引渡。这时，建成、元吉率大军呐喊着在后面追来。将至桥旁，刘黑闼急令王小胡背水一战，以延时日，自己则督军火速架桥。桥成，刘黑闼立即策马奔过桥西。众人见主帅逃走，已无心恋战，纷纷溃退，多半降了唐军。李建成命军队过桥追赶刘黑闼，军士"呼啦"一声拥上桥头，刚过去一千人，桥忽然崩坏，刘黑闼得以率数百骑逃走。

李建成敲着得胜鼓收兵回营，又派骑将刘弘基率万人穷追刘黑闼，决计不让刘黑闼再次逃脱。这样，刘黑闼在刘弘基的穷追之下，不得不日夜奔走，不得休息。这一天到了饶阳，刘黑闼再看手下，只剩下百余人了，并且丢盔弃甲，汗流浃背，饥渴难忍。饶州刺史葛德威闻报刘黑闼已逃至城下，不禁大喜，自语道："天降功名于我也！"当下吩咐左右将士如此如此。刘黑闼正想绕城而过，忽见饶州城门大开，鼓乐喧天，旌旗招展，中间走出一人，上前对刘黑闼拱手说："刘将军一路鞍马劳累，何不到城中歇息片刻？我已命人在府中摆设酒宴恭候将军，请将军切勿推辞。"刘黑闼答道："刺史大人，败军之将何劳大人宽待？我这就告辞了。"说完就掉转马头要过去。葛德威哈哈大笑说：

"刘将军，是否怀疑有诈呀？我生平佩服的就是除暴安良的英雄好汉，将军举起义旗也是迫不得已，将军的侠心义胆又有谁人不知。你怀疑我，我岂又是卖友求荣之辈？还请将军到府中一叙。"刘黑闼想了一想，又看看军士，知道他们已不能再行进了，也需要休息一下。这样在德威的再三邀请下，刘黑闼跟随他进了城，暂时在市场上休息。不大工夫，有官役抬着酒食而来，黑闼看到葛德威如此盛情，戒心顿除。他们这些人早已饥渴难忍，看到酒食，一哄而上，狼吞虎咽，大吃大嚼，正在酒足饭饱之际，只听一声呐喊："活捉刘黑闼，不要放他跑了！"原来葛德威率兵而来，把黑闼等人团团围住，一阵绳捆索绑，拿得一个不留。黑闼弟十善，也同时被擒，准备押送大营。葛德威回到衙门，写了封信，命人火速送往太子李建成大营。建成看罢大喜，准备押往京城，但又一想，刘黑闼老儿名望很高，怕中途被劫，于是立刻传令，将黑闼兄弟等人枭首于洺州。刘黑闼临刑前叹道："我本在家种菜，被高雅贤等人迷惑，竟然招致此祸，后悔也来不及了。"

在太子建成东征刘黑闼的过程中，魏徵的计策起了决定性的作用，他为太子建成立军功出了大力。

唐朝统一天下以后，太子李建成和秦王李世民之间的矛盾日益尖锐化、明朗化。魏徵鉴于此，屡次劝说太子李建成早日除掉李世民，以绝后患。从此，李建成和李元吉合谋，采取各种手段，陷害李世民。

当初，齐王元吉与太子建成骑马狩猎时，就劝建成除掉秦王李世民，他说："我一定为兄长亲手杀了他。"语罢，"嗖"的一箭，射中飞跑中的一只野兔。这一天，李世民跟随唐高祖到元吉家。李元吉把齐王护军宇文宝招到密室，吩咐他事先埋伏在李世民的寝室里，刺杀他。宇文宝转身要走，建成说道："慢！四弟呀，我看这样不好，算了吧。等以后再找机会。"元吉看了他一眼，生气地说："我是为你打算才这样做的，和我有什么相干！"

建成擅自招募长安及各地骁勇两千多人，组成东宫卫士，分别屯驻于左右长林，号称"长杖兵"。又祕密让右虞候可达志从燕王李艺那里征调幽州突骑三百，安置在宫东诸坊，用以补充东宫长上卫士，但因做事不密，被人告发，唐高祖责备了他，将可达志流放到巂州。

庆州都督杨文干曾在东宫宿卫，李建成和他的关系很密切，私下里让他招募壮士送到长安。这时，唐高祖将要巡幸仁智宫，就命建成居长安留守，世民、元吉都随同前往。李建成认为这是一个千载难逢的机会，暗地里与元吉共同图谋李世民，说："安危之计，决定于今年，汝当尽力而为。"同时又密令郎将尔朱焕、校尉桥公山潜运铠甲，送给杨文干，令他迅速起兵，里呼外应。二人押解盔甲武器行至幽州时，不禁担心夜长梦多，私下商量，说："我等久受秦王的好处，如今太子不义欲加害秦王，我等不能报效秦王，又岂能助纣为虐，以遭天谴？何况路途遥远，谁又能保证不泄露消息呢？那样不仅有不义的罪名，还会招致祸患，不如我等上告天子。"谋毕，径向高祖告发，并请求高祖赦免自己的罪过。高祖听罢大怒，立即派遣司农卿宇文颖，驰诏文干。李元吉闻知，捏着一把冷汗，急忙嘱咐宇文颖传语文干："大事已经泄露，望你好自珍重。天子诏汝，汝等千万莫入京师。万不得已，举兵起事，有我暗中帮你。"杨文干既已得到宇文颖的传语，知道李元吉会作为后应的，于是举兵谋反，并引兵奔向宁州。

唐高祖又亲书手诏，假借有要事要召见李建成来行宫见驾。建成大为恐慌，在屋子里转了好几个圈，不敢前去。太子舍人徐师谟说道："殿下与秦王本势同水火，如今事已败露，陛下必会怪罪，再加上秦王火上浇油，殿下岂有命在？不如固守城池，举兵议事。"詹事主簿赵弘智说道："不可鲁莽从事，今则虽然事之不谐，但殿下身为太子，陛下岂能不思之再三，何况有朝臣与后宫说情呢？再者，殿下可贬损车服，屏退从者，轻骑谢罪，陛下定会宽恕。"李建成沉思半晌，最后决定去仁智宫请罪。等到距仁智宫还有六十里时，李建成把官属全部留在毛鸿宾堡，仅带着十余骑前去面见高祖。建成见了高祖，连连叩头，大哭道："陛下，孩儿知罪，请陛下息怒，饶恕孩儿这一次吧！"高祖看见他，气不打一处来，痛斥说："建成，你身为太子，未来的一国之君，心胸岂能如此狭窄？同室操戈，相煎何急？身为朝廷命官，却勾结反叛，该当何罪？来人，把他押下去，听候发落。"左右上前押下建成，监禁于幕下，让殿中监陈福看守。

唐高祖诏令左武卫将军钱九陇与灵州都督杨师道合击杨文干，同时又召秦王李世民商议此事。李世民说："文干这小子，竟敢造反！如果地方官员不能剿灭，只要派遣一名大将前往讨伐，就能立即平定。"高祖说："不然。杨文干谋反的事牵连到李建成，恐怕响应的人很多。不如由你亲自前往征讨，回来以后，就立你为太子。我不能效法隋文帝自诛其子，只能封建成为蜀王。蜀兵脆弱，将来建成如果能侍奉你，你应当保全他；不能侍奉你，你攻取他也比较容易。"世民奉命而去。

李世民走后，李元吉和嫔妃们相继为建成说情，说："陛下，殿下身为太子，世民屡有夺太子位之意，兄弟不和。而殿下之左右搬弄口舌，蛊惑殿下，殿下又当年轻，不明其中奥妙，被小人所乘，罪不至诛，望陛下开恩。况且殿下已有悔改之意。"封德彝又为建成周旋，高祖怒意方解，仍命建成还守京城，只是斥责他兄弟不睦，今后立当痛改前非，一面归罪于太子中允王珪、左卫率韦挺、天策府兵曹参军杜淹，说他们搬弄是非，挑拨建成与世民之间的关系，把三人都流放到嶲州。

武德七年（624）七月，杨文干攻陷宁州，烧杀抢掠，无恶不作，民心大愤。又驱逐吏民出宁州到百家堡。等到秦王李世民军队到达宁州时，百姓起而相应，杨文干叛军纷纷溃退。在混乱中，杨文干被部下杀死，传旨京师，俘获宇文颖，诛之。

因屡有边患，高祖想要迁都，以躲避突厥的侵扰，秦王李世民力谏阻止。李建成和嫔妃因此事又暗中诋毁李世民，说："突厥虽然屡为边患，但是得到贿赂以后就会撤兵的。秦王外托御寇之名，内欲掌握兵权，实现其篡夺皇位的阴谋。"

唐高祖在长安城南校猎，太子、秦王、元吉皆从，高祖命三子骑马射箭比武。建成有一匹胡马肥壮，独喜蹶跃，于是心生一计，就持辔授给世民说："这匹马很骏拔，能跳几十丈宽的山涧，二弟善于骑射，请试着乘上它。"世民不知是计，就骑上这匹马追逐山鹿，忽然马尥蹶子，把李世民甩出一丈多远，世民顿时昏了过去。众人大惊，急请太医医治，才保全性命。事后，世民对宇文士及说："建成想用这匹马暗害我，却不知死生有命，这怎么能伤害我呢？"建成听到这话，就让嫔妃在高祖面前诬陷世民说："秦王自己说，我有天命，将要成为天下之主，岂能轻易而死。"高祖信以为真，先召建成、元吉，然后召见世民入宫，斥责世民说："天子自有天命，非智力所能企求到的，你求的不是太急了吗？"世民免冠叩头谢罪，高祖怒气未消，下令将世民送至司法机关审讯。恰在这时，有边报告急，突厥大举叩关，高祖在吃惊之余才把怒气打消，并召见李世民，温言慰勉说："世民，不是父王故此重责，只是你言语有失分寸，被宵小抓住口实，告到我这来，我不得不办。如今突厥进犯，你有何良策？"当下就命令他仍然冠带，共同商议战守之事。接着下令李世民、李元吉率兵出豳州以抵御突厥。这样，每有寇盗，就命令李世民征讨，等到事平之后，高祖心中猜忌却更甚。

武德九年（626），太子建成的幕僚向他献策说："殿下，以往种种计策皆不能置秦王于死地，如今何不宴请毒死他？"建成想了一下，认为可以一试。于是命人下帖邀请秦王李世民到府中夜宴，并在世民的酒中事先下了毒。世民哪里知道，只见建成举起酒杯说道："秦王外御边患，内剿寇盗，可谓功劳卓著，但东征西讨，不得安息，又如此辛劳，让人心中不安。今夜的宴席就算是为秦王接风洗尘的。来！喝了这杯酒，祝秦王身体康泰！"说完一饮而尽。秦王哪里想得很多，也喝了下去，忽然感到心口剧痛，喉中奇痒，暗叫"不好！"顿时吐血不止。淮安三李神通见此大惊，连忙向太子建成代秦王告辞，把李世民扶回西宫，请太医调治。同时，淮安王报知高祖，高祖亲往西宫探望。李世民呜咽陈词，把那天晚上去建成府中饮酒的事向高祖说了一遍。高祖听后，心中也明白了八九分。回去后，敕建成说："秦王本来不能饮酒，从今以后不要再夜饮。"私下里，高祖又对世民说："首建大谋，削平海内群雄，都是你的功劳。我想立你为太子，你一再推辞。且建成年长，为太子日久，我不忍心夺去他的太子地位。我看你们兄弟二人似不相容，同处京城，必有纷争。我打算派你还行台，居住在洛阳，自陕以东都由你掌管，并且让你建天子旌旗，如汉梁孝王故事。"世民涕泣道："这不是儿所想的，儿臣岂可远离膝下？"高祖说："天下一家，东西两都，道路甚近，我想你就去洛阳看你，不要忧愁悲伤。"李世民将去洛阳的事被建成、元吉探知，他俩相互商量说："秦王如果到了洛阳，再也制服不了他了。不如把他留在长安，只不过是一匹夫，还可以设法除掉他。"于是密令心腹数人，连续向高祖上封事说："秦王左右的人，听到去洛阳的消息，无不兴高采烈，此去恐怕不复返了。"建成又派遣近幸之臣对高祖陈说利害关系，高祖便改变了原来的主意，竟将秦王镇洛一事放在脑后。世民因高祖一再听信谗言，也深感孤危起来，但又觉无可奈何。

建成、元吉与后宫嫔妃在高祖面前日夜诬陷李世民，高祖完全相信，并逐渐动了真怒，说："如此种种若是事实，寡人岂能放过这小儿！"于是要加罪于世民。陈叔达进谏说："秦王对天下建有大功，不可加罪于他。并且他的性格刚烈，如果加罪于他，恐不胜忧愤，也许得了意想不到的疾病，到那时陛下后悔就来不及了。"高祖于是打消了加罪世民的想法。而后，李元吉又干脆密请高祖杀死秦王。高祖说："他有平定天下之功，罪状还不明显，要杀他，以什么为借口？"元吉说："秦王初平东都时，顾望流连，散钱帛来树立个人的威信；他又违背敕命，不是谋反是什么？只应速速把他杀掉，即便子虚乌有，何患无辞？"高祖仍然没有应允。

秦府僚属都很忧惧，不知该怎么办才好。行台考功郎中房玄龄对比部郎中长孙无忌说："现在秦王与太子的矛盾已经形成，一旦大祸临头，岂止秦府的人将要被杀，恐怕会牵连的更多，这也是国家的忧患。我们不如劝说秦王行周公之事，以安家国。存立之机，正在今日。"长孙无忌说："我有这个想法已有很长时间了，但一直不敢说出口，今天你所说的，正合我意，我应谨慎地把这件事告诉秦王。"于是进去对世民说了，李世民又召房玄龄商议。房玄龄说："大王功盖天地，无人可比，本应当继承大业。现在的忧虑和危险，也正是天意赞助我们的大好机会，希望大王不要犹豫。"房玄龄与府属杜如晦共劝世民杀建成、元吉，但世民迟疑不决。

建成、元吉知道秦府有很多骁将策士，想要引诱他们而为己用，便秘密地用一车金银器皿，赠给左二副护军尉迟敬德，并写信对他说："我日夜仰慕，希望能够得到长者的关怀照顾，诚恳地希望与您结下布衣之交。"敬德辞谢说："敬德本蓬户瓮牖之人，遭受隋末离乱，久沦逆地，罪不容诛。但逢秦王礼遇，赐我更生的恩德，现在又策名藩邸，我只有以杀身来报答秦王。而我对殿下身无寸功，不敢谬当重赐，请殿下收回成命。如果私交殿下，我又是徇利忘忠之人，殿下对待这样的人于己有什么用呢？"建成听后很生气，与他绝交。尉迟敬德把这件事告诉了李世民。世民说："你的心就好像山岳一样，虽然金银堆积至斗，我也知道你不会改变，但是既然殿下给你金帛，你只要接受就可以了，又有什么可嫌弃的呢？并且得以知道他的阴谋诡计，岂不是良策？这样你不接受他的宝货，灾祸就要落到你身上了。"果然不久，元吉派人行刺，而敬德早有准备，故意洞开重门，安卧不动。刺客屡次进入他家的院里，终不敢入刺敬德。李元吉看此计不成，又生诬陷之心，便在高祖面前说："尉迟敬德因有秦王的庇佑，在京城为非作歹，骄横无比，城中百姓早已怨声载道，只是敢怒不敢言。"高祖皱了一下眉头，说道："岂有此理。"即下诏刑狱进行审讯。李元吉又在暗中活动，将要把敬德处死。李世民知道后再三陈说、保证，才得以赦免。李元吉用同样的手段，又诬陷左一马军总管程知节，将他从秦王府调出，出为康州刺史。临行前，知节对世民说："大王的股肱羽翼都没了，自己又怎么能长久呢？知节拼死不去，希望大王早日决定大计。"建成、元吉又拿金帛引诱右二护军段志玄，志玄不从。建成对元吉说："现在秦府中才智谋略之士，可以忌惮的也只有房玄龄和杜如晦了。"于是又把房、杜二人谮告逐出秦府。

在秦府中，李世民的心腹只有长孙无忌一人。他与其舅雍州治中高士廉、左侯车骑将军侯君集及尉迟敬德等人日夜劝说李世民诛杀建成、元吉，说："大王若不早日抉择，必为小人所乘，性命何在？家国何人来保卫？"但李世民仍然犹豫不定，向灵州大都督李靖询问良策，李靖没有表态，只是说："大王所忧虑的乃是手足之情，如今之形势，大王想必已然在胸，我等岂敢妄言。"向行军总管李世勣询问，李世勣也没有表态，李世民由此更加器重这两个人。

这时，边报告急，突厥郁射设率数万骑屯河南，入塞包围乌城。李建成上奏说："秦王屡次率兵东征西讨，不得休息，如今突厥进犯，还是让齐王督率诸军北征为好。"高祖同意太子的请求，命李元吉督右武卫大将军李艺、天纪将军张瑾等救乌城。李元吉又请尉迟敬德、程知节、段志玄及秦府右三统军秦叔宝等与他同行，巡阅秦王帐下的精锐之士，用来增补元吉军。出征前，东宫率更丞王晊派人密告世民说："太子对齐王说：'现在，你得到了秦王的骁将精兵，拥有数万之众，我和秦王在昆明池为你饯行，派壮士拉杀世民于幕下，上奏就说世民暴行，高祖不能不相信。我还会派人进宫游说，诏令授我国事。敬德等人既然在你的掌握之中，应当把他们全部活埋，谁敢不服？'"世民很是吃惊，连忙把王晊的密告告诉了长孙无忌等人。长孙无忌等劝世民先发制人，以防不测。世民叹息说："骨肉相残，古今大恶。我当然知道祸在旦夕，但我想等到建成首先发难时，然后再以义讨伐他，不是也可以吗？"尉迟敬德说："人情谁不爱其死。如今众人以死来侍奉大王，这乃是上天授予的。祸机垂发，而大王却安然不以之为忧患，纵然大王不吝惜自己的生命，但宗庙社稷怎么办呢？大王不听敬德之言，敬德恐怕要窜身草泽为民，也不能再留居大王左右，交手受戮了。"长孙无忌也说："不听从敬德的话，如今事情就失败了。敬德等人不为王有，无忌也会相随而去，不能再侍奉大王了。"世民慢慢坐回椅子上，停一会儿说："我所说的也不能全然不顾，你们再重新商量一下吧。"尉迟敬德上前一步，慨然道："大王现在办事处处生疑，并不是明智的。临难犹疑不决，并非勇断。况且大王平素所蓄养的八百多名勇士，在外者现在已入宫，擐甲执兵，事势已成，大王怎么能安心呢？"

李世民仍拿不定主意，又访询府僚，他们都说："齐王凶残暴戾，一定不肯侍奉他的兄长。比闻护军薛实曾对齐王说：'大王的名字，合起来就形一个唐字，可见，大王一定会主持唐祀。'齐王高兴地说：'只要能够除掉秦王，再取东宫则易如反掌。'他和太子合谋作乱还没有成功，就已有取代太子之心，贪心无厌，何所不为。倘使二人得志，恐怕天下不再为唐所有。但以大王的贤能，取二人如拾草芥，怎么能徇匹夫的名节，忘了社稷的大计？"世民沉思一阵，仍犹豫不决，众人见此，又进一步说："大王以为舜是怎样的一个人？"世民说："当然是一个圣人。"众人说："假使舜淘井不出，就会成为井中之泥；涂廪不下，就会成为廪上之灰，怎么能恩泽覆盖天下，法施后世？因此，小杖则受，大杖则走，这也许就是生存下来的最大原因吧。"李世民又命人占卜，幕僚张公谨从外面进来看到了这种情况，就把龟甲扔在地上，说："占卜是用来解决疑难问题的，现在事情在于不犹疑，占卜又有什么用？如果占卜的结果是不吉，难道还能停下来吗？"这样，秦王李世民才最后下了决心。

这一天，李世民令长孙无忌密召房玄龄等人到府中议事。房玄龄答道："圣上的旨意就是不让我再侍奉秦王，现在如果私自谒见，必被处死，我不敢从命。"李世民听完长孙无忌的回报，不禁勃然大怒，对尉迟敬德说："难道玄龄、如晦要背叛我吗？"站起身，把佩刀取过来授给敬德说："你过去看看，他们如果没有来的意思，就把他们的脑袋带来。"敬德从命，与长孙无忌前去，一起劝说房、杜："如今大王已经下定了决心，你们应当迅速进宫商议大事。但我们四个人不能同行，应分批进入。"于是让房玄龄、杜如晦穿上道士的服装，与长孙无忌一同入宫，尉迟敬德从另外一条路绕道而至。

六月己未日（初三），太白星再次经过天空。傅奕密奏："太白见秦分，秦王当有天下。"高祖就把傅奕密奏给世民看，于是李世民乘机向高祖密奏建成、元吉淫乱后宫之事，并说："臣对于兄弟，没有丝毫对不起他们的地方，但是他们却要杀臣，好像是为王世充、窦建德报仇。臣如今如果被冤枉而死，永违君亲，魂归地下，实在耻于见诸贼。"高祖恍然觉醒，神情愕然，很久才说："明日上朝之时，我当亲自审问，你应当早参。"

庚申日（初四），阴霾的天气没有一丝风，灰蒙蒙的树枝伴着殿阁庭榭默然无语。杂乱的脚步声打破了宁静，李世民率长孙无忌等人入宫，让甲士埋伏于玄武门。

张婕妤窃知李世民密奏高祖之意，立即派遣内侍飞马密告李建成。建成急忙召元吉商议，元吉沉吟道："今日入朝，恐防有变，应该约束宫中府兵，假托有病不能入朝，以观形势。"建成仰天一笑，说："我等内有嫔妃，外有宫甲，有何惧哉！况秦王虽强，恐怕也无计可施。应当与弟一同入参，自问消息。"元吉无法，只得应允。于是二人俱乘马进入玄武门，傲然无惧色。高祖当时已召裴寂、萧瑀、陈叔达等，想要调查太子建成谋害世民一事。

当建成、元吉到达临湖殿时，但见大殿内外寂静无声，周围似有层层杀气，恍见刀光剑影，顿觉形势不太妙。元吉小声对建成说："此地似有不对，我等恐怕已处危险之境，快走！"说完两人立即掉转马头往回奔跑，东归官府。眼看就要奔出玄武门，忽听背后有人叫道："太子，齐王，为什么还在此地徘徊，而不入朝呢？"元吉回头一看，大惊，正是李世民，背后有弓箭，腰悬长剑，心中暗道"不好！"便抽出弓箭，瞄准李世民劈头就是三箭，但都被世民闪过，最后一箭被李世民接住。世民笑道："齐王，今日安能命在？"说完也抽弓搭箭，却声东击西向李建成射去。李建成已然吓破了胆，呆若木鸡，看世民搭箭，以为他向元吉射去，毫无防备，"嗖"的一声，正中颈嗓，立时翻身落马，气绝身亡。李元吉早已汗透重衣，哪里顾得上建成死活，急忙打马逃走，到了玄武门，迎面碰上尉迟敬德带领弓箭手而来，只得又往回奔。这时，李世民也拍马赶到，不防李元吉回马相撞，二人都坠身落马。元吉挣扎先起，夺了世民的大弓，又用手扼世民。正在这危急时刻，尉迟敬德率兵赶到，大呼："齐王，拿命来，看箭！"只听弓弦响，吓得元吉舍了世民便逃。元吉仓皇中，要进武德殿面奏高祖。尉迟敬德空弦救世民后，又射出一箭。元吉奔跑间，听背后弓弦声响，不禁回头一看，正中咽喉，仰身跌倒。敬德追上前去，砍下他的头颅，又回到建成尸旁，也将他的脑袋割下。

东宫、齐府的僚属听说建成、元吉被杀，一阵大乱，哭声、喊声混成一片。太子东宫翊卫车骑将军冯立与副护军薛万彻、齐王府车骑谢叔方等相与说："如今太子、齐王被杀，我等食其俸禄，不为其报仇便是不义。"于是，率东宫、齐府精兵两千余人杀向玄武门。在玄武门的秦府兵不多，加上少量的禁军宿卫兵也不过几百人，难以抵挡东宫、齐府精兵。秦府的张公谨命令甲士关闭城门来抵御，使其不得入。云麾将军敬君弘持掌宿卫兵，屯据玄武门，看到敌势嚣张，心中大愤，挺身出战，与中郎将吕世衡大呼而进，皆战死。薛万彻见玄武门不得入，便大呼："我等不能为太子、齐王报仇，不如一死，此处不得入，何不攻占秦府？"秦府将士大惧。在这紧要关头，尉迟敬德持着建成、元吉的首级出现在墙头，给东宫、齐府的将士看，并且说："秦王奉诏诛此二人，如果尔等不知进退，违抗上命，罪与二人相同，尔等何苦自寻死路？还不快快散去，免得同为杀戮！"东宫、齐府两军见建成、元吉已被杀死，又听尉迟敬德说奉诏诛此二人，越觉心虚胆怯，便一哄而散。薛万彻与数十骑乘乱逃入终南山。冯立既杀敬君弘，就对他的部下说："这也算稍微报答太子了。"于是，解散随从的士卒，自己逃于野。

与此同时，高祖正在海池泛舟，李世民便让尉迟敬德入宫保卫高祖。敬德擐甲持矛，来到高祖身边。高祖见此大惊，变色说："今日谋反的人是谁？太子、齐王、秦王何在？你来这儿又是干什么？"敬德进前答曰："秦王因太子、齐王作乱，危害社稷，只得举兵诛之。但恐怕惊动陛下，特派我来保护。"高祖回头对裴寂等人说："想不到今天竟会发生这样的事，卿看应该怎么办才好呢？"萧瑀、陈叔达说："建成、元吉本来没有参与谋划太原起兵之事，又无功于天下，但嫉妒秦王功高望重，共为奸谋，陷害有功之臣，如今秦王已讨而诛之，也算是大功一件。再说，秦王功盖宇宙，率土归心，陛下若立秦王为太子，委以国事，陛下便可垂拱而治了。"高祖欣慰地笑道："好！就依卿言，当然这也是我的夙愿。"当时宿卫兵及秦府兵与二宫左右的人酣战未已，敬德请高祖降手敕，调令诸军并使其受秦王节制，高祖从之。天策府司马宇文士及自东上阁门出宣布敕令，各方才安定下来。高祖又派黄门侍郎裴矩到东宫晓谕诸将卒，命令他们解散。之后，高祖召见世民，降阶抚慰他说："近日以来，几有投杼之惑。"世民急忙跪下哀号痛苦了好大一阵，高祖也很是悲伤。

太子、齐王事败被诛后，建成之子安陆王承道、河东王承德、武安王承训、汝南王承明、巨鹿王承义，元吉之子梁郡王承业、渔阳王承鸾、普安王承奖、江夏王承裕、义阳王承度都因父罪连坐受诛，并被削去宗室属籍，永不再用。

当初，建成答应元吉自己在即皇帝位以后，便立元吉为皇太弟，所以元吉甘心为建成效死命。建成、元吉被诛后，秦府诸将劝秦王李世民杀尽建成和元吉左右的百余人，籍没其家，以绝后患。尉迟敬德固争，认为不可。他说："罪在二凶，他们既然已经伏法，如果再牵连其支党，这不利于安定的。"这样才停止。当天，高祖下诏说："大赦天下。凶逆之罪，止于建成、元吉两人，其党羽有参与的，一概不问。其僧尼、道士、女冠并宜依旧。国家庶事，都由秦王处置。"

辛酉日（初五），冯立、谢叔方都自动出来请罪，说："臣等罪该万死，逆天下之所归心，助纣为虐，危及秦王，臣等愿受罪责。"薛万彻亡匿不知所向，世民屡次派人诏谕，他才出来自首。李世民对他们说："你们都是忠于职守之人，对主上忠贞不贰，可见都是当今豪侠义士啊！"于是命人将他们释放。

癸亥日（初七），高祖对殿前文武百官说："秦王多年来，外御边寇，内安忧患，功盖宇内，已成海内所归，如今寡人欲立秦王为皇太子，卿等看如何呢？"顿时百官伏首齐贺。当即高祖册立李世民为皇太子，又下诏说："自今军国庶事，无论大小皆交太子处决，然后再闻奏。"百官又拜见了皇太子李世民。

太子洗马魏徵曾劝建成早日除掉世民，以防后患无穷。玄武门之变以后，魏徵也成了罪人。李世民听说他在东宫很有谋略，颇受宠信，并为建成出了很多力，便召他入见。魏徵见了世民，长揖不拜，昂然而立。李世民非常恼怒，一拍几案，长身而起，大声呵斥说："你可知罪，你为何离间我兄弟之间的关系？"魏徵坦然回答说："原先太子如果听从我的话，何至今日受诛的地步？从前管仲为子纠臣，曾射齐桓公中钩，人各为主，何必讳言？"李世民听了，转怒为喜，降阶对魏徵说："你说得很对，由此看来，你真是一个忠诚正直的人啊！"于是，赦免魏徵之罪，并让他做太子詹事主簿。又将王珪、韦挺、杜淹召回，让王珪和魏徵同为谏议大夫，并封魏徵以巨鹿县男的爵位。

武德九年（626）十月，李世民下诏追封已故太子皇兄李建成为息王，谥号为隐；皇弟齐王李元吉谥号为刺，都以皇家丧礼重新安葬。安葬那一天，唐太宗素服而行，在宜秋门大哭一场，显得十分悲痛。魏徵、王珪上表说："我们过去受命于太上皇，在东宫任职，跟随太子多年。前太子对国家犯了罪，得罪了人神，臣等没有跟随太子一同去死，甘愿受杀身之罪，身负重罪，置身于光明大道，虚度生涯，将以什么报答圣上呢？陛下的德行光照四海，道义超过前代的帝王，登上山冈缅怀死者，追念兄弟手足之情，申明国家大义，表达骨肉深情，选择吉日安葬二王，永远离别的日子就要到了。臣等永远不能忘记过去，有愧于在他们的亡灵面前自称旧臣，失去了前宫太子，又有了新的国君，虽然仍能施行侍奉国君的礼节，但是还没有表达对死者的哀痛之情。瞻望墓地，想到往日的深情厚谊，希望在安葬的那一天，护送灵柩到墓地。"唐太宗认为他们有情义，没有忘记旧主，于是就同意了他们的请求，并命令原东宫和齐王府的旧僚属都去送葬。

第七章 感恩报德，安抚河北

武德九年（626）八月，唐高祖李渊"禅位"于太子李世民，李世民即皇帝位，他就是历史上有名的开明君主唐太宗。

唐太宗是通过发动玄武门政变当上太子的，两个月以后，又强迫其父唐高祖李渊"禅位"，因此，在他即位之初，面临着许多不安定的因素。玄武门之变虽然杀掉了太子建成和齐王元吉，但是东宫和齐王的残余势力还存在，尤其在山东地区有着较强的力量，武德时期的元老重臣还支持他们。

魏徵原来是东宫官属，他曾多次劝太子谋杀秦王，自以为玄武门之变后必死无疑，然而没想到李世民不但没有杀他，反而给他加官晋爵，因祸得福。魏徵回顾自己的前半生，在动荡的岁月里，怀才不遇，一事无成。今天遇到唐太宗这样的明主，一定要竭尽自己的全部智慧和力量，辅佐唐太宗成就一番伟大的事业，以报答唐太宗的知遇之恩。正如魏徵在他所作的诗《述怀》中说：

中原初逐鹿，投笔事戎轩。

纵横计不就，慷慨志犹存。

杖策谒天子，驱马出关门。

请缨系南越，凭轼下东蕃。

郁纡陟高岫，出没望平原。

古木吟寒鸟，空山啼夜猿。

既伤千里目，还惊九逝魂。

岂不惮艰险，深怀国士恩。

季布无二诺，侯嬴重一言。

人生感意气，功名谁复论。

魏徵看到东宫和齐王的余部，有些人逃到河北各州县，他们对新政权心怀恐惧，往往暗中勾结，企图作乱。魏徵便对唐太宗说："如果不向他们显示出大公无私，祸患就难以消除。"唐太宗认为魏徵的话很有道理，立即采纳了他的建议，宣布以前依附东宫和齐王的人一律赦免，既往不咎，并派魏徵为特使前去河北安抚，授予他便宜行事的权力。魏徵是刚刚从东宫分化出来的，唐太宗派他安抚太子和齐王的旧部，有很强的说服力。魏徵本人也从内心更加感激唐太宗对他的信任和重用。

魏徵走到磁州，遇到原太子千牛李志安、齐王护军李思行，正被枷锁押送京城。魏徵对副使李桐客说："我们在接受任务时，太宗已下诏：前东宫、齐府左右的人，一律赦免不问。现在又把李志安和李思行押解京城，还有谁对赦令不怀疑呢？即使派人前去安抚，也没人相信了。这是差之毫厘，失之千里。并且公家之利，知无不为，宁可给自己带来麻烦，不可废国家大计。现在如果释放李志安、李思行，不问其罪，则信义所感，无远不至。古时候，大夫出使，苟利社稷，可以专断。况今日之行，太宗许以便宜行事，皇上既以国士对待我们，我们怎能不以国士相报呢？"于是，魏徵果断地决定先释放李志安和李思行二人，然后再上报朝廷。魏徵这样做，使李建成和李元吉余党很快消除了疑虑，河北安定了。

魏徵成功地完成了安抚河北的使命，返回长安。唐太宗知道了这件事以后，认为魏徵做得很好，十分高兴。从此以后，唐太宗对魏徵更加器重，和魏徵的关系日益密切。唐太宗新即位，励精图治，专心政道，常常跟魏徵在一起商讨国家大事，甚至多次把魏徵召进宫来在卧室内与他彻夜长谈，访询为政得失。魏徵雅有经国之才，性格又很正直，敢于直言，太宗每次与他谈话，未曾不欣然采纳。魏徵也喜逢知己之主，一心一意竭尽忠诚，就把自己想说的话毫无保留地说出来。太宗勉励他说："卿所陈述、谏言，前后二百余事，如果不是你至诚奉国，怎能做到这样呢？"于是，魏徵被提升为尚书右丞，仍兼谏议大夫。

魏徵得到唐太宗的器重和特殊信任，引起了一些人的嫉妒。有一次，太宗左右的亲信告发魏徵包庇自己的亲属，唐太宗派御史大夫温彦博按查此事，结果查无实据。温彦博对唐太宗说："魏徵做事没有留下行动迹象，远远地避开嫌疑，内心即使没有私心，但也有应该责备的地方。"太宗让温彦博去批评魏徵，并且说："从今以后，做事应当留下行动迹象。"过了几天，魏徵入朝，对唐太宗说："我听说君臣同为一体，彼此之间应当竭诚相待。如果君臣上下都留下行动迹象，那么国家的兴亡就难以预料了。我不敢接受陛下的这个诏令。"

太宗吃惊地说："我已经后悔不该说那种话。"魏徵向太宗拜了两拜，说："我很荣幸地侍奉陛下，但愿陛下让我做一个良臣，不要让我做一个忠臣。"太宗感到很奇怪，问："良臣与忠臣有什么区别？"魏徵回答说："尧舜时的后稷、契、皋陶是良臣，因向夏桀进谏而被杀的龙逢和向商纣王进谏而被剖心的比干是忠臣。良臣本身享有美名，君主也获得很高的声誉，君臣齐心协力，共享荣耀，子孙世代相传，国运亨通。忠臣则因触犯君主的尊严，直谏无隐，本身遭到杀害，君主得到恶名，国家灭亡，忠臣只不过是取得一个空名而已。两者的区别就在这里。"

唐太宗听了魏徵的这番话，若有所悟，说："对，有道理，有道理！"魏徵是暗示太宗要做一个明君，不要做昏庸的国君。因为只有明君在位，才会有良臣出现。而昏君在位，臣子只能做一个忠臣，或做一个庸臣。唐太宗非常高兴，赐给魏徵五百匹绢。

唐太宗又问魏徵："君主怎样做才可以称为圣明的君主？怎样做才可以称为昏暗的君主？"

魏徵回答说："能够广泛地听取各方面的意见，就是圣明的君主；偏听偏信，就是昏暗的君主。《诗经》上说：'古时候的人说过这样的话：要向割草砍柴的普通百姓征求治理国家的意见。'传说中的尧、舜时代，广开四方的才路，招揽天下贤德名士；开石视听，广泛了解各地的不同反映；体察民情，使下情上达，政治清明。所以，圣明的君主没有什么事不清楚，像共工、鲧之类的人，也难以蒙蔽他。奉承恭维的话、小人的奸计，也不能迷惑他。秦二世幽居深宫与外界隔绝，远离朝臣，疏远百姓，而偏听偏信赵高的话，等到秦末农民大起义爆发，天下大乱，他还不知道。梁武帝偏听偏信朱异的话，等到侯景发动叛乱，一直打到京城，他竟然一无所知。隋炀帝偏听偏信虞世基的话，各路起义军攻城略地，洗劫郡县，他还被蒙在鼓里。所以，君主善于广泛听取、采纳各方面的意见，则亲贵大臣不能阻塞言路，蒙蔽君主，而老百姓的呼声自然会通畅地反映到朝廷上来。"唐太宗非常赞赏魏徵的这番话。魏徵的这番话，对唐太宗以后虚心纳谏，善于听取不同意见的开明作风的形成都产生了深远影响。唐太宗立志做一个明君，让魏徵做一个良臣而不做一个"忠臣"。

第八章

贞观决策，偃武修文

唐朝是在隋末天下大乱的基础上建立的。直到贞观初年，社会经济凋敝不堪，人口锐减，土地荒芜，各地水旱灾害频仍，社会矛盾尚未缓和，民心还不十分安定。面对这种残破的局面，如何迅速恢复和发展社会生产，缓和阶级矛盾，稳定社会秩序，成为迫切需要解决的问题。

唐太宗刚即位的时候，曾与群臣谈到教化百姓问题，他说："如今刚刚经过一场大的动乱，我担心百姓不容易接受教化。"

魏徵却认为："不然。长期处于安定环境中的百姓容易产生骄逸，骄逸则难以教化；经历过战争动乱的百姓忧愁痛苦，忧愁痛苦则容易教化。这就像饥饿的人不择食，口渴的人不择饮一样。"

唐太宗心里仍然没有底，说："古人不是说过，善人治理国家也要百年，才能克服残暴，免除杀戮吗？"

魏徵回答说："那不是指圣明的君主，圣明的君主治理国家，就像发出声音可以立即听到回声一样，在一年之内就能收到效果，也不是什么难事。三年取得成功就不算早了。"

尚书右仆射封德彝不同意魏徵的说法，他对唐太宗说："这话不对。夏、商、周三代以后，人心渐趋狡猾诡诈，所以秦朝专用法律，汉代杂用'王道'

与'霸道'，都是想把国家治理好，可是都做不到，这并不是不想做到啊！魏徵是个书呆子，不识时务，爱空发议论，如果轻信他的空谈，必然贻误、扰乱我们的国家，他的话听不得。"

魏徵反驳封德彝说："五帝、三王不易民而施行教化，从前黄帝征伐蚩尤，颛顼诛灭九黎，商汤放逐夏桀，武王讨伐纣王，都能在自己生前达到天下太平，难道他们不是承姿大动乱之后吗？如果说上古的人纯朴，后代的人逐渐变得狡猾诡诈，那么时至今日，恐怕所有的人全都化为鬼魅了，君主又怎么能统治他们呢？"

封德彝被驳得无话可说。唐太宗接受了魏徵的意见，坚定了治理国家的信心，对以后的"贞观之治"产生了积极的影响。

如何治理国家，朝廷的大臣莫衷一是。有人劝唐太宗"人主当独运威权，不可委之臣下"；又有人向太宗建议："宜震耀威武，征讨四夷。"唯有魏徵建议太宗："偃革兴文，布德施惠，中国既安，四夷自服。"魏徵提出的这一治国方针，就是要唐朝统治者采取轻徭薄赋、与民休息的政策，缓和阶级矛盾，恢复和发展社会经济，使广大人民安居乐业，目的是使唐王朝的封建统治更加巩固和稳定。

历史的教训是贞观决策的根本出发点。唐太宗和魏徵都亲身经历了隋末农民战争，认识到农民力量的伟大。认真总结和吸取隋朝灭亡的经验教训，成为贞观君臣谈论的重要话题。

魏徵在上疏中为唐太宗详细分析了隋朝灭亡的原因，他说：

"过去的隋朝，统一天下，军队强大，三十余年，声威远达万里，震动远方的异国。一旦被农民大起义推翻，江山尽为别人所有。那隋炀帝难道不喜欢天下长治久安，不希望国家永世长存，所以推行夏桀的暴政来自取灭亡吗？他依靠国家富强，不考虑后患。驱使天下的人满足自己的奢欲，耗尽所有的财物以供自己享受，搜选天下的美女，寻求远方的奇珍异宝。追求宫殿园林的华丽装饰，亭台楼阁的雄伟壮观，征发徭役没有止境，用兵打仗没有休止。外表显得威严庄重，内心充满险恶和猜忌。进谗言的邪恶之人必然受到他的恩宠，忠诚正直的人没有能够保全自己生命的。上下之间互相蒙蔽，君不像君，臣不像臣，背离正常的君臣之道，百姓难以忍受这种暴政，最后举国上下分崩离析。于是作为一个四海之内至尊的皇帝，竟死于匹夫之手，子孙灭绝，被天下人耻笑，这能不叫人痛心吗？"

唐太宗对隋朝灭亡的原因也有深刻的认识，早在平东都时，秦王李世民看到隋朝洛阳的宫殿，叹息说："逞侈心，穷人欲，无亡得乎！"于是下令拆掉端门楼，焚乾阳，毁则天门及阙。贞观二年（628）六月戊子（十三日），唐太宗对侍从的大臣说："朕翻阅《隋炀帝集》，见其文辞深奥博雅，也知道推崇尧、舜而贬斥桀、纣，然而其行事为何与其文章大相径庭呢？"魏徵回答说："君主虽然是圣哲之人，也应当虚心接受别人的劝谏。这样，有智慧的人才能奉献他的谋略，有勇力的人才能竭尽其勇力。隋炀帝恃才自傲，刚愎自用，所以口诵尧舜之言而身行桀纣之为，竟然不知不觉地遭到国灭身亡的下场。"唐太宗说："这件事离我们不远，应当引以为戒。"

隋朝灭亡的根本原因是隋炀帝穷奢极欲，对内横征暴敛，对外穷兵黩武，徭役无时，兵役无期，民不堪命，率土分崩。唐朝统治者不得不改弦更张，减轻一些对农民的剥削。贞观初年，唐太宗对侍从的大臣说："作为国君应当遵循的原则是：必须首先关怀老百姓。如果以损害老百姓的利益来满足自己的享受，那就好像割下自己大腿上的肉来填饱自己的肚子，肚子填饱了，人也就死了。如果想要安定天下，必须首先端正国君的行为。没有身子正而影子斜的，也没有国君清明而下面动乱的。我经常想，损害国君自身的因素不在于外界的事物，而是由自身的贪欲所造成的。如果一味追求美味佳肴，沉溺于歌舞美女，那么这些欲望越多，所造成的损害也就越大，这样既妨碍国家大事，又烦扰百姓。如果再说一些没有道理的话，老百姓就必然离心离德，怨恨既然产生，众叛亲离的事情就会屡见不鲜。每当想起这些，就不敢放纵自己，贪图安逸。"

谏议大夫魏徵说："古时候圣明贤哲的君主都从自身做起，所以能够体察老百姓的疾苦。历史上楚庄王聘用詹何，问他治理国家的要领。詹何回答说：'要靠君王修身养性。'楚庄王又问：'这样治理国家的效果如何？'詹何答道：'没有听说君王自身行为很端正而国家不安定的。'陛下所阐明的道理，实际上和古代圣贤讲的是一个意思。"

贞观君臣在总结隋朝灭亡的历史教训的基础上，认识到人民群众的伟大力量，认识到人心的向背是关系到国家存亡的关键因素。唐太宗曾经说："可爱的是国君，可畏的是百姓。作为天子，有道，百姓便拥护你做国君；无道，百姓便抛弃你，不让你做国君。这实在是可怕啊！"魏徵说："自古以来，丢掉社稷的君主，都是在安定的时候忘记了危险，在治理的时候忘记了动乱，所以不能长治久安。陛下富有四海，天下太平，能够留心治国的方法，常常如临深渊，如履薄冰，小心翼翼地办事，国家的命运，自然会绵延长久。我又听说过这样一句古话：'船，好比国君；百姓，好比水。水能使船漂浮起来，也能把船翻在水里。'陛下以为百姓的可畏，真如陛下所理解的那样正确。"魏徵还引用孔子的话："鱼失水而死，水失鱼则犹为水也。故尧战战栗栗，日慎一日。"以此说明君与民的关系，民是根本。《尚书》上也说："民为邦本，本固邦宁。为人上者，奈何不敬？"说明民是国家的根本，只有本固，国家才能安宁，做人君的，为什么不敬重百姓？

如何调节君与民的关系，主要在于国君节制自己的欲望，清静无为。唐太宗说："一切事情都必须致力于根本。国家以人民为本，人民以衣食为本，凡经营衣食，以不误农时为根本。要不失农时，在于国君简易安静，不苛劳百姓便可以达到。假如战争不断，永不止息地大兴土木，而要想不夺农时，那可能吗？"又说："使人民安居乐业，国家安享太平，只在于国君。国君顺乎自然，与民休息，人民就快乐；国君欲望很多，人民就困苦。所以，朕经常抑制感情，减少欲望，尽量克制、约束自己。"魏徵说："我大唐所代替的是隋朝，隋朝灭亡的根源，圣明的陛下是看得清清楚楚的。以隋朝的库存与我们今天的物资储备相比，以隋朝的兵力与我们今天的军队相比，以隋朝的户口与我们今天的百姓相比，衡量强弱，比较大小，相差多少等级？然而隋朝以富强而败亡，那是因为隋朝横征暴敛，徭役繁重，民不聊生。我们以贫穷而使国家得以安宁，那是因为陛下清静无为，与民休养生息，百姓安居乐业。百姓安静，国家就太平；百姓浮动，国家就动乱。这是人人皆知的道理，并不是隐晦而难以理解的，不是微妙而难以觉察的。然而很少有人走这条平坦易行的路，多数人沿着翻车的路走去。这是为什么呢？就在于安宁的时候不思虑危亡，太平的时候不思虑动乱，国家存在的时候不思虑败亡。过去隋朝没有乱的时候，自以为必不会乱；隋朝没有灭亡的时候，自以为必不会亡，所以经常发动战争，徭役有增无减，到了将要遭到灭顶之灾的时候，竟然对其覆灭的原因茫然不知，岂不是很可悲吗？"

在这种"清静无为"统治思想的支配下，唐太宗比较注意克制自己的欲望，在贞观初年没有大兴土木，仍然住着隋朝的旧宫殿。贞观二年（628），有人奏请"营一阁以居之"，唐太宗考虑到兴建新宫必然靡费钱财。他说："从前汉文帝将起露台，因惜十家之产而罢。朕功德不及汉文帝，而所费过之，岂为人父母之道也。"臣下一再坚持，仍没有准许。为了节省开支，唐太宗还下令放还宫女三千人。贞观四年（630），社会经济稍有好转，唐太宗打算东巡洛阳，便下令修复乾元殿，由于张玄素竭力谏阻，唐太宗便下令"所有作役，宜即停之"。唐太宗又下令，"自王公以下，第宅、车服、婚嫁、丧葬"，超逾制度者，"宜一切禁断"。有一次，工部尚书段纶带了一名能工巧匠进宫，想制造傀儡戏道具给太宗看，结果被唐太宗训了一顿，并给予段纶降级的处分，下令禁断此戏。唐太宗还下令禁止地方官吏进贡奇珍异宝，以防扰民。由于唐太宗崇尚节俭，率先垂范，所以贞观君臣形成了一种廉俭之风。

唐承隋末大乱，社会经济凋敝，人口锐减，只有三百多万，不及隋时的十分之二。黄河以北，千里无烟，江淮之间，一片荒凉景象。贞观初年，连年自然灾害，大闹粮荒，米价昂贵，人多逃亡，甚至有卖儿卖女的。在这种情况下，唐太宗采取了一系列休养生息、与民休息的政策，以便恢复和发展社会生产，使广大农民重建家园。

武德九年（626）八月，唐太宗刚刚即位，立即宣布免除关内及蒲、芮、虞、秦、陕、鼎六州两年租调，全国其他各地免除徭役一年。贞观元年（627）二月，唐太宗下诏"民男二十、女十五以上无夫家者，州县以礼聘娶，贫不能自行者，乡里富人及亲戚资送之"。这一措施的目的在于帮助农民建立家庭，繁殖人口，发展一家一户的小农经济。同年夏，山东大旱，免今岁租。九月，唐太宗遣使到山东诸州视察灾情，赈济慰问下户贫穷百姓。贞观二年（628）三月，唐太宗遣使巡行关内，由政府出金宝赎回因饥荒而被卖掉的儿童。唐太宗还多次派出特使到灾区慰问，赈济灾民，妥善安置灾民的生活。由于唐太宗采取这样的政策，所以社会经济迅速得到恢复和发展，到贞观四年（630），已初见成效。全国大丰收，"流散者咸归乡里，米斗不过三四钱，终岁断死刑才二十九人。东至于海，南极五岭，皆外户不闭，行旅不赍粮，取给于道路焉"。

贞观四年（630），唐太宗对长孙无忌说："贞观初年，大臣们上书都说：'君王应当独自运用威权，不可委任给臣下。'又说：'应当耀武扬威，讨伐四夷。'只有魏徵劝朕说：'应当停止使用武力，勤修文教，多给百姓一些恩德和实惠，中原安定之后，周边的少数民族自然归服。'朕听取他的意见。现在，突厥颉利可汗成了俘虏，其部落首领都带刀到皇宫担任宿卫，各部落都受到中华文明礼貌的熏染，这都是魏徵的功劳，遗憾的是没有使封德彝看到这种局面。"

魏徵再次拜谢说："突厥灭亡，海内安宁，天下一统，都是陛下的威德，我有什么功劳呢？"

唐太宗说："朕能够重用你，你忠于职守，十分称职，那么功劳怎么能是我一个人的呢？"

唐太宗十八岁跟随其父在太原起兵，东征西讨，二十四岁平定天下，年二十九升为天子，十余年的戎马生涯，使唐太宗不暇读书，稍逊风骚。但是，唐太宗是一个有政治头脑的封建帝王。在大唐的江山基本稳定以后，唐太宗清醒地认识到，在马上打出来的天下，不能还在马上治之。巩固唐朝的统治，必须实行文治。早在武德四年（621），秦王李世民在平定王世充、镇压窦建德以后，看到海内逐渐平定，便开设文学馆，延揽四方文学之士。秦王府的属官杜如晦，记室房玄龄、虞世南，文学褚亮、姚思廉，主簿李玄道，参军蔡允恭、薛元敬、颜相时，谘议典籖苏勖，天策府从事中郎于志宁，军咨祭酒苏世长，记室薛收，仓曹李守素，国子助教陆德明、孔颖达、信都、盖文达，宋州总管府户曹许敬宗，都以本官兼文学馆学士。李世民将他们"分为三番，更日直宿，供给珍膳，恩礼优厚"。李世民在"朝谒公事之暇，辄至馆中，引诸学士讨论文籍，或夜分乃寝"。又使库直阎立本图像，褚亮为赞，号十八学士。士大夫得预其选者，时人谓之"登瀛州"。他们是唐太宗进行决策的重要助手。

唐太宗即位以后，在政事处理完的余暇时，勤奋读书，手不释卷，经常通宵达旦。所谓"岩廊罢机务，崇文聊驻辇""对此乃忘忧，欹案观坟典"，这些都是太宗读书情景的自述。唐太宗从读史中，了解历代王朝的兴衰治乱。他还积极提拔"学业优长，兼识政体"的官员，引置左右，"每机务之隙，引之谈论，共观经史"，"鉴前代成败事"。

贞观元年（627）正月，李世民宴请群臣。席间，奏《秦王破阵乐》。这是秦王李世民在破刘武周时军中流行的一首军乐，主要是歌颂李世民的赫赫战功。唐太宗听了以后，扬扬得意，对群臣说："朕昔日受高祖委托，专任征伐，民间遂有此曲，虽非文德之雍容，然功业由兹而成，不敢忘本。"封德彝说："陛下以神武平海内，岂文德之足比！"唐太宗说："勘乱以武，守成以文，文武之用，各随其时。卿谓文不及武，斯言过矣。"封德彝自讨没趣，顿首谢罪。这说明唐太宗对偃武修文有深刻的认识。后来这首《秦王破阵乐》，改编成《七德舞》，七德即禁暴、戢兵、保大、定功、安民、和众、丰财七事。太宗又亲自填写"功成庆善乐舞辞"，编成《九功舞》，以象征"文德"，每逢宴会，与《七德舞》一起演奏。贞观七年（633）正月，唐太宗宴请三品以上官员及州牧、蛮夷族首领，席间演奏《七德舞》和《九功舞》。太常寺正卿萧瑀进言道："《七德舞》表现陛下的丰功伟绩，有些尚不充分，请编入刘武周、薛仁杲、窦建德、王世充等人被擒获的情状。"唐太宗说："他们都是一时的英雄豪杰，如今朝廷的大臣有很多原来是他们的部下，如果他们看到旧主子的屈辱之状，能不伤心吗？"萧瑀抱歉地说："我没有考虑到这些。"魏徵当时也在场，他想让唐太宗停止使用武力，修治文德，因此，每次陪太宗宴饮，当演奏《七德舞》时，都低下头来故意不看，而看到《九功舞》，则非常认真地观看。

贞观元年（627），突厥颉利可汗重用汉人赵德言，德言恃势专权，大量改变旧有的风俗习惯，政令烦琐苛刻，百姓大为不满。颉利又信任各胡族人，而疏远突厥本族人，这些胡人贪得无厌，反复无常，干戈连年不息。又赶上天降大雪，深达数尺，牲畜多冻死，加上连年饥荒，百姓饥寒交迫。颉利费用不足，便向各部落征收重税，由此上下离心，怨声载道，各部落多反叛，兵力渐弱。唐朝大臣们议事时多请求乘机出兵，太宗问萧瑀和长孙无忌，说："颉利君臣昏庸残暴，必然面临危亡。现在出兵讨伐，则顾虑到刚刚与突厥订立盟约；不出兵，恐怕又要失去机会。怎么办呢？"萧瑀请求出兵讨伐。长孙无忌说："突厥并没有侵我边塞，却要背信弃义，劳民伤财，这不是正义之师的所为。"太宗于是没有出兵讨伐突厥。颉利可汗日益衰败，百姓纷纷离散。正赶上天下大雪，雪深达数尺，羊、马多冻死，百姓饥寒交迫，颉利可汗担心大唐王朝乘突厥衰败进兵，于是领兵到朔州边境，扬言要会猎，实际上是防备唐朝。鸿胪寺卿郑元璹出使突厥还朝，对唐太宗说："戎狄族的兴衰隆替，专以羊马的情状作为征候。现在突厥百姓饥饿，牲畜瘦弱，这是将要灭亡的先兆，不会超过三年。"太宗颇以为然。众大臣都劝说太宗乘此机会袭击突厥，太宗说："刚刚与人家订立盟约却要背盟，这是不守信用；利用人家的灾祸，这是不仁义；乘人之危来取胜，这不是勇武的行为。即使突厥各部落都叛离，牲畜所剩无几，朕还是不出击，一定要等到他们有罪过，然后再讨伐他们。"

同年，岭南蛮族部落首领冯盎、谈殿等人互相攻击，很久没有入朝。邻近各州府前后十几次上奏朝廷，称冯盎谋反，唐太宗命令将军蔺谟等人征发江南、岭南数十州兵马大举讨伐。魏徵劝谏说："中原刚刚平定，岭南道路遥远，地势险恶，又有瘴气瘟疫，不可以驻扎大量的军队。而且冯盎反叛的迹象还没有形成，不宜兴师动众。"太宗说："上告冯盎谋反的人络绎不绝，怎么能说他反叛的迹象还没有形成呢？"魏徵回答说："冯盎如果真的要反叛唐朝，必然会分兵几路占据险要之地，攻掠邻近州县。现在告发他谋反已经有几年了，而冯盎的兵马尚未出境，这明显说明他没有反叛的迹象。邻近各州府既然怀疑冯盎谋反，陛下又不派使臣前去安抚，冯盎怕死，所以不敢来朝。如果陛下派使臣向他表示诚意，冯盎欣喜能免于祸患，这样可以不必动用军队而使他顺从驯服。"太宗于是下令调回军队。贞观元年（627）十月乙酉（初六），派员外散骑侍郎李公淹持旌节前往岭南慰问冯盎，冯盎热情接待朝廷使臣，并且派他的儿子冯智戴随同朝廷使臣返回京城长安，感谢朝廷的盛意。唐太宗说："魏徵让我派遣一个使臣，岭南就得以安定下来，胜过十万大军的征伐，不能不加赏。"赐给魏徵绢五百匹。

第九章

直言无隐，谏君安人

魏徵是贞观时期著名的谏臣，史称"徵雅有经国之才，性又抗直，无所屈挠"。唐太宗即位以后，即拜魏徵为谏议大夫，经常召他到卧室内，询问为政的得失。魏徵知无不言，言无不尽。在短短的几年里，魏徵所陈谏的多达二百余事，唐太宗都非常高兴地采纳他的意见。

武德九年（626）十二月，唐太宗派简点使征兵，右仆射封德彝等上奏说："中男虽不到十八岁，但其中一些身体高大魁梧健壮的，也可以一并征发。"唐制规定：民年十六为中男，十八始成丁，二十一为丁，充力役。按此规定中男是不应当担负兵役和徭役的，但是，唐太宗同意了封德彝的奏请，下诏宣布简点中男入军。敕令传出，魏徵坚决反对，不肯签署，就这样反复了四次。唐太宗大怒，将魏徵召进宫来，责备他说："中男当中有些身体强壮的，都是奸诈狡猾、虚报年龄以逃避兵役徭役的人，征发他们当兵有什么害处？而你却如此固执己见！"魏徵回答说："军队是否有战斗力在于管理统率得法，而不在于士兵数量的多少。陛下征发身体健壮的成年人当兵，用正确的方法加以训练统率，便足以无敌于天下，又何必多征发一些未成年人以充虚数呢？而且陛下平时总说：'朕以诚信治理天下，欲使臣下百姓都没有欺诈行为。'现在陛下即位没有多久，就已经多次失信了！"唐太宗惊愕地问道："朕怎么失信了？"魏徵答道：“陛下刚即位的时候，就曾下诏说：‘百姓拖欠官府的财物，一律免除。’有关部门认为拖欠秦王府的贿物，不属于官府财物，仍旧追还索要。陛下由秦王升为天子，府库之物不是官府之物又是什么呢？陛下又曾经说过‘关中地区免除二年的租调，关东地区免除徭役一年’。不久又颁布敕令说：‘已纳税和已服徭役的，从下一年起开始免除。’结果退还已纳税物之后，又重新开始征收。这样百姓怎么能没有怨言呢？现在是既征收租调，又征发徭役兵役，怎么能说是从下一年开始免除呢？另外，与陛下共同治理天下的是地方官，日常政务都委托他们办理，至于征发兵员，却怀疑他们使诈，这难道是以诚信为治国之道吗？”唐太宗听了魏徵的这番话，高兴地说：“以前朕以为你比较固执，怀疑你不通达政事，现在听到你议论国家的大政方针，确实都切中要害，很有见地。朝廷的政令不讲信用，朝令夕改，这样百姓就无所适从，国家怎么能治理好呢？朕的过失的确很深啊！”于是，唐太宗撤销了征发中男当兵的诏令，并且赐给魏徵一个金瓮。

魏徵相貌平平，但是很有胆略，善于使皇帝改变主意，常常冒犯皇帝的龙颜，直言极谏。有时遇到太宗非常恼怒的时候，他也面不改色，直到太宗的怒气逐渐平息。有一次，魏徵请假祭扫祖墓回来后，对太宗说：“人们都说陛下要临幸南山，外面的车马都已经准备待发，而您最后又没有去，不知为什么？”太宗笑着说：“起初我确实有这种打算，害怕你又来嗔怪，所以我又不去了。”

唐太宗曾经得到一只好鹞鹰，将它放在臂膀上玩，远远望见魏徵走过来，便藏在怀里。魏徵看在眼里，故意向唐太宗进奏朝政大事，谈了很久也不停下来，鹞鹰最后竟闷死在唐太宗的怀里。

贞观五年（631）十一月丁巳（初二），林邑国进献五色鹦鹉。丁卯（十二日），新罗国献美女二人。魏徵认为不应接受。唐太宗高兴地说："林邑的鹦鹉还能够自言怕冷，想回到故国，何况新罗的两个美女远别亲人呢！"

贞观六年（632）正月，由于平定东突厥以后，远方的少数民族不断来唐朝贡，吉祥的征兆一天天出现，年年五谷丰登，州府官吏多次请求唐太宗举行封禅典礼，群臣又歌颂唐太宗的功绩，认为"时机不可错过，天意不可违背，就是现在举行封禅大典，我们做臣子的也觉得已经太晚了"。唐太宗说："你们都认为登泰山举行封禅典礼是帝王的盛举，朕却不以为然。如果天下太平，百姓家给人足，即使不去封禅，又有什么害处呢？从前秦始皇行封禅礼，而汉文帝没有封禅，后世难道认为汉文帝的功德就不如秦始皇吗？况且祭祀上天可以扫地而祭，何必一定要登上泰山的顶峰，封数尺之土，然后才能表达对上天的诚心敬意呢？"群臣仍然坚持请求封禅，唐太宗也想听从他们的意见，唯有魏徵认为不可。唐太宗说："我想让你直言不讳地说，我的功劳不高吗？"魏徵说："功劳高。"太宗问："我的德行不厚吗？"魏徵说："德行厚。"太宗问："华夏没有安定吗？"魏徵说："安定了。"太宗问："远方的少数民族不仰慕朕吗？"魏徵说："仰慕。"太宗问："祥瑞还没有出现吗？"魏徵说："出现了。"太宗问："五谷不丰收吗？"魏徵说："丰收。"太宗问："既然如此，为什么不可以封禅？"魏徵答道："陛下的功劳很大，但是老百姓还没有得到实惠，您的德行厚，但是恩泽还没有遍施于广大的人民。华夏虽然安定，但还不足以负担举行封禅典礼的费用。远方的少数民族虽然仰慕陛下，但还没有更多的东西来满足他们的要求。吉祥的征兆虽然不断出现，而大大小小的刑网还密布天下。几年来虽然连获丰收，但粮仓还比较空虚。因此，我私下认为不可以举行封禅大典。我不能用过去的事情来比喻，姑且借用近人作比方。有一个人长期患病，不能忍耐坚持，经过治疗疾病刚好，然而瘦得皮包骨，便想背起一石米，一天走一百里路，这当然是不可能的。隋朝的动乱不止十年，陛下作为治疗这个满目疮痍的社会的良医，消除这些社会弊病，虽已天下太平，但还很不充实，向天地祭告成功，我心里暗自不疑。何况陛下东封泰山，各国的使者都要聚集到那里参加盛典，边远之地的人，没有不为此奔波的。现在自伊水、洛水向东直到大海、泰山，灌木草莽丛生的大沼泽地，茫茫千里，人烟稀少，鸡犬不闻，道路萧条，来往都会遇到艰难险阻，那怎么可以招引一些外族人来，把华夏腹地的虚弱展示给他们呢？竭尽财物赏赐远方的客人，也未必能满足他们的欲望，连年免除赋役，也补偿不了百姓的劳苦。倘若遇上水旱天灾，风雨之变，那庸人的邪恶议论，就是后悔也来不及了。难道这只是我一个人的诚恳要求，恐怕也有民众的议论。"唐太宗称赞魏徵这番话讲得好，于是就决定停止封禅。

长乐公主将要下嫁长孙冲，太宗因公主是皇后亲生，特别疼爱她，敕令有关部门所给的陪嫁物品要比永嘉长公主多一倍。魏徵劝谏道："过去汉明帝想要分封皇子采邑，说：'我的儿子怎么能和先帝的儿子相比呢？'均令封给楚王、淮阳王封地的一半。如今公主的嫁妆比长公主多一倍，岂不是与汉明帝的做法相差太远了吗？"太宗觉得魏徵说得有理，入宫告诉皇后，皇后感叹地说："我经常听说陛下看重魏徵，不知其中的缘故，如今看到他用礼义来抑制君王的私情，才知道他是国家的栋梁之臣哪！我与陛下是多年的结发夫妻，多蒙恩宠礼遇，平时说话还要察言观色，不敢轻易冒犯您的威严。何况臣子与君王的关系比较疏远，却能如此直言，陛下不能不听从他的意见。"于是皇后请求派宦官到魏徵家中，赐给他四百缗钱、四百匹绢，并且对他说："听说你十分正直，今日得以亲自看到，所以赏赐你这些东西。希望你今后永远保持这种忠心，不要有所改变。"

有一次，唐太宗退朝回到宫中，怒气冲冲地说："以后有机会一定杀了这个乡巴佬儿！"皇后问是谁惹怒陛下，太宗说："魏徵常常在朝廷上，当着百官的面羞辱我。"皇后退下，换上朝服站在庭院内，太宗惊奇地问："这是怎么回事？"皇后说："我听说君主开明则臣下正直，如今魏徵敢于直言极谏，是因为陛下开明的缘故，我怎能不祝贺呢！"太宗这才转怒为喜。

贞观六年（632）闰八月乙卯（初四），唐太宗在丹霄殿宴请亲近的大臣，长孙无忌说："王珪、魏徵二人，以前侍奉太子李建成，与陛下为敌，没想到今日能在此一同宴饮。"太宗说："魏徵与王珪尽心竭力地侍奉主人，所以我任用他们。然而魏徵每次进谏，如果我不听从，我再同他说话，他总是默不作声，这是为什么呢？"魏徵回答说："我认为陛下所做的事不可行，所以谏阻；陛下不听从而我如果答应，那么事情便得以施行，所以我不敢答应。"太宗说："暂且答应而以后再劝阻，又有何妨？"答道："过去舜帝告诫群臣：'你们不要当面顺从，而背后又说另一套话。'如果我心里明知不对而嘴上却答应陛下，这正是当面顺从，哪里是稷、契侍奉舜帝的本意呢！"太宗大笑，说："人们都说魏徵行为举止粗鲁傲慢，我看他却更觉得妩媚，正是因为如此呀！"魏徵站起来拜谢道："陛下引导我让我畅所欲言，所以我得以尽愚忠；如果陛下拒不接受臣下的谏言，我又怎么敢屡次冒犯龙颜强谏呢！"

隋朝通事舍人郑仁基的女儿，年方十六七，长得非常漂亮，当时没有人能比得上她。长孙皇后访寻到她，就把她召入宫中，作为嫔妃。唐太宗便聘这个女子为充华，诏书已经颁布，策使还没出发的时候，魏徵听说这个女子已经许配给士人陆爽，立即上表劝阻太宗说："陛下作为百姓的父母，抚爱百姓，应当以百姓的忧愁为忧愁，以百姓的快乐为快乐。自古以来，有道之君以百姓的心愿当作自己的心愿。所以君主住在楼台亭榭，就想到百姓应当有房屋栖身安居；君主吃美味佳肴，就想到百姓应当没有饥寒的忧患；君主在眷恋嫔妃之时，就想到百姓也应当有妻室天伦之乐。这是做国君必须懂得的道理。现在郑仁基的女儿早已许配给陆家，陛下聘娶她而没有怀疑，也没有打听一下，此事如果传到全国各地，难道符合作为百姓父母的国君应有的道德吗？我所听说的情况虽然可能还不十分准确，但深恐这会有损于圣上的美德，所以我不敢隐瞒。君主的一举一动都必定要记录下来，希望陛下对此事要特别慎重思考。"唐太宗听魏徵这么一说，大吃一惊，亲自写诏书答复魏徵，深深地责备自己，立即追回策使，收回成命，让郑女回到原来的陆家。

左仆射房玄龄、中书令温彦博、礼部尚书王珪、御史大夫韦挺等上奏说：

"郑女嫁给陆家，没存确凿的证据，册封的大礼已经举行，这事不能半途而废。"此外，陆爽也上表说："我的父亲陆康在世的时候，与郑家有些来往，有时相互馈赠资财，当初并没有婚姻协议，结成姻亲。"又说："外面传说郑女已许配陆家，那是局外人不了解情况，随便那样说的。"大臣们又劝说太宗娶郑女。太宗在此情况下颇为犹豫，问魏徵："群臣也许是顺从我的旨意，可是陆爽本人也上书表白，这是为什么呢？"魏徵说："依我揣测，陆氏的本意可以理解，他把陛下看成是太上皇了。"唐太宗问："此话怎讲？"魏徵说："太上皇刚平定京城时，得到辛处俭的妻子，稍稍蒙受宠爱。辛处俭当时为太子舍人，太上皇听说很不高兴，于是命令将辛处俭调出东宫去做万年县县令。辛处俭心里常常害怕不能保全自己的脑袋。陆爽以为陛下今天虽然宽容了他，恐怕以后遭受谴责贬官，所以他再三自我表白，意思即在于此，这有什么奇怪的。"太宗笑着说："外面的想法或许这样，然而我说的话就这样不能使人相信吗？"于是发出诏书说："现在听说郑女早先已经接受人家的聘礼，上次发出诏书时，朕对此事不了解，这是朕的错误。也是有关部门的失误，授予郑女充华一事也应当停止。"当时的人对唐太宗此举没有不称赞感叹的。

中牟县丞皇甫德参上书说："修筑洛阳宫，是劳民伤财；收地租，是横征暴敛；时俗女子喜欢梳高髻，是受宫中的影响。"唐太宗看罢奏章，勃然大怒，对房玄龄等说："皇甫德参是想让国家不役使一个人，不收一斗地租，宫女都不留头发，这才合他的心意吗？"想要治他诽谤朝廷罪。侍中魏徵劝谏说："过去汉文帝在位时，贾谊上书说：'有一件事情应为君王而痛哭，有两件事情可为君王而流泪。'自古以来上书奏事，措辞大多激烈而迫切，如果不这样，就不能打动君王的心，所谓狂夫之言，供圣人选择。措辞激烈迫切往往近乎诽谤，重要的是陛下要仔细了解说得对还是说得错。"唐太宗说："朕加罪于皇甫德参，那么谁还敢再说话了呢？除了你别人是不能跟我讲这些话的。"于是赐给皇甫德参绢二十匹。过了几天，魏徵上奏说："陛下近来不喜欢直言极谏，即使勉强容忍，也不如过云那么豁达。"唐太宗于是对皇甫德参另加优厚的赏赐，任命他为监察御史。

贞观十年（636），长孙皇后病逝，唐太宗常常思念她，就在禁苑中建了一座高层望楼，用以眺望昭陵。有一次，唐太宗带领魏徵一同登上望楼，让他观望。魏徵仔细地看了很久，说："我老眼昏花，什么也看不清。"唐太宗指着昭陵让他看，魏徵说："我以为陛下眺望献陵（唐高祖的陵墓），如果是昭陵（唐太宗的陵墓，长孙皇后陪葬于此），我早就看见了。"唐太宗听魏徵这么一说，悲伤地流下了眼泪，为此而拆掉了望楼。

魏王李泰，长孙皇后所生，是皇太子李承乾的弟弟，聪明绝伦，深受唐太宗的宠爱。有人对唐太宗说："三品以上的大臣多轻视魏王。"用意在于诬陷侍中魏徵等人，以激怒太宗。太宗果然大怒，驾临齐政殿召见三品以上大臣，让他们坐定，对他们大发雷霆，怒气冲冲地说："我有一句话向你们各位说说。以前的天子就是天子，今天的天子就不是天子了吗？以前天子的儿子是天子的儿子，今天天子的儿子就不是天子的儿子了吗？隋文帝在位时，一品以下的大臣都要受到亲王们的侮辱。我当然不会放纵皇子们横行霸道，所以你们容易和他们来往。朕听说三品以上的大臣多轻视魏王，难道魏王不是帝王之子吗？朕如果放纵皇子们胡来，难道不能羞辱你们这些人吗？”房玄龄等人吓得发抖，都跪下来谢罪。只有魏徵声色俱厉地说：“现在当朝的各位大臣，一定没有人敢轻蔑魏王。按照礼制，大臣与皇子的地位是一样的。《春秋》上说：周天子的人即使微贱，也要位列诸侯王之上。诸侯，委任他们为公就是公，任用他们为卿就是卿。假如不任用他们为公卿，就在下侍奉诸侯了。现在三品以上的，列为公卿，都是天子的大臣，受到陛下的尊崇礼遇。即使他们稍有不对，魏王怎么能动辄加以侮辱？假如国家的法制纲常遭到破坏，这后果就不是臣所能知道的。在当今圣明的时代，魏王哪能这样做！况且隋文帝不懂礼仪，偏袒诸王，使他们放纵无礼，不久就因犯罪而被废黜。这不能作为榜样，又有什么值得称道的呢？”唐太宗听了魏徵的这番话，怒气顿消，高兴地对群臣说：“魏徵讲得条条在理，朕不得不口服心服。我所讲的话，出于自身的私情偏爱。魏徵所讲的话，合乎国家的根本大法。身为君主讲话哪能这样轻率呢？”

唐太宗营造飞山宫。贞观十一年（637）正月庚子（十四日），特进魏徵上疏认为：“隋炀帝依恃国家富强，不忧虑后患，穷奢极欲，使百姓穷困，以至于被人杀死，社稷变为废墟。陛下拨乱反正，应当深思隋朝灭亡和我大唐取得天下的原因，拆掉隋帝高大的殿宇，安居于低矮的宫室。假如凭借旧基址而扩建增修，承袭旧殿而加以华丽的装饰，这便是以乱代乱，必然招到祸殃，江山难得易失，能不慎重考虑吗？”

贞观十一年（637），唐太宗巡视东方，快要到洛阳时，住宿于显仁宫，管理宫廷苑囿的官吏不少人被指责惩罚。侍中魏徵进言道："陛下现在巡幸洛阳，因为这里是过去征战行军的地方，接近于安定，所以打算给乡亲故老多一些好处。但现在城内外的百姓还没有蒙受德政恩惠，苑监官吏就有不少人无辜受罚，有的是因为供奉的东西不精美，还有的是因为没有贡献美味佳肴，这就是私欲不想知足，一味想奢侈豪华。既违背这次巡行的初衷，怎么能符合百姓的期望呢？隋代的君主出巡事先让臣下多多地贡献美食，贡献的美食不多，就施以威力责罚，上边有所好，下边必然层层加码，相互攀比，没有止境，于是最终亡国。这件事并不是从历史记载上知道的，而是陛下目睹的。正因为隋君的无道，所以上天才命陛下取而代之。应当小心翼翼，每件事情都要简省节约，而且要走在过去君王的前头，用实际行动昭示教训后代子孙，怎么能在今天甘居于其他君王之下呢？陛下如果以为满足，今天不能说不满足。如果以为不满足，比现在好上一万倍，也不能满足。"太宗很吃惊地说："不是你，我听不到这番话，从今以后，大概不会再发生这样的事情了。"又对长孙无忌等人说："朕从前经过这里，买饭而食，租房而宿，如今食宿达到这种程度，怎么能嫌不充足呢？"

贞观十一年（637）八月甲子（十二日），唐太宗对身边的大臣说："上封事（谏官直接向皇帝上疏）的人都说我游猎太频繁，今天下太平无事，武备不可忘，朕经常与身边的人到后苑射猎，没有一件事烦扰百姓，这有什么害处呢？"魏徵说："先三唯恐听不到有人谈论其过错。陛下既然让谏官上封事，就应该允许他们无拘束地陈述意见。如果他们的话可取，一定对国家有利；假如不可取，听听也没有害处。"太宗说："你说得很对。"

贞观十一年（637），唐太宗对侍臣说："我昨天去怀州，有上封事的人说：'为什么经常派山东的众丁在苑内进行营造？现在的徭役，似乎不比隋朝轻。怀、洛以东，因徭役致残的人难以为生，而陛下田猎越来越多，真是一个骄奢淫逸的君主啊！现在又来怀州田猎，忠直的劝谏不再到洛阳了。'春搜、夏田、秋狝、冬狩，既然是帝王的常礼，今日来怀州田猎，丝毫与百姓不相干。凡上书规劝帝王，自然有通常的准则，臣下贵在看到君主有过失敢于讲话，君主贵在能改正错误。这样的诋毁之词，好像诅咒一样。"侍中魏徵上奏说："国家广开直言之路，所以上封事的人尤其多。陛下亲自批阅，希望臣下的话有可取之处，所以投机取巧的人乘机肆意出丑。一般臣下规劝帝王，特别需要恰如其分，从容讽喻规劝。汉元帝曾以酎酒祭祀宗庙，从便门出来，乘御船，御史大夫薛广德挡住圣驾脱帽说：'应当从桥上走，如果陛下不听我的劝告，我就自刎，用脖子上的血污染车轮，陛下就不能进宗庙了。'元帝很不高兴。光禄卿张猛进言说：'臣听说君主圣明臣下才忠直，乘船不安全，从桥上走安全。圣明的君主不应冒险，薛广德的话可以听。'元帝说：'晓人以理也不应当这样嘛！'于是从桥上走。由此说来，张猛可以说是忠直规劝君主啊！"太宗非常高兴。

贞观十二年（638），礼部尚书王珪上奏说："三品以上的大臣在路上遇到亲王都要下马，这不符合礼仪，也违背朝廷的典章制度。"唐太宗说："你们这些人想抬高自己，贬低我的儿子吗？"特进魏徵对答道："汉魏以来，亲王的排列位次都在三公之下。现在三品以上的官员都是六部尚书、九卿，在路上遇到亲王下马，实在是不合适。过去既无先例，现在实行的又违背国法，于道理上也讲不通。"唐太宗说："国家确立太子，是打算让他将来做皇帝的。人的寿命长短难以预料，万一太子不幸夭亡，则同母的弟弟可以按次序立为太子，由此而言，谁能知道哪个皇子将来做你们的君主呢？你们怎么能够轻视我的儿子呢？"魏徵答道："殷人崇尚质朴，有兄死传位给弟弟的先例。自周朝以来，实行嫡长子继承制，这是为了杜绝庶子觊觎皇位，堵塞产生祸患的根源。作为治理国家的国君，对此应该特别慎重。"于是唐太宗批准了王珪的奏请。

司门员外郎韦元方没有及时给外出办事的宦官签发过关凭证，宦官向太宗反映，引起太宗大怒，贬韦元方为华阴县令。魏徵劝谏说："帝王不可轻易震怒，前几天为出使宦官的事，连夜发出敕令，事如军机要务，谁不惊骇！况且宦官之徒，自古以来很难调理，说话轻率，容易产生祸患，让他们单独出使远方，也很不合适，此风不可长，应当特别慎重。"唐太宗听从了魏徵的意见。

唐太宗亲自整治军队 见队列不整齐，命大将军张士贵杖责中郎将等人，又恼怒他打得太轻，将张士贵交给法官审讯。魏徵劝谏道："将军是国家的爪牙，让他执杖责人，已经不足为后世效法，何况只因为他打得轻就将他交给法官处置呢？"唐太宗急忙下令放了张士贵。

西突厥沙钵罗叶护可汗多次派遣使者入京朝贡。贞观十五年（641）七月甲戌（十五日），唐太宗命左领军将军张大师持旄节前往西突厥就其原来的名号立沙钵罗叶护为可汗，赐给他鼓和大旗。太宗同时又命令使者多带一些金银财物，在沿途经过的各国购买良马。魏徵对唐太宗说："今派遣使者以册立可汗为名，可汗的地位还没有确立，即到各国买马，他们一定认为陛下意在买马，只是以册立可汗为名而已。如果立了可汗，他们也不会太感恩戴德；如果可汗不得立，他们的怨恨必深。西域各国听说此事，也会轻视我大唐。买马也许买不成，即使买成了也并非好事。如果能使西突厥安定，那么，各国的良马不用买自然就会送上门来。从前汉文帝时，有人献千里马，文帝说：'我巡幸祭祀，每日走三十里，行军打仗，每日走五十里，鸾舆走在前面，侍从跟在后面，我单独骑千里马，将去哪里呢？'于是赏赐给献马人路费让他回去。再有，汉光武帝时有人进献千里马和宝剑，汉光武帝用千里马拉载鼓的车，把宝剑赏赐给骑士。现在陛下的所作所为，都远远地超过了禹、汤和周文王，怎能到如今还想居于汉文帝、光武帝之下呢？另外，魏文帝搜求购买西域的大宝珠，苏则说：'如果陛下的恩惠遍及四海，那就用不着搜求购买，宝珠自然有人送上门来。要是想方设法求取得来，那是不足为贵的啊！'陛下纵然不能仰慕汉文帝的崇高德行，但不敬畏苏则的正直言论吗？"唐太宗欣然接受魏徵的意见，停止了买马的事。

左仆射房玄龄、右仆射高士廉在路上遇见少府监窦德素，问道："北门近来在营建什么？"窦德素便把有关情况告诉了房、高二人。过后窦德素将此事奏与唐太宗。太宗很生气，责备房玄龄等人说："你只管南衙的政事就行了，我在北门建造一点儿房屋，与你有什么相干？"房玄龄等人连忙磕头请罪，向唐太宗表示歉意。魏徵进言道："我不理解陛下为什么责备房玄龄等人，房玄龄等人又为什么向陛下谢罪？房玄龄等人既然身为朝廷大臣，那就是陛下的股肱耳目，对于宫内宫外的一切事情岂有不应该知道的！责怪他询问窦德素有关宫内的营建情况，我有些不能理解。如果宫内营建是合适的，他们一定会帮助陛下促成其事；如果不应当营建，他们就会请陛下停止。所以，房玄龄等人询问窦德素一些情况，也是理所当然的事情。房玄龄等人既然没有过错，而陛下斥责他们，我有些不理解；房玄龄等人不知道自己的职守，只知道向陛下磕头请罪，我也不理解。"唐太宗听了魏徵的这些话，深深地感到惭愧。

贞观十四年（640），唐太宗到同州的沙苑狩猎，亲自与猛兽格斗，经常早出夜归。魏徵上奏说："我听说《尚书》记载赞美周文王不敢贪乐于狩猎，《左传》转载《虞箴》里的话讲的是要后人警诫后羿贪射不理国事而身亡的事。过去汉文帝面临陡坡想奔驰而下，袁盎拉住马缰绳说：'圣明的国君不冒险，不侥幸，现在陛下乘飞驰的六匹马拉的车，奔驰在高低不平的山地里，如果发生马惊车翻的险情，陛下纵然不看重自己，但又怎么能对得起祖先呢？'孝武帝也爱好狩猎，喜欢与猛兽格斗，司马相如劝谏说：'力气大要数乌获，敏捷要算庆忌，诚然有人像乌获那样力大无比，像庆忌那样敏捷似箭，野兽也必然有这样异常力大敏捷的。骤然遇上这种特别凶猛的野兽，在难以生存之地惊慌失措，虽然有乌获、庆忌那样的本领也用不上，而软弱无力的人更要遭难。虽然万无一失而没有什么灾祸，然而也不是天子本来应该做的。'孝元帝到郊外祭祀天神，想借机留下来打猎，薛广德说：'我私下看到关东地区极其贫困，百姓流离失所，天灾人祸不断，今天敲响已灭亡的秦王朝的丧钟，唱郑、卫两国的靡靡之音，士卒暴露在旷野之中，随从的官员劳苦疲倦不堪，陛下要想安定宗庙社稷，为什么做涉水过河、徒手打虎这样冒险的事而不警诫呢？'我私下考虑这几位皇帝的心难道是石头、木头做的，唯独他们不爱好驰骋打猎的乐趣吗？而他们之所以放弃自己的爱好克制自己听从臣下的劝阻，是因为他们志在保全国家，而不是为自身考虑。我听说陛下最近出去，亲自与猛兽格斗，早上出去晚上回来，以万乘之尊的帝王，暗地里行动于荒凉的旷野，走进深深的密林，踏着茂密的草地，这绝不是万无一失的办法。希望陛下割除个人爱好的娱乐，停止与野兽格斗的乐趣，上为宗庙社稷着想，下为安慰百官和亿万百姓。"太宗说："昨天的事属于偶然的一时糊涂，不是历来都这样的，从今以后要深深地以此为戒。"

贞观十六年（642），唐太宗让魏王李泰迁居武德殿，魏徵上奏说："陛下宠爱魏王，常想让他安全，正应当多多抑制他的骄奢习气，不让他处于嫌疑之地。如今移居武德殿，位在东宫西面，当年李元吉曾在此住过，当时的人都认为不合适，虽然时过境迁，但我也担心魏王的内心恐惧，不敢安逸享乐。"唐太宗说："如果你不说，差一点儿造成失误。"立即让魏王李泰搬回原宅第。

第十章

唐灭突厥，魏徵献策

隋末唐初，东、西突厥再度强盛起来，不少汉人到突厥，薛举、窦建德、王世充、刘武周、梁师都、李轨、高开道之徒，俱北面称臣，受其可汗之号。东至契丹，西尽吐谷浑、高昌诸国，都臣属于突厥。控弦百万，戎狄之盛，近代未有。大唐起兵太原，也以突厥为援。唐朝刚刚建立时，因国力不足，因而借助于东突厥，向其称臣，岁送金帛子女，赐予不可胜计。可是东突厥颉利可汗言辞悖傲，求请无厌，连年进扰唐境。武德五年（622）、六年（623），颉利可汗亲率大军十五万，自雁门入攻并州，又分兵进扰汾、潞（今山西长治）诸州，虏去男女五千余口。武德七年（624），颉利、突利二可汗进扰原州（今甘肃固原），又连营南下，进扰朔州（今山西朔县）、忻州等地，进逼幽州，唐太宗率兵御之，设法离间颉利和突利，突厥才解兵而去。次年，颉利又率骑兵十余万，大掠朔州，进袭唐将张瑾于太原，张瑾全军覆没，独身逃脱。武德九年（626）八月，唐太宗即位不久，颉利、突利二可汗合兵十余万骑入寇泾州，进至武功，京师戒严。

唐太宗急命尉迟敬德为泾州道行军总管，率兵出御突厥。敬德到了泾阳，适与突厥兵相遇，双方大战起来。敬德率兵横冲直撞，突厥兵抵挡不住，被杀死一千多人，并俘虏了突厥俟斤阿史德乌没啜。待尉迟敬德收军，颉利可汗独自率兵从小道趋渭水，驻兵便桥之北，派遣心腹执失思力入都朝谒，窥视虚实。执失思力见了唐太宗，狂妄地说："颉利、突利二可汗将兵百万，已经来到贵国长安城郊。"太宗斥责他说："我和你们可汗当面缔结盟约，我大唐赠送给你们的财物，前后无法计算，你们可汗私自背弃盟约，引兵深入。我问心无愧。你们虽是突厥人，也应该有人心，怎么能够完全忘记我大唐对你们的恩德，自夸强盛，耀武扬威？我今天先杀了你再说！"执失思力这才威风扫地，跪地求饶。萧瑀、封德彝请求太宗以礼遣还来使，唐太宗说："我现在遣还来使，突厥一定认为我惧怕他们，他们会更加嚣张。"于是将执失思力囚于门下省。

唐太宗身披甲胄，手拿弓箭，跨上御马，与高士廉、房玄龄等六骑，出玄武门，径趋渭水。那颉利可汗正在等待执失思力归报，忽听军校入报："唐天子来了！"颉利上马出营，隔水相望，果见对面立着六骑，为首的正是唐太宗。正在惊疑未定，那唐天子已大声喝道："颉利可汗，我和你在幽州结盟，汝曾立下誓言，不再相犯，近几年来，你屡次背约，我正要兴师问罪，你却送上门来，莫非是前来送死吗？"说到这里，太宗又扬鞭指着天空说："苍天在上，我国并不负可汗，可汗独负我国，负我就是负天，你可吃罪得起？"颉利听到这话，无言以对，其部下将士素信鬼神，又看到唐天子威风凛凛，吓得魂飞魄散，相继下马叩拜。不一会儿，鼓声动地，旌旗蔽天，唐军大队人马继至。颉利可汗吓得面如土色，回马入营，闭门静守。

唐太宗一面指挥唐军后退一步，列阵以待；一面等待颉利回话。萧瑀以为太宗轻敌，叩马固谏，坚请还朝。太宗小声地对他说："我已考虑成熟，非卿所知。突厥所以敢倾国而来，直抵我城郊，是以为我国内有难，朕新即位，不能抵御他们。我如果在他们面前表示软弱，闭门拒守，突厥必然纵兵大掠，不可复制。因此，我轻骑独出，向他们表示没把他们看在眼里，另外又布成强大的军阵，向他们表示一定要和他们决一死战，出其不意，使他们原来的打算落空。突厥深入我境很远，必有惧心，因此，与其战，则可以打败他们；与其和，也有强大的后盾。制服突厥，在此一举。你可拭目以待。"

颉利可汗回到营中，见执失思力仍然未归，适才又见唐太宗挺身轻出，唐军阵容严整，估计唐军早有准备，于是，颉利可汗当天便遣使请和，太宗许定和议，限期次日订盟，遣还来使，这才返驾回宫。

第二天，唐太宗又亲自到城西，与颉利可汗相见，就在便桥之上，用白马为牲，歃血立约，颉利欣然领命。盟约既定，彼此各自退兵，太宗这时才将执失思力放还。唐太宗未损一兵一卒，将突厥二十万大军斥退。

事后，萧瑀问唐太宗："以前未与突厥修和，诸军争请出战，可是陛下不允许，臣等颇感奇怪，不久突厥自退，究竟陛下凭何神机妙算，料事如神？"太宗说："朕看突厥部众，虽多不整，君臣上下，唯贿是求。当他请和时，颉利可汗独在渭水西，其达官多来长安城拜见我。我如果诱引他们赴宴，将他们灌醉缚住，一面发兵袭击突厥，势如摧枯拉朽，再遣长孙无忌、李靖伏兵幽州，截其归路，突厥奔还，伏兵前发，大军后追，管叫他全军覆没，片甲不归。不过，因朕初即位，国家未安，百姓未富，一旦与突厥打起来，结怨必多，他们如果由怨生惧，勤修武备，即使一时不敢入边，他日必来报怨，为患日甚一日。朕所以卷甲藏戈，赂以金帛，他们得到财物，退归本国，志骄气盈，不复设备，然后我们准备力量，等待机会，一举就可以消灭突厥了。将欲取之，必先与之，就是这种计策。你难道不明白吗？"萧瑀再拜道："陛下胜算，非臣所能想到的。"

武德九年（626）九月，突厥颉利可汗献马三千匹、羊万口。唐太宗没有接受，只是让突厥归还所掠中国人口，征求温彦博还朝。

唐太宗积极加强军事训练，引诸卫将卒在显德殿庭院练习射箭，教导他们说："戎狄侵扰边境，这是自古以来经常发生的事情。值得忧虑的是边境稍微安宁一些，则国君就认为高枕无忧，忘记备战，所以一旦寇来，便束手无策，无力抵御。现在，我不让你们挖池筑苑，而让你们专门练习射箭。闲居无事的时候，我做你们的老师，等到突厥兵入侵，我就上前线做你们的将帅，这样，中国边境的安全就有保障了。"于是每日引数百人教射于殿庭，唐太宗亲自临场考试，射得好的当场赏赐弓、刀、帛，其将帅也被评为"上考"。

贞观元年（627）五月，苑君璋率众来降。最初，苑君璋引突厥兵攻陷马邑，杀高满政，退保恒安。他的部众都是中国人，大多背弃苑君璋而投降唐朝，君璋惧，也请降，捍卫北部边境以赎罪，唐高祖答应了他。苑君璋请高祖写下契约，保证不杀他，高祖派雁门人元普赐给他免死的金券。这时，颉利可汗又派人招抚他，苑君璋犹豫不决，恒安人郭子威游说苑君璋道："恒安地势险要，城池坚固，突厥的势力很盛，应当依靠突厥作为后盾，静观时变，不可轻易投降唐朝。"苑君璋于是执元普送往突厥，复与突厥联合，数次入寇唐境。至此，见颉利可汗政治混乱，知其不足依靠，于是率众降唐。唐太宗让苑君璋为隰州都督，封芮国公，以此分化瓦解突厥。

突厥汗国是由许多部落、部族组成的军事行政联合体，统治是极不稳固的。随着唐王朝的统一，边防力量的增强，突厥汗国开始分化、瓦解，自便桥退兵后，势力逐渐衰弱。由于颉利可汗委任诸胡，疏远突厥贵族，加深了突厥内部新、老贵族之间的矛盾，削弱了颉利可汗的统治力量。颉利可汗对其他被征服的少数民族进行残酷的剥削，诸部不但要替突厥贵族出兵打仗，还要被迫向突厥贵族纳贡。在颉利可汗统治时期，重敛诸部，激起反抗，力争摆脱突厥贵族的控制。唐太宗乘此机会，采取远交近攻的策略，极力扶植颉利可汗的反对势力，扩大其内部矛盾，以削弱突厥贵族的实力。

突厥汗国在东方有契丹、奚等数十个部族或部落，由突利可汗统兵管辖。由于突厥统治集团对他们征税无度，他们纷纷脱离突厥，转而归附于唐。颉利可汗因突利可汗失去很多部众而大加责罚。

北方的回纥、薛延陀、拔野古等部也相继摆脱突厥的控制。在贞观元年（627）前后，回纥人民在酋长菩萨的率领下，与突厥贵族在马鬣山决战，击溃突利可汗所部十万大军，突利可汗率从骑逃回。颉利可汗大怒，严厉斥责并鞭打了他，又把他囚禁了十多天，因此激化了颉利与突利二可汗之间的矛盾，突利可汗由此怨恨颉利可汗，阴谋背叛颉利可汗。颉利可汗又几次向突利可汗征兵，突利拒不发兵，向唐朝上表奏请入朝。唐太宗对侍臣说："以前突厥强盛，控弦百万，侵扰中国，突利可汗骄恣狂妄，所以失去民众。现在他请求入朝，不是走投无路他肯这样做吗？我听说这件事，又高兴又害怕。为什么呢？突厥衰弱则我边境可以得到安宁，所以高兴。然而朕也许失道，他日也将和突利可汗一样，能不害怕吗？你们应当不惜苦谏，以弥补朕的过错。"

贞观二年（628），薛延陀等族组成了以夷男为首的薛延陀汗国。夷男感到实力不足，难以对付突厥的威胁，便想寻求唐王朝的支持。唐太宗得知这一消息，立即派使者前往薛延陀，册封夷男为真珠毗伽可汗，赐以鼓纛，承认薛延陀摆脱突厥的控制而独立，薛延陀也派使者二人到长安，与唐结盟修好。这一联盟的形成，使突厥处于北南受击的不利地位，大大改变了唐与突厥的战略形势。

颉利可汗发兵攻打突利可汗。贞观二年（628）四月，突利可汗遣使来唐求救。唐太宗和大臣们商量说："朕与突利可汗结为兄弟，他有急事，我不能不救。然而我也和颉利可汗有盟约，这事怎么办才好呢？"兵部尚书杜如晦说："戎狄不讲信用，早晚要背弃盟约，现在不乘其乱而取之，后悔就来不及了！"

契丹酋长率其部落降唐。颉利可汗遣使来唐，请求以梁师都交换契丹酋长。唐太宗对突厥使者说："契丹与突厥不是同一民族，现在契丹前来归附我，你们为什么要索求？梁师都本来是中国人，盗窃我国土地，残暴我国百姓，突厥收容包庇他。我兴兵讨伐他，突厥反而援救他，他就像鱼游锅中，何患不为我有。即使得不到梁师都，也终不以降附之民交换他。"在此之前，唐太宗知道突厥政治混乱，不能庇护梁师都，就写信招降他，梁师都没有同意。唐太宗派夏州都督长史刘旻、司马刘兰成图谋他。刘旻等多次派轻骑践踏他的庄稼，离间他与突厥的关系，其国渐渐虚弱，降唐的人接连不断。梁师都部下名将李正宝等阴谋逮捕梁师都，事情泄露，投奔唐朝，由此梁师都内部上下更加猜疑。刘旻等了解到这些情况，认为可以攻取梁师都，于是上表朝廷请求发兵。唐太宗派遣右卫大将军柴绍、殿中少监薛万均击之，又派遣刘旻等占据朔方东城以逼之。梁师都引突厥兵至城下，刘兰成偃旗息鼓，闭关不出。梁师都宵遁，刘兰成率兵杀出城去追击，破之。突厥发兵救梁师都，柴绍等未至朔方数十里，与突厥军队相遇，奋力击杀，将突厥兵击溃，乘胜进围朔方城。突厥不敢派兵来救，城中食尽，梁师都从父弟洛仁杀师都以城降，唐以其地为夏州。

秋九月，突厥侵扰边境，朝廷中有人请求修古长城，征发民众戍守。唐太宗说："突厥灾异接连不断，颉利可汗不惧而修德，反而更加暴虐，骨肉相攻，亡在朝夕。朕将要为你们扫清沙漠，用不着劳民远修障塞。"

贞观三年（629）八月，薛延陀毗伽可汗派他的弟弟统特勒入唐朝贡，唐太宗赐以宝刀及宝鞭，对来使说："卿所部有大罪者斩之，小罪者鞭之。"夷男非常高兴。颉利可汗大惧，开始遣使向唐称臣，请尚公主，修女婿之礼。

代州都督张公谨上书说突厥可取之状，认为：颉利纵欲逞暴，诛杀忠良，藏匿奸佞，一也；薛延陀等诸部皆叛，二也；突利、拓设、欲谷射皆得罪，无所自容，三也；塞北霜旱，糇粮乏绝，四也；颉利可汗疏远本族人，亲信重用诸胡人，胡人反复无常，大军一临，必生内乱，五也；汉人入突厥的很多，最近听说他们聚众起义，保据山险，大军出塞，自然响应，六也。唐太宗因颉利可汗既已请和亲，又援助梁师都，命兵部尚书李靖为行军总管讨伐突厥，以张公谨为副。

九月，突厥俟斤九人率三千骑降唐。拔野古、仆骨、同罗、奚酋长同时率众来降。

十一月，突厥入寇河西，肃州刺史公孙武达、甘州刺史成仁重与突厥兵接战，破之，捕虏千余口，以兰州都督李世勣为通漠道行军总管，兵部尚书李靖为定襄道行军总管，华州刺史柴绍为金河道行军总管，灵州大都督薛万彻为畅武道行军总管，众合十余万，皆受李靖节度，分道出击突厥。任城王李道宗击突厥于灵州，破之。

十二月，突利可汗入朝。唐太宗对侍臣说："以前太上皇为百姓着想，称臣于突厥，朕经常感到痛心。现在，突厥突利可汗入朝向朕称臣，这大概可以雪洗以前的耻辱。"靺鞨遣使朝贡。唐太宗说："靺鞨远道而来，大概是因为突厥已经降服的原因。以前的人都说防御戎狄没有上策，朕今治安中国，而四夷自服，岂不是上策吗？"突厥郁射设率所部来降。

贞观四年（630）正月，李靖率骁骑三千自马邑出发，进屯恶阳岭，夜袭定襄，破之。颉利可汗没想到李靖率军突然而至，大吃一惊，说："唐不倾国而来，李靖何敢孤军深入至此？"突厥兵一日数惊，颉利可汗徙牙帐于碛口。李靖派间谍离间颉利的心腹，颉利的亲信康苏密携隋萧皇后及炀帝之孙杨政道来降，到了长安。在此之前，有降胡说中国人有人偷偷地写信给萧皇后，至此，中书舍人杨文瓘请求审问萧后。唐太宗说："天下未定，突厥正在强盛时期，愚民无知，或许有这种事。今天下已安，既往之事，何须追究？"李世勣出云中，与突厥战于白道，大破之。

二月，李靖破突厥颉利可汗于阴山。在此之前，颉利既败，窜于铁山，余众尚有数万，遣执失思力入朝谢罪，请求举国内附，颉利可汗身自入朝。唐太宗遣鸿胪卿唐俭等加以抚慰，又下诏令李靖将兵迎颉利。颉利表面上请求内附，内心里犹豫不决，想等到草青马肥的时候逃入漠北。李靖引兵与李世勣会合于白道，相互商议说："颉利虽败，其众犹盛，如果逃到漠北，依靠九姓，道路险阻遥远，恐怕难以追及。现在，朝廷的使节已经到达颉利那里，他必然放松警惕，若选精骑一万，携带二十日粮前往袭击，不战即可擒获颉利。"他们把这个计谋告诉张公谨，公谨说："诏书已答应他们投降，朝廷的使节在那里，为什么还要袭击他们？"李靖说："这就是韩信破齐的方法。唐俭在那里何足惜？"于是勒兵半夜出发，李世勣相继出兵，军至阴山，遇到突厥千余帐，把他们全部俘虏，随唐军北行。

颉利可汗见到唐朝使节，非常高兴，放下心来。李靖让苏定方率二百骑为先锋，乘雾而行，离颉利可汗的牙帐还有七里，被突厥兵发觉。颉利可汗乘千里马先逃，李靖率大军继至，突厥兵大溃。唐俭脱身得归。李靖杀死突厥兵一万多人，俘获男女十余万，获杂畜数十万，杀隋朝义成公主，擒其子叠罗施。颉利可汗率万余人想穿越沙漠，李世勣率军把住漠口，颉利至，不得穿行，其大酋长皆率众投降，李世勣俘获五万余口以还。斥地自阴山北至大漠。

三月，以突厥夹毕特勒阿史那思摩为右武侯大将军。突厥思结俟斤率众四万来降。以突利可汗为右卫大将军、北平郡王。

最初，始毕可汗以启民可汗母弟苏尼失为沙钵罗设，督部落五万家，牙帐设在灵州西北。及颉利政乱，苏尼失所部独不背叛。突利可汗降唐以后，颉利可汗立苏尼失为小可汗。颉利可汗被唐军打败后，投奔苏尼失，将要逃往吐谷浑。大同道行军总管任城王李道宗引兵逼之，让苏尼失交出颉利。颉利带领数骑连夜逃走，藏在荒谷里。苏尼失怕唐军归罪于他，急忙追赶颉利，获之。行军副总管张宝相率众包围了沙钵罗营，俘虏了颉利可汗，押送京师。苏尼失举众来降，漠南之地遂空。

突厥颉利可汗被押至长安。四月，唐太宗御顺天楼，盛陈文物，引见颉利，斥责他说："你凭借父兄之业，放纵淫虐，以致灭亡，罪一也。数与我结盟而又背弃，罪二也。恃强好战，杀人无数，罪三也。蹂躏我庄稼，掠夺我子女，罪四也。我原谅你的罪过，保存你的国家，而你迟迟不来投降，罪五也。然而自从便桥退兵以后，不再大规模地入寇，因此，可以免你一死。"颉利哭谢而退，唐太宗让他住在太仆寺，生活上给予特殊优待。

太上皇听说颉利被擒，叹息说："汉高祖被匈奴围困于白登山，不能报仇，今我的儿子能灭突厥，我把皇位传给他，托付得人，还有什么事情值得忧虑呢？"太上皇召太宗与重臣十余人及诸王、妃主设酒宴于凌烟阁，酒酣，太上皇自弹琵琶，太宗起舞，公卿接连为太上皇、太宗敬酒，热烈庆贺唐灭突厥，宴会一直到半夜才尽兴而散。

突厥灭亡后，其部落或北附薛延陀，或西奔西域，投降唐朝的还有十万人，太宗下诏让群臣商议如何处置这些突厥降民。朝廷中大多数的官员都说："北方狄人自古以来就是中国的祸患，现在很幸运将他们打败，应该把他们全部迁徙到河南兖、豫之间，打乱他们原来的种族部落组织，让他们分散地居住在各州县，教他们种田织布，这样可以把他们转化为农民，使塞北之地永远空旷无人。"

中书侍郎颜师古认为："突厥、铁勒自上古以来，都不臣服中国，陛下既然得以使他们称臣，请将他们安置在河北地区。分别设立酋长，统领其部落，这样可以永无祸患。"

礼部侍郎李百药认为："突厥虽然称为一个国家，但它划分为许多部族，各有其部族首领。现在应当乘其分崩离析之机，各就本部族设立君长，使其不相臣属，各自独立，纵然想立阿史那氏为突厥的首领，也只可使他统领其本部族而已。把原来的突厥国分为几部分，其力量必然削弱，容易控制，几部分势均力敌则难以相互吞并，各自力图保全本部，必然不会与大唐王朝相抗衡。我请求陛下仍然在定襄设置都护府，节制该地区，这是安定北部边防的长久之计。"

夏州都督窦静认为："戎狄的本性，如同禽兽一般，不能用刑法威服他们，不能用仁义教化他们，况且他们留恋故土的心情也不易改变。将他们安置在中原一带，只有损害而没有益处，恐怕一旦突然发生事变，将侵犯我京畿地区。不如借突厥将要灭亡之机，对它施以意外的恩宠，封给他们的首领以王侯的称号，将宗室女嫁给他们的首领，分割他们的土地，离析他们的部落，使他们的权势削弱，力量分散，容易笼络控制，可以使他们永远是大唐王朝的藩臣，使边塞永保安宁。"

温彦博认为："将突厥人迁徙到兖、豫之间，则违背其逐水草而居的生活习性，这不是让他们生存的办法。我请求陛下按照汉光武帝时的办法，将投降的匈奴人安置在塞外，保留他们的部落组织，顺应他们的风俗习惯，以充实空虚之地，使他们成为中国的屏障，这是比较妥善的方法。"

秘书监魏徵说："匈奴自古至今，没有像今天这样衰败，这是因为上天要剿灭他们，也是我唐王朝宗庙社稷的神算英武。况且匈奴世世代代侵犯中国，陛下认为他们已经归降，不好诛灭他们，应当立即遣发他们到河北，住在他们的故土上。匈奴人面兽心，不是我们的同族，强盛的时候必然入侵掠夺，衰弱的时候就卑躬屈膝归服我们，不讲恩德信义，这是他们的天性。秦、汉两朝就是这样深受其害，所以不时地派勇猛的将领去打击他们，收复被他们侵占的河南一带土地，设置郡县。陛下如果安置他们在内地居住，而且现在归降的人几乎达到十万，数年以后，滋生繁育将要超过一倍，居于我们的切近之地，太靠近京畿，这个心腹之病，必将成为以后的祸害，尤其不能把他们安置在河南一带。"

温彦博说："天子对于万物，上天覆盖的，大地负载的，凡归附于天子的就一定要养育他们。现在突厥被打败，余部也都归服我们。陛下对他们不加以怜悯，抛弃他们而不加以容纳，这不符合天地养育万物的道理。阻止四方少数民族的诚意，臣虽然愚昧，但以为不可以这样做，应当把他们安置在河南。这就是所说的要死的使他活下去，要灭亡的使他生存下去，让他们怀念我们的深厚恩德，最终不会背叛朝廷。"

魏徵说："晋朝的时候，魏国遗留下来的胡族部落分别居住在与晋都接近的各郡，大臣江统劝谏晋武帝把他们驱逐到塞外去，晋武帝不听，数年以后，匈奴族攻陷洛阳。前代翻车的教训，亡国的鉴戒并不太远。陛下一定要听取温彦博的意见，把他们遣送到河南地区居住，这是所谓豢养野兽给自己留下后患啊！"

温彦博又说："臣听说圣人之道，无所不通。突厥战败剩下来的人，把性命交付给我们，收留他们住在内地，用礼义教化他们，选出他们的首领，派他们在官廷中值宿警卫，他们畏惧皇室的威力，感激皇室的恩德，还有什么祸患呢？而且汉光武帝让河南单于的部落居住在内地的州郡，作为东汉的屏障，经历了整整一代，没有发生叛逆的。"又说："隋文帝兴师动武，浪费国库的钱粮，为突厥立可汗，又让他们恢复自己的国家。后来，他们不顾信义不守信用，在雁门关围困住隋炀帝。现在陛下仁慈宽厚，顺从他们的愿望，河南、河北任他们随意居住，各有自己的首领，相互没有统属的关系，力量分散，权势也不集中，哪能为害于我们呢？"

给事中杜楚客进言说："北方的少数民族人面兽心，难以用德政来感化他们，而易于用威力征服他们。至于像雁门关战役，虽然是突厥背离恩情，但确是由于隋朝君主的昏庸无道，中国才因此而发生动乱，哪能说恢复了将要灭亡的国家就招致这样的祸乱呢？异族不能扰乱我中华，这是前代圣哲的明确指示，使将要灭亡的国家生存下去，使断绝的延续下去，这是前代圣明国君的通常规矩。我担心办事情不遵从古训，江山难以长久。"

唐太宗听取了大臣们的意见以后，最后决定采用温彦博提出的办法，安置突厥降民，东起幽州，西至灵州；分突利可汗原来统辖之地，设置顺、祐、化、长四州都督府，又分颉利可汗原来统辖之地为六州，东面设置定襄都督府，西面设置云中都督府，来统治其民众。

五月，以突利为顺州都督，使率其部落之官。唐太宗告诫他说："你的祖父启民可汗挺身奔隋，隋文帝以他为大可汗，奄有北荒，你的父亲始毕可汗反为隋患。天道不容，因此使你们突厥今日乱亡如此。我所以不立你为可汗，是接受隋朝立启民为大可汗的教训。今命你为都督，你应善守国法，不要互相侵略，这不只是想使中国久安，也使你的宗族永保安全。"

以阿史那苏尼失为怀德郡王，阿史那思摩为怀化郡王。颉利败亡之际，诸部落酋长皆弃颉利降唐，只有思摩紧跟颉利，最后竟与颉利同时被俘。唐太宗嘉奖他的忠诚，拜右武侯大将军，不久以他为北开州都督，使他统领颉利旧众。

以右武卫大将军史大奈为丰州都督。其余突厥酋长来长安者皆拜将军、中郎将，布列朝廷，五品以上的有一百多人，几乎与朝士各占一半，因而入居长安者近万家。

六月，以阿史那苏尼失为北宁州都督，以中郎将史善应为北抚州都督，以右骁卫将军康苏为北安州都督。

八月，突厥欲谷设来降。欲谷设是突利的弟弟。颉利败，欲谷设奔高昌，听说突利在唐朝受到礼遇，于是也来降唐。

九月，伊吾城主入朝。隋末，伊吾内属，置伊吾郡，隋末大乱，臣于突厥。颉利既败，举其属七城来降，唐以其地置西伊州。

贞观五年（631），唐朝遣使以金帛赎回隋末以来流亡到突厥的中国人男女八万口。

贞观六年（632），突厥颉利可汗心情忧郁，多次与家人相对哭泣，容貌憔悴，身体消瘦。唐太宗看到他这个样子，很可怜他，以虢州地多麋鹿，可以游猎，于是以颉利为虢州刺史。颉利推辞，不愿前往，复以为右卫大将军，仍居长安。

贞观七年（633）冬十二月，唐太宗跟随太上皇设酒宴于故汉未央宫，太上皇命突厥颉利可汗起舞，又命南蛮酋长冯智戴咏诗。既而笑曰："胡越一家，自古未有也。"唐太宗拿起酒为太上皇祝福说："今四夷入唐为臣，都是由于陛下的教诲，不是我的智力所能达到的。从前汉高祖亦从太上皇在此宫置酒宴，妄自矜大，臣所不取也。"太上皇非常高兴。

贞观八年（634）正月，突厥颉利可汗病死，唐太宗命国人按照突厥的风俗，焚尸埋葬。

贞观十三年（639），唐太宗幸九成宫，突利可汗的弟弟阿史那结社率阴结所部，拥突利的儿子贺罗鹘夜犯御营，弓矢乱发，卫士死者数十人。折冲孙武开等率众出击，阿史那结社率很久方退，驰入御厩，盗马二十余匹，欲奔其部落，被追获处死，原贺罗鹘被流放于岭表。

自阿史那结社率谋反，唐太宗不太相信突厥人了，后悔处其部众于中国，言事者大都说突厥人留在河南不便。于是秋七月，唐太宗下令右武侯大将军、化州都督、怀化郡王李思摩为乙弥泥孰俟利苾可汗，赐之鼓纛。突厥及胡人在诸州安置者，并令渡河，还其旧部，使他们世世代代做唐朝的屏障，长保边塞。突厥人惧怕薛延陀，不肯出塞。唐太宗派司农卿郭嗣本赐薛延陀玺书，薛延陀奉诏，遣思摩率所部建牙帐于河北，唐太宗御齐政殿为他饯行。李思摩哭泣流泪，拿着酒杯祝福唐太宗说："我是突厥的残余势力，本应早死，陛下免我一死，又立我为可汗，愿万世子孙永远侍奉陛下。"唐太宗对侍臣说："中国百姓，实天下之根本，四夷之人，乃同枝叶，扰其根本以厚枝叶，而求久安，未之有也。当初不采纳魏徵的意见，遂觉劳费日甚，几失久安之道。"又以左屯卫将军阿史那忠为左贤王、左武卫将军阿史那泥熟为右贤王。

第十一章　用人唯贤，德才并重

中国古代的贤明君主在不断总结用人的实践经验中逐步建立起一整套比较完善的用人思想和人事制度。

唐太宗是中国封建社会一位比较开明的皇帝，他非常重视用人问题，把选贤任能作为治国安民的根本。魏徵作为唐太宗重要的辅弼大臣，以他正确的用人思想积极影响唐太宗，广泛地搜罗人才，使贞观年间出现了人才济济的局面。

贞观二年（628），唐太宗对右仆射封德彝说："治理国家达到安定的根本，唯在用人得当。近来我让你推举贤才，你一直没有向我推荐。治理天下的任务很繁重，你应当为我分忧解愁，你不推荐人才，我将把此事托付给谁呢？"封德彝回答说："我虽然愚昧无能，但岂敢不尽力而为，只不过现在我还没有发现什么具有特殊才能的人。"唐太宗说："过去英明的国君使用人才如同使用器具一样，各得其所，用其所长，都是从当时选拔人才，并非向其他朝代借用人才。难道能等待梦见傅说，遇到吕尚，然后才治理国家吗？况且哪个朝代没有贤能的人才，只怕遗忘他们不了解他们哪！"封德彝听完太宗的这番话，羞愧得面红耳赤，急忙退下朝去。

用人必须首先了解人，知人是善任的前提。贞观六年（632），唐太宗对魏徵说："古人说，国君必须选择人才委以官职，不可草率用人。我现在每做一件事，就被天下人看到；每说一句话，就被天下人听见。起用正直的人，做好事的人都得到鼓励；误用坏人，做坏事的人就争着钻营。奖赏他们的劳绩恰如其分，没有功劳的人就会自动退下；惩罚他们的过错恰如其分，作恶的人就会警戒畏惧。由此可见，赏罚不可轻易施行，用人尤其需要谨慎选择。"魏徵回答说："了解人这件事，自古以来就是很难的，所以考察官员的政绩决定贬降与迁升，要察看他们的实际表现是好还是坏。现在想选用人才，必须严格察访他们的品行。如果了解他们的品行确实很好，然后才可以任用。假如这个人不能办什么事，只是因为能力达不到，也不会有太大的害处。如果误用了坏人，假如这个人又很能干，这种人危害就特别大。但在天下混乱的时候，可以只要求他们有才能，而不考虑他们的德行。而在太平之世，必须才能与德行兼备，才可以任用。"唐太宗和魏徵都坚持用人唯贤的标准，魏徵则又指出才、行两个方面在不同时期应有不同的侧重。用人的目的在于治事，因此选人的标准应该以治事任务的变化而有所不同。战争年代，天下未定，面对剑拔弩张的敌人，必须选用有武功能征战的勇夫，打败敌人，夺取天下。但到了夺取天下以后的和平时期，就需要文治、教化、理财、通货，如果任用品行不好的人为官，其身不正，难以正人，用其理财，势必贪污。因此，选人不仅要注意才能，而且更需要注意德行。魏徵的这一用人思想与唐太宗谨慎用人思想相得益彰。

但是，魏徵的用人思想也存在一些片面性。贞观十三年（639），唐太宗对侍臣说："我听说太平过后必有大乱，大乱之后必有太平。大乱之后就是大治的时运了。能安定天下的人，只在于任用贤才。你们既然不知道贤才在哪里，我又不可能遍识天下的人，这样一天天下去，就根本不能得到贤才。现在我想让人们自我推荐，这对举贤得人怎么样呢？"魏徵说："能够了解别人的人是有智慧的人，能够有自知之明的人是聪明的人。能够了解别人既然是很难的，有自知之明也的确不容易。而且愚昧昏庸的人，都自以为了不起，夸耀自己的长处，这样恐怕助长追逐名利的浮薄风气，因此，不能让人们自我推荐。"

了解和发现人才的途径是多方面的，察访、推荐、自荐等方式都是可以采取的。唐太宗针对大臣们既不知贤，自己又不能普遍了解贤才的问题，出于选拔人才的紧迫感，打算开辟一条毛遂自荐的途径，这对于广泛发现人才无疑是有益的，不仅表现出唐太宗求贤若渴的积极态度，而且表现出唐太宗注意探讨解决实际问题的务实精神。可惜的是唐太宗这一有价值的设想被魏徵否定了。魏徵所讲的虽然有一定的道理，但没有抓住问题的主要方面。为了广泛地发现人才，令人毛遂自荐也是必要的。尽管矜能伐善的人会乘机而来，甚至可能出现一股浮薄躁进的不正之风，但不能因此而堵塞自荐之路。了解和发现人才只是知人的第一步，在使用中进一步考察和鉴别，对于从自荐中冒出来的不肖之徒，通过考察和鉴别加以黜退就是了。魏徵以发现人才环节上可能出现的问题来全盘否定毛遂自荐，显然是因噎废食。

知人难，用人亦不易。人无完人，都有长处和短处。魏徵主张用人要取其所长，避其所短。贞观十一年（637），有关部门向唐太宗反映凌敬贫穷乞讨的窘状，唐太宗听了以后非常生气，因此责备侍中魏徵等人胡乱推荐人。魏徵说："我们每次承蒙陛下顾问，通常都如实讲他的长处和短处。有学识、敢于谏诤是他的长处；爱生计、喜好经营是他的短处。现在凌敬为人家作碑文，教人家读《汉书》，并以此为借口，交换求利，这与我们所说的情况没有什么不同。陛下没有用他的长处，只看到他的短处，总以为我们在蒙骗您，这实在不敢心服口服。"唐太宗听了魏徵的话，觉得很有道理，于是怒气顿时消失了。

魏徵还主张用人不疑，疑人不用。君臣相疑，不能备尽肝胆，实为国之大害，人君选贤才以为股肱心膂，当推诚任之。这样才能建立君臣之间相互信任的正常关系。贞观八年（634），原桂州都督李弘节以清廉慎守闻名，等到他死了以后，他家里的人出卖珠宝。唐太宗知道这个情况以后，就在朝廷上宣布说："此人平素的作为，宰相们都说他很清廉，今天既然他家里的人出卖珠宝，推荐他的人岂能无罪，必须严肃地加以处理，不能放过。"侍中魏徵听了以后，对唐太宗说："陛下平常说这个人不清廉，但没有发现他收受别人财物的证据，现在听说他家里人卖珠宝，就要惩罚举荐他的人，我不知道这是为什么。自本朝以来，为国家尽忠、清廉慎守、始终不渝的人，只有屈突通和张道元二人而已。屈突通的三个儿子应选，只有一匹瘦马，张道元的儿子不能自存，没有听说陛下提及他们，现在李弘节为国立功，前后受到陛下的赏赐，等到他死了以后，没有人说他贪赃残暴。他的家属出卖珠宝，也算不上犯罪。明明知道他是清官，没有任何抚恤和慰问，反而怀疑他为赃官，还要追究连累处罚举荐他的人。虽然痛恨坏人不容置疑，但其实这样做也并不是真正喜欢好人。我暗自考虑这种做法不见得对，恐怕有见识的人听到此事，必然横加议论。"唐太宗拍掌高兴地说："我匆匆忙忙没有好好考虑就说出那些话。刚才听了你说的这番话，朕才知道讲话得当并不容易，以后不要再追究这件事了。屈突通、张道元的儿子都应当授予一个官职。"

魏徵曾上疏认为："在朝廷的群臣中，负责掌管枢密机要的，虽然委以重任，但对他们还不够十分信任，所以有些人心存疑虑，抱着得过且过的消极应付态度。陛下对大的事情比较宽容，对小的过失却不轻易放过，一旦发现问题就大发雷霆，斥责一番，未免带有个人的爱憎感情。委托大臣主持重要的政务，责成小臣办理具体小事，这是为政之道。现在，委托以职事，则重视大臣而轻视小臣；遇到出现问题，则又相信小臣而怀疑大臣。相信所轻视的小臣，怀疑所重的大臣，怎么能使国家达到大治呢？如果委任大的官职，却求其小的过失，必然导致那些刀笔吏顺从旨意成风，舞文弄法，千方百计陷人于罪。自己申辩吧，就会被认为是内心不服罪；不加说明吧，就会被认为是所犯罪过属实。进退两难，不能辩明。这样就会导致得过且过，唯求免祸，矫饰虚伪成为风气。"唐太宗接受了魏徵的批评。

作为国君必须具有容人所短的博大胸怀，不以一恶而忘其善，不以小瑕而掩其功。贞观十四年（640），薛万均与侯君集平定高昌班师回朝以后，有人上告薛万均与高昌妇女私通，薛万均不承认，唐太宗下令将高昌妇女交付大理寺，与薛万均当面对质。魏徵劝谏道："我听说过'君主使用臣下要讲礼节，臣下侍奉君主要尽忠诚'，现在陛下让大将军薛万均与一个亡国妇女当堂对质男女私情，情况属实的话则所得甚少，不属实的话则所失甚多。从前秦穆公给盗马的人酒喝，楚庄王赦免因调戏宫女被扯断帽缨的大将，最后都得到加倍的回报。况且陛下道德高于尧、舜，难道还赶不上秦穆公、楚庄王二人吗？"唐太宗急忙释放了薛万均和那个高昌妇女。

房玄龄、王珪掌管朝廷内外的官吏考核，治书侍御史、万年县人权万纪上奏称考核有不公平之处，太宗命侯君集调查此事。魏徵劝谏道："房玄龄、王珪都是朝廷元老重臣，素以忠诚、正直为陛下所信任，他们考核的官吏很多，其中哪能没有一两个人考核失当？体察其实情，终究不是有偏私。假如调查后发现不当之处，便都认为不可信任，以后怎么能再担当重任呢？而且权万纪近来常在尚书省考堂监察，并没有提出任何驳正，等到自己没有得到好的考核结果，才开始提出意见。这正是为了激怒陛下，并非竭诚为国。假如调查后确实发现有考核不当之处，对朝廷也没有什么好处；如果查无实据，徒失陛下委任大臣的一片心意。我所关心的是治国的根本，不敢随便袒护房玄龄、王珪二人。"唐太宗于是放下此事不再追究。

贞观十四年（640），守进魏徵上疏论御臣之术，指出国君必须要全面地了解臣下，臣下的行为有六正六邪。国君必须以公平作为衡量臣下是非的标准，以仁义作为区别臣下善恶的准绳。他说："我听说了解臣子没有超过国君的，了解儿子没有超过父亲的。父亲不了解他的儿子就无法使一家人和睦相处；国君不了解他的臣子，就无法使天下协调一致。天下太平，国君有善，必须要靠忠诚贤良的人来辅佐。贤能的人在朝廷做官，各种事情都会成功，国君用不着过分操心，就可以使民风淳化了。所以尧、舜、周文王、周武王被历代称颂，都是因为知人善任才成为明君的，众多的贤明之士充满朝廷，八元、八恺辅佐舜建立了丰功伟绩，周公、召公的功业闪耀着绚丽光彩。然而'四岳''九官''五臣''十乱'这样的贤臣，难道只能产生于过去的朝代，而唯独今天就不可能有吗？关键在于国君寻求不寻求、喜好不喜好就是了。为什么这样说呢？那些美玉、明珠、孔雀、翡翠、犀牛、象牙、大宛的汗血马和西夷国的猛犬，有的没有脚，有的没有感情，它们都生长在八荒遥远的地方，距中国有万里之远，那里的人在途中要经过辗转翻译才能来到中国入贡，而这些万里之遥前来献宝的人却络绎不绝，这是为什么呢？原因就在于中国喜好这些东西。何况做官的人心里想着国君给予的荣耀，享受国君赐予的俸禄，用大义来引导他们，他们有什么做不到呢？我认为对他们教以孝道，便可以使他们成为曾参、闵子骞那样的孝子。对他们教以忠诚，便可以使他们成为龙逢、比干那样的忠臣。对他们教以信用，便可以使他们成为尾生、展禽那样守信用的人。对他们教以廉洁，便可以使他们成为伯夷、叔齐那样廉洁的人。

"然而现在的群臣，很少有品德廉洁、才能出众的人，大概是对他们选择不严、磨炼不精的缘故吧！如果用大公无私和忠心报国来激励他们，用远大目标来要求他们，各有各的职责，得以施行各自的主张。高贵的要观察他们所举荐的人，富有的要观察他们所养活的人，居住要观察他们的喜好，学习要观察他们所说的话，贫穷的要观察他们所不愿接受的东西，卑贱的要观察他们所不愿干的事。根据他们的长处来选择他们，审查他们的才能来任用他们，利用他们的长处，避免他们的短处。再用'六正'来激励他们，用'六邪'来警诫他们。这样，国君用不着严格监督，臣下就能自我激励，不用劝导就能够自我约束。所以《说苑》说：臣子的行为，有'六正''六邪'，行'六正'的行为光荣，犯'六邪'的行为耻辱。什么是'六正'呢？一是问题处于萌芽状态还没有发生，刚刚有一点儿兆头还不明显，这时便能清楚地独自发现存亡的迹象、得失的要领，事先把危乱消灭在发生之前，使君主超然处于荣耀显赫的地位。这样的臣子就是圣臣。二是虚心尽力，天天向国君进献好的意见，勉励国君讲究礼义，告诉国君长治久安的良策，顺应成全国君的美德，纠正挽救国君的恶政。这样的臣子就是良臣。三是早起晚睡，不断推荐贤才，经常称颂先古前贤的所作所为，以激励匡君的意志。这样的臣子就是忠臣。四是清楚地了解政事的成败得失，及早防止弊端挽救败局，堵塞漏洞，断绝根源，把坏事变成好事，使国君整天无忧无虑。这样的臣子就是智臣。五是奉公守法，居官处事不接受馈赠，不追求俸禄，主动谦让赏赐，饮食节约俭朴。这样的臣子就是贞臣。六是在国家政治黑暗局势混乱的时候，自己不阿谀逢迎，敢于冒犯国君的尊严，当面指出国君的过错与失误，这样的臣子就是直臣。以上便是臣子的'六正'行为。什么是'六邪'呢？一是安于做官，贪图俸禄，不办公事，随波逐流，遇事左右观望。这样的臣子就是有名无实的具臣。二是国君所说的话都说好，国君所做的事都说行，暗中寻求国君的所好而迎合他，以使国君耳目欢愉，虚情假意讨国君的喜欢，与国君一起作乐，也不顾及以后的恶果。这样的臣子就是谀臣。三是内心充满险恶，外貌谨小慎微，巧言令色，嫉贤妒能，他想进用的人，就表彰好的一面，掩盖坏的一面，他想排斥的人，就夸大人家的过错，隐瞒人家的优点，使国君赏罚不当，号令不行。这样的臣子就是奸臣。四是智谋足以用来掩盖过错，诡辩足以用来游说，在内部离间国君的骨肉之亲，在外部制造朝廷的混乱。这样的臣子就是逸臣。五是专权擅自行事，颠倒是非，结党营私，以便使自己富裕，擅自伪造圣旨，以便使自己尊贵显赫。这样的臣子就是贼臣。六是谄媚国君，使国君陷于不义，私结党羽，以蒙蔽国君，使国君黑白不分、是非不明，使国君的恶名流传全国、传播四邻。这样的臣子就是亡国之臣。这就是所谓臣子的'六邪'。贤良的臣子立足于'六正'的原则，不行'六邪'的权术，所以能够做到上边安定下边大治。这样的臣子，活着的时候老百姓称颂，死后老百姓思念，这才是做臣子的正道啊！《礼记》一书中说：'秤确实悬在那里，不能以轻重欺骗它；木匠画线用的绳墨确实放在那里，不能以曲直欺骗它；规与矩确实放在那里，不能用方圆来欺骗它；君子洞悉礼法，不能用奸诈来欺骗他。'既然这样，那么臣下的情况就不难知道了。再以礼对待他们，用法驾驭他们，做好事的受到奖赏，做坏事的受到惩罚，哪有敢不上进的？哪有敢不尽力的？

"国家考虑提拔忠良的人才，罢免没有才能的人，已经有十多年了。但仅仅听到这样的话，没有看到这样做的人。什么原因呢？这是由于说的对，做的不对。说的对，则是出于公允的道理；做的不对，就是走上了邪路。对与错互相混杂，好与坏互相指责。国君所喜爱的人虽然有罪，也不会受到惩罚；国君所厌恶的人虽然没有过错，也免不了要受惩罚。这就是所谓'爱之欲其生，恶之欲其死'。对有的人因有小恶而不顾他的大善，对有的人因有小过而忘掉他的大功。这就是所谓国君的奖赏不能以无功求取，国君的惩罚不能以有罪而免。赏不能激励臣下为善，罚不能惩罚臣下作恶，而希望坏人和好人不混淆，这可能吗？如果奖赏不遗漏与自己关系疏远的人，惩罚不偏袒与自己关系亲近的和有权势的人，把公平作为衡量是非的标准，把仁义作为区别善恶的准绳，考核官吏的政绩功过来确定他们的任职名分，根据担任的职务名分来要求官吏的实绩，这样奸邪与正直都不会被隐瞒，好的与坏的自然能够分清。然后选用那些有真才实学，不用那些华而不实的人；安排那些忠厚的，不留那些浅薄的人。这样用不着言教就能使天下淳化，一年以后就可以看出成果了。假如只喜欢虚有其表而无真才实学的人，而不为百姓选择好的官吏，那么就会有最公道的言论而没有最公道的行动，对所喜欢的人不知道他的恶行，对所厌恶的人便忘记他的善行。只从个人好恶出发亲近奸佞小人，背离公正的原则而疏远忠诚正直贤良的人。这样，国君即使从早忙到晚，耗费精神冥思苦想，以追求国家的大治，也是不可能达到的。

"作为国君，在了解臣子行为的基础上，必须做到善善而恶恶，亲近君子，疏远小人。"

魏徵在《论君子小人疏》中说：

"我听说做国君的人，在于喜欢好人好事而厌恶坏人坏事，亲近君子而疏远小人。明显地喜欢好人好事，君子就会被重用；公开地厌恶坏人坏事，小人就会退避躲藏。亲近君子，朝廷就不会有不好的政事；疏远小人，听取意见就不会偏私和歪曲。小人也不是没有一点儿优点，君子也不是没有一点儿小错。君子的小错，像洁白美玉上的一个小斑点；小人的一点儿优点，像钝刀割一下的效果。技术高超的工匠之所以不重视它，因为小善不能够掩盖众多的邪恶；白玉有微小的斑点，精明的商人之所以不放弃它，因为小疵不会妨碍白玉的整体美。喜欢小人的小善，称之为善善，厌恶君子的小过，称之为恶恶，这就是良莠不分，玉石不分，这就是屈原之所以投江、卞和之所以泣血的原因啊！既然能够区别白玉和石头，又能分辨臭蒿和香兰，喜欢好人好事而又不能提拔重用好人，厌恶坏人坏事而又不能疏远坏人，这就是春秋时期郭国之所以灭亡，卫国大夫史鱼之所以遗恨终生的原因啊！

"陛下聪明威武，天姿英俊睿智，有志于广施仁爱，从各种途径提拔选用人才，喜欢好人好事但不怎么注意选择君子，厌恶坏人坏事但不能疏远小人。陛下讲话又直言无隐，憎恨坏人坏事太深，听到别人的优点有时未必全信，听到别人的缺点就认为必定如此。虽然有独见之明，在道理上有时未能尽美尽善。为什么呢？君子颂扬别人的优点，小人攻击别人的缺点。如果听到别人的缺点就一定相信，那么小人攻讦的手段就会增多；听到别人的优点就一定怀疑，那么君子颂扬他人之善的途径就会消失。为国家的利益着想，最迫切的问题是提拔进用君子而斥退小人。这样使君子之道消失，使小人之道增长，则君臣关系失去了常规，上下关系隔绝不通，国家的危亡都不忧虑，将怎么能使天下大治呢？况且世俗百姓，心无远虑，在感情上往往相互攻击，喜好结党营私。以好心相互帮助称为同心同德，用邪恶相互勾结称为结党营私。当今清水与浊水合流，善与恶没有区别，以告发攻击别人为忠诚正直，以同心同德为结党营私。以同心同德为结党营私，那么什么事情也不可相信；以告发攻击别人为忠诚正直，那么所讲的话都可以接受。这就是国君的恩惠之所以不能施之于臣民，臣民的忠诚之所以不能向国君表达的原因。大臣不能分辨纠正，小臣没有敢于议论的，到处都承袭这种不好的风气，浑浑噩噩地形成了习惯，这不是国家的福气，也不是治理国家的方法。恰恰相反，倒足以助长邪恶，扰乱视听，使国君不知道哪些可以相信，臣下也不能相安无事。假如不从长远利益考虑，从根本上断绝这种风气的源头，那将来的祸患永远不能止息。现在幸而没有使国家败坏，那是由于国君深谋远虑，虽然开始有些失误，但最终一定能够成功就是这个道理。如果世道稍微有些混乱，有了过失又不想改正，即使感到后悔，也一定来不及了。既然这江山社稷不能够传给子孙后代，还以什么垂范于未来呢？况且进用贤才黜退邪恶，是施于他人的原则，以古代历史上的成败得失作为治国的借鉴，是用于自己的道理。要想看自己的容貌必须对着静止不动的水，反省自己要对照古代的贤哲。能以古代的英明国君来反省自己的行为，那么自己相貌的美丑仿佛就在眼前，事情的好坏了然于心。无须劳神于史官的记载，也不需要百姓的议论，巍巍大功一天天地明显起来，赫赫大名越来越远地流传开来。作为国君能不向这方面努力吗？"

国君要做到用人不疑，必须远离奸佞小人，不要听信他们的谗言。贞观十年（636），唐太宗对侍臣说："太子的老师，自古以来就难以选取。周成王幼年继位，用周公旦、召公奭为太保、太傅，这两个人在成王左右，都很贤良，足以使成王增添仁义，达到太平盛世，称得上贤明之主。到了秦朝的胡亥，秦始皇宠爱他，以赵高为他的老师，教他以刑法治国。及胡亥篡位为帝，就诛功臣，杀亲戚，残酷暴烈不已，结果很快就身败名裂。由此说来，国君的善恶，的确是从亲近的人那里学来的。朕二十来岁时交游的人，只有柴绍、窦诞等，他们并不是正直、诚信、博学多闻的人。到后来我登上帝位，治理天下，虽然赶不上尧、舜的圣明，大概也不会像孙皓、高纬那样残暴。由此说来，国君的善恶又不是从亲近的人那里学来的，这到底是怎么回事？"魏徵回答说："平常的人，可以同他做好事，也可以同他做坏事，然而上等智能的人自然不会受影响。陛下受命于天，平定贼寇制造的动乱，拯救万民于危亡之中，把国家治理成升平社会，难道柴绍、窦诞这些人能够亏损陛下的德行？但经典上说：'抛弃淫靡的音乐，疏远奸邪的小人。'在平时经常接触的亲信之间，尤其应该特别谨慎地选择。"唐太宗称赞魏徵说得好。

唐太宗对于亲君子、远小人有一定的认识，早在贞观初年，他就对侍臣说过："我看前代说人坏话的谗佞之徒，都是有害于公众的人。或者花言巧语、阿谀奉承，或者相互勾结、排除异己。假如国君昏庸，没有不因此而被迷惑的，忠臣孝子就要为此而含冤受罪。因此，丛生的香兰正在茂盛生长，秋风就来摧残它；国君想要分辨清楚好人坏人，进谗言的小人却要蒙蔽他。这些事情已经记载在史书中，不能一一列举。至于北齐、隋代小人进谗言迷惑国君的事，就我听到看到的，简单地与你们说一说。斛律明月是北齐的良将，威震敌国。北周每年冬天凿破汾河封冻的冰，就是害怕他率兵西渡来进攻。等到斛律明月被祖孝征谗言构陷遭到杀害以后，北周才产生了吞并北齐的念头。隋朝大臣高颍有治理国家的大才，他辅佐隋文帝完成统一中国的大业，执掌朝政二十多年，天下依靠他得以安宁。隋文帝偏听偏信妇人之言，一味排挤打击他，等到后来他被隋炀帝杀害，隋朝的刑法政令从此就衰败了。再有隋太子杨勇统率军队代理朝政，共有二十多年，本来早就有储君的名分。杨素欺骗隋文帝，残害忠良，参与宫廷阴谋，废太子杨勇，杀隋文帝，使他们父子的伦理天性毁于一旦。叛逆祸乱的源头从此就打开了。隋文帝混淆了嫡子与庶子的名分，结果招来杀身之祸，社稷江山不久也就覆亡了。古人说：'世道混乱谗言就得逞。'此话一点儿不错。我经常注意防微杜渐，以断绝谗言构陷的发生，仍然担心自己的心力难以达到，或是自己还不能够觉察。前代史书说：'猛兽居住在山林之中，藜藿之类的野菜无人敢去采摘；忠直大臣执掌朝政，奸邪小人就会停止阴谋活动。'这确实是我对者公的期望。"魏徵说："《礼记》上说：'在别人看不见的时候也要谨慎，在别人听不到的时候也要小心。'《诗经》上说：'平易近人的君子，不要听信谗言，谗言极不公正，会搅得天下大乱。'另外，孔子也说过：'邪恶善辩的嘴可以颠覆国家。'原因就在这里。臣曾经观察自古以来统治国家的人，假如由意接受谗言诬陷，胡乱残害忠良，必然导致国家灭亡，宗庙成为废墟，闹市也会冷落无人。希望陛下对此事要特别谨慎。"

贞观五年（631），权万纪和侍御史李仁发，均靠告发别人而得到唐太宗的宠幸，因此，许多大臣多次受到叱责。魏徵对唐太宗说："权万纪等小人，不识治国之大体，以告发别人为正直，以进谗言为忠诚。陛下并非不知道他们这样做使人无法忍受，只是取其讲话无所避讳，想以此警诫众大臣，然而权万纪等人自恃皇恩，依仗权势，大逞其奸谋，凡所弹劾，均非有罪。陛下纵然不能选用善人以激励风俗，怎么能亲昵奸人以损害自己的威信呢？"唐太宗听了以后默不作声，赐给魏徵五百匹绢。过了很久，权万纪等人的奸状自行暴露，均受到应有的惩罚。

在魏徵的影响和劝谏下，唐太宗比较注意疏远奸佞谄媚的小人，相信亲近忠诚正直的大臣。贞观年间，唐太宗曾对房玄龄、杜如晦说："我听说自古以来帝王能够上合天意，达到天下太平的，都依靠大臣们的辅佐。我近来广开直言进谏的渠道，希望了解黎民百姓的冤屈，想听到臣下的规谏。所有上密奏的人，大都是告发各级官吏，微不足道，不足可取。我一一列数前代君王来思量，只要是国君怀疑大臣的，就下情不能够上达，要想使臣下竭尽忠心处心积虑为国效忠，怎么能办得到呢？而那些没有见识的人，在旁边说三道四进行诋毁，使君臣之间相互猜疑，特别对国家没有好处。从今以后，有上书攻击别人小过失的人，应当以谗言诬陷罪论处。"

魏徵当秘书监，有人控告他谋反。唐太宗说："魏徵过去是我的仇人，只因为他忠于职守，我便提拔他委以重要的职务，怎么能随便讲他的坏话诬陷加害于他呢？"于是对魏徵不予追究，并立即杀掉诬告魏徵的人。

贞观七年（633），唐太宗驾临蒲州，刺史赵元楷征集许多老年人穿上黄纱单衣，在路边迎接拜谒唐太宗，并大力修饰官署房屋，整修城楼、雉堞来谄媚讨好。又暗地里饲养百余头羊、数千尾鱼，准备把它们馈赠给皇亲国戚。唐太宗知道后，便把赵元楷召来，教训他说："我巡视河洛地区，走了好几个州，凡有什么需要的东西，都由官府供应。你为我巡幸养羊养鱼，修饰官府房屋，这些都是隋朝覆灭的恶俗，现在不应当这样做。你应当理解我的心意，改掉过去的老毛病。"因为赵元楷在隋朝做官时就善于阿谀奉承，作风佞邪，所以唐太宗说这番话警诫他。赵元楷感到既惭愧又害怕，几天没有吃饭就死了。

贞观十六年（642）十月丙申（十四日），殿中监、郧纵公宇文士及去世。此前有一次，唐太宗曾经来到一棵树下，停下来看了两眼，流露出对这棵树很喜爱的意思。宇文士及就迎合太宗的心意，对这棵树也赞美不已。唐太宗正颜厉色道："魏徵常常劝朕疏远谄谀的小人，朕还不知道是指谁而言，心里怀疑是你，今日之事，果然不错。"宇文士及连忙磕头谢罪。

贞观十七年（643）正月，鄠县尉游文艺上告代州都督刘兰成谋反，刘兰成被处以腰斩，右武侯将军丘行恭取出刘兰成的心、肝吃掉。唐太宗听说后责备他说："刘兰成谋反，国家有规定的刑罚，何至于这样？如果以此来表示忠孝，则应该是太子和众亲王先吃，岂能轮到你呢？"丘行恭讨了个没趣，心里很惭愧。

贞观三年（629），魏徵累迁秘书监，参与朝政，成为一名宰相。他深谋远虑，对太宗的为政多所弘益。唐太宗曾对他说："你的罪过重于管仲，但是我信任你超过齐桓公信任管仲。近代君臣相得，有像我和你这样关系融洽吗？"贞观六年（632），唐太宗幸九成宫，设宴款待近臣。长孙无忌说："王珪、魏徵，以前侍奉隐太子，我看见他们就像仇人一样，没想到今天能坐在一起喝酒。"唐太宗说："魏徵以前的确是我的仇人，但他尽心尽力为主人办事，有值得称赞的地方。朕能提拔他重用他，对于先贤圣君，我问心无愧。魏徵经常犯颜切谏，不允许我做错事，我所以重用他。"魏徵向太宗施礼，表示感谢，说："陛下启发引导我讲话，我才敢说。如果陛下不接受臣言，臣怎么敢冒犯陛下的尊严、触犯陛下的忌讳呢？"唐太宗非常高兴，各赐钱十五万。贞观七年（633），魏徵代替王珪为门下省长官侍中，累封郑国公。不久，因病请求辞职，请为散官。唐太宗说："朕提拔你于仇虏之中，任命你担任重要的职务，看到朕的过错，未曾不谏。你难道没有看见金子藏在矿石里，有什么值得宝贵的？优秀的冶炼工人把它锻造为器具，便被人视为宝。朕方自比为金子，以你为优秀的冶炼工人。你现在虽然有病，但还不算衰老，怎么能提出辞职呢？"魏徵于是撤回辞呈。魏徵以后又提出辞职，态度很坚决，唐太宗没有办法，只得解除他侍中的职务，授以散官特进，仍然主持门下省事。贞观八年（634），唐太宗将要派黜陟使到各道，巡察全国各地百姓的疾苦和官吏的政绩。畿内道（即关内道）没有合适的人选，太宗要亲自决定，问房玄龄等人："畿内道的事最重要，谁可以充任黜陟使？"右仆射李靖回答说："畿内事关重大，非魏徵出任黜陟使不可。"太宗很不高兴地说："我现在想到九成宫去，这也不是小事，为什么非要派魏徵出使呢？我每次出门总是不愿与魏徵分开的原因，恰恰是他能发现我的是非得失。你们能纠正我的过错吗？为什么动辄这样讲，太不合乎道理了。"于是当即决定派李靖充任畿内道黜陟使。贞观十二年（638），唐太宗以皇孙降生设宴招待百官公卿，非常高兴，对侍臣说："贞观以前，跟随我平定天下，历尽艰险，房玄龄之功没有人能与他相比。贞观以后，尽心于我，忠直敢谏，安国利人，成我今日功业，受到天下人的称赞，唯魏徵而已。古代的名臣也不能超过他啊！"于是亲自解下佩刀以赐二人。皇太子李承乾在春宫不修德业，魏王李泰受到唐太宗的宠爱，内外臣僚议论纷纷。太宗听到后十分厌恶，对侍臣说："当今朝臣，忠诚正直谁也赶不上魏徵，我派他辅佐太子，以杜绝天下之望。"贞观十六年（642），唐太宗任命魏徵为太子太师，仍然主持门下省政务。魏徵自称有病，太宗对他说："太子是宗庙社稷的根本，自古以来，太子的师傅都选任忠诚正直的大臣，作为太子的辅弼。我也知道你有病，可以躺在床上辅佐太子。"魏徵这才接受诏命。魏徵早年仕途坎坷，自从遇到唐太宗以后，备受信任重用，几乎是让他寸步不离，而魏徵也是尽心竭力为唐太宗效劳，耻君不为尧舜，君臣配合默契，相得益彰。

第十二章 宽刑慎罚，公正执法

在治理国家中，魏徵十分重视法律的作用。对法，魏徵有自己的认识："法，国之权衡也，时之准绳也。"这虽不是科学定义，但他把法比作衡量是非曲直、犯罪轻重的标准，是有道理的。魏徵曾这样说过："为理之有刑罚，犹执御之有鞭策也。"比喻刑律不过是君主手中奴役百姓的一根鞭子，形象地揭示了法的阶级本质。他认为立法不是惩办百姓的缺点和错误，而是处罚奸恶、淫邪的犯罪行为，正确指出了罪与非罪的界线，是立法中必须解决的基本问题。这在当时是十分难能可贵的。

唐武德七年（624），李渊在增删《开皇律》的基础上颁布了新律令，即《武德律》。李世民初即帝位时，力图完善《武德律》，指示群臣讨论政治与立法的原则，与大臣就"教化"问题展开了一场有趣的讨论。

太宗问："刚刚经过农民战争，恐怕百姓很难统治吧？"魏徵回奏道："事实不是这样。在太平社会生活很久的人们，渐渐狡猾奸诈起来，很难统治；而刚刚经过战争煎熬的人们比较困苦，渴望有安定的生活，就比较容易教育，就像饥渴很久的人，如果有人给他水和饭，他什么也不挑剔，拿过来就吃。"大臣封德彝不同意魏徵的意见，提出自己的看法："夏商周三代以来，百姓渐渐奸诈起来，社会风气很坏，所以秦用重刑来治理国家，汉代也时常重用刑罚来统治百姓，可能就是因为不好统治才以重刑来统治。魏徵不过是一介书生，不了解当前形势，更不知如何治理国家，如果皇上相信他这些不切实际的空话，国家一定要衰落下去。"他赌气地给魏徵下了定论。魏徵当即反驳："从前黄帝打败蚩尤，武王打败纣等，以后他们都把社会治理得很好，难道不是在大乱以后出现的结果吗？"这场争论的实质是采用"王道"还是"霸道"来统治人民的问题，涉及唐初立国政策与立法原则的分歧，以大臣封德彝为代表主张威刑严法作为立法之本，而大臣魏徵力主宽仁立法思想。

魏徵宽仁立法思想的提出，绝不是偶然的。他深受隋末起义军的洗礼，曾一度卷入瓦岗起义军中，对人民群众的力量有较深刻的认识和了解，对农民战争深深戒惧；另一方面，又认真总结隋亡的经验教训。他在其主编的《隋书》中，总结了隋炀帝"宪章遏弃，贿赂公行，穷人无告，聚为盗贼"的教训，得出酷刑亡国的立论，因而提出了"宽仁立法"的思想，主张实行王政，来代替隋代的暴政。

他的这种思想在处理玄武门政变后的遗留问题中得到了一次实战演习。

李建成和李元吉虽在政变中被杀，但他们的追随者由于李世民采取坚决镇压的态度，所以人人自危，都在伺机反叛。降臣魏徵刚被起用，就不顾嫌疑，立即谏李世民采取宽仁政策来处理政变的后遗症，建议唐太宗："要不计旧仇，对他们处以公心，否则祸根难以消除。"经过慎重考虑，唐太宗认为魏徵的话很有道理，连下诏令赦免李建成和李元吉的部下。魏徵的这种思想立即收到成效，受到满朝文武大臣的赞扬。

然而，山东、河北的遗留问题仍很棘手，唐太宗及时选派魏徵宣慰山东、河北。在处理山东、河北问题上，魏徵始终坚持"宽仁"思想，收到很好的效果。

当魏徵一行行至磁州（今河北磁县）时，恰好遇到州县官押解李建成的护卫将军李志安和李元吉的护军李思行，用囚车送到京师治罪。魏徵见此就同副使商量说："皇上连下几道赦令，赦免李建成和李元吉的部下，现在又把李志安和李思行押送长安治罪，那么谁还会相信皇帝的诏令？皇帝派我们去安抚，他们就一定不会相信我们。"接着就将李思行等人释放了。这个举措，有利于消除逃亡者的疑虑，更重要的是使唐太宗在河北地区树立起威信来，以争取山东豪杰的广泛支持。这样，安定了逃亡者，稳定了河北、山东局势，进一步促进社会的安定。唐太宗知道后，对魏徵的做法十分满意，他本人也从这件事中得到一些启示，对魏徵十分器重，这就更加坚定了魏徵宽仁立法的主张。

通过这场辩论，出现截然不同的主张，那么究竟选取威严立法还是宽仁立法呢？唐太宗衡量了当时的形势，接受了魏徵的建议，所以后来元代史学家柳贯认为："开始唐太宗因为魏徵一句话，就以宽仁作为立法的依据……"

确立了慎刑的指导思想以后，就开始着手进行律令的修订。本着魏徵的宽仁立法原则，经过十年努力，终于勒成一代之典——《唐律》，即《贞观律》，是《武德律》的进一步完善。它的颁布是我国法制史上的一件大事，影响十分深远。

法律是断刑的依据，而律令的执行还在于人。也就是说律令无论多么完善，如果执法人歪曲它或有法不依，那么国家将会败亡。刚经过隋末农民大起义的魏徵对此深有体会。

魏徵看到：刑讯制度的严刑拷打，大大加剧了冤案的出现。隋文帝当年鉴于前代的酷刑造成的冤假错案，曾制定了限制严刑讯囚的立法条文，但他并没有依法办事。隋炀帝继位后，严刑逼供更有恶性发展，导致隋王朝的迅速崩溃。鉴于此，魏徵提出公平执法的思想。

一天，太宗和大臣讨论刑狱之事，魏徵对唐太宗讲过这样一件事：隋炀帝时，发生过一起偷盗案，炀帝令於士澄处理此案，於士澄将稍有可疑的人全部抓起来，用酷刑逼供，直到使抓到的两千多人全部服罪为止。大理寺法官张元济深感奇怪，小小一桩偷盗案，为何有两千多人？如果偷盗真有这么多人，哪里是偷盗，这不是明抢吗？带着疑虑，他查阅案例得知，其中只有五人曾经偷过东西，其余都是普通守法百姓，不过是屈打成招。但知道事情真相以后，迫于隋炀帝的淫威，张元济竟不敢上奏说明真相，结果许多无辜百姓都被杀害。太宗听后，大为震动，看着满朝文武，神情严肃，沉思良久后说道："如此枉杀无辜，这难道只是炀帝一人无道吗？大臣们不劝谏，也不尽忠，君臣都这样，国家怎能不灭亡？你们应当深深地吸取这个教训。"

魏徵举这个例子，用意十分明显，一是劝谏太宗，二是劝谏大臣执法时要实事求是，不要严刑逼供。在处理案件上，要以事实为依据，提出"凡理狱之事，必本所犯之事为主"。明确提出，不要严刑拷打逼口供；也不要为邀功而硬加上许多莫须有的罪名。同时，魏徵反对审案时的主观臆断，也反对办案人不深察案件的真实情况，一味探求上司的意图，这无疑是"饰实"，而不是"求实"。这就是魏徵倡导的求实精神，这在昏暗的封建社会里不失有识之见。

他在著名的《理狱听谏疏》中，有一段关于"求实"与"饰实"的精彩言论。大意是说：法官办案要根据所犯之事实来审察，凡与案情无关的不能任意牵连。一不严刑逼供，二不旁求罪证，三不耍弄手腕。总之，"所以求实也，非所以饰实也"。

唐太宗在魏徵的劝谏下，吸取了前代刑讯拷打、屈打成招的教训，健全了刑讯制度。为此，还挑选一批公平正直的人任大理寺的法官，特别着眼于防止逼供，它是刑讯制度上的进步表现。而魏徵强调法官忠于刑讯的事实真相，就进一步发展了《唐律》关于刑讯制度的积极方面。

魏徵除了主张执法以事实为依据、依法定刑外，还主张尊重司法机关执法的相对权力。关于这一点，魏徵作为一个史学家，深有体会：在过去的封建王朝中，最高的立法权与司法权都集中于帝王。皇帝口含天宪，旨意就是法律，随意践踏国法，凭自己的喜怒来定罪行刑。上行下效，一些处世圆滑的法官也依皇帝的喜怒来断案，有法不依，徇情枉法。他认为隋炀帝就是最好的例子，也就是这个原因断送了隋朝的江山。唐太宗作为封建帝王，也往往把自己的意愿凌驾于国法之上，妨碍司法机关的执法。对此，魏徵反对皇帝以自己的"言"来妨碍"法"的实施，要求司法机关具有执法的相对权力。

每当唐太宗以自己的意愿干涉大理寺执法，魏徵都毫不顾忌皇帝的情面，犯颜直谏，言谈异常激烈。为了维护司法机关的正当权力，常常让唐太宗十分尴尬，这在满朝文武来说是绝无仅有的。例如，贞观七年（633），蜀王妃的父亲杨益，依仗自己是国戚，在京城里，大施淫威，争夺奴婢，情节恶劣，触犯国法。当时的刑部都官郎中薛仁方接到案后，异常愤怒，他知道杨益是国戚，但按照司法权限，他有权审理争夺奴婢之类的案件，遂依法将杨益拘留审查。而杨益的儿子因自己是唐太宗的侍卫官，横加干涉此案，并在唐太宗面前反咬薛仁方一口，说：“我听说五品以上的官员不是犯有反叛罪，不应当拘留，就因为我父亲是皇亲国戚，所以故意刁难，不肯决断，拖延数月。”唐太宗一听，勃然大怒，立即下令免去薛仁方的官职，并判打一百大板。

魏徵获悉后，挺身而出，对唐太宗说：“杨益犯罪，薛仁方扣留杨益是在他的职权范围以内，他不畏权贵，为国秉公执法，怎么反而对他随意施行刑罚，以此来助长外戚的私欲呢？此例一开，大臣谁还会为陛下效忠，谁还敢依法断案？久而久之，执法官吏都会看陛下的眼色行事，陛下成了隋炀帝的追随者吗？”唐太宗仍然大怒不已，眼睛直盯着魏徵，满朝文武都为他捏了一把汗。

魏徵根本不顾“犯颜”的后果，继续谴责那些皇亲国戚：“他们简直就是一伙危害社稷的‘城狐社鼠’，正因为有皇帝的庇护，历来就是难以治理，汉、晋两代就因不能驾驭他们而衰亡，武德年间已有不少骄横放纵的现象发生，陛下即位以后，才有所收敛。薛仁方扣留杨益正是替您行法，替您约束这些‘城狐社鼠’。”听到此，唐太宗的脸色有所缓和，眼睛看着前方，似在沉思。魏徵继续说道：“难道陛下在水未泛滥成灾的时候，就想把堤防擅自拆掉吗？对于薛仁方一案，我仔细地考虑了一下，没有看出陛下这种做法是合适的。希望陛下三思而后行。"魏徵晓以利弊的劝谏，使唐太宗深有所悟，不等魏徵说完，他脸上就露出了笑容。满朝大臣这才松了一口气。唐太宗当即自责，接着下令赦免了薛仁方。这起以权阻法的案件，在魏徵的力谏下得以正常进行，杨益得到了应有的惩罚。

还有一次，陈仓折冲都尉鲁宁犯罪而被关进监狱，县尉刘仁轨依法提审他时，鲁宁自恃地位高其一等，当着满堂官吏的面大声谩骂刘仁轨，刘仁轨依法命人用乱杖将他打死。州官将此事上报朝廷。太宗大怒，欲判他死罪，命人将刘仁轨押送京城，当面诘问他："你一个县尉，如何敢杀我的折冲都尉？"刘仁轨神色自若，毫不畏惧，说道："鲁宁触犯国法，我依法审讯他，他当着陈仓百姓的面如此侮辱我，罪当该杀，我是依法办案，不知为何判我死罪？"站在唐太宗身旁的魏徵听到此，向太宗问道："陛下知道隋朝灭亡的原因吗？"太宗问："什么原因？"魏徵答道："就是隋末百姓恃强而凌辱官吏，就像鲁宁一样。"太宗沉思了一会儿，觉得魏徵所说极是，刘仁轨作为县尉，依法审讯鲁宁是其履行职责，鲁宁自恃位高，就妨碍县尉执法，罪有应得，遂提拔刘仁轨为栎阳县丞。

在魏徵看来，法官依法断案是其应尽的职责，任何人都不应该妨碍司法机关执法，应该尊重司法机关的相对权力。无论皇帝还是大臣以权碍法时，魏徵毫不留情，也不考虑后果，坚决反对。

贞观七年（633），魏徵任侍中，负责审核典章诏令。当时刑部积压了一批案件，唐太宗就让魏徵暂代处理。魏徵虽不太懂法律，但他本着"宽仁"的原则，以《唐律》为据，迅速处理了这些积压的案件，受到一致好评。贞观十年（636），魏徵屡次以眼病为由请求改任散官，太宗仍让他主管门下省事务，凡是朝廷规章制度，均由他参与议论得失。鉴于他公正无私，徒、流刑以上大罪，由他审查上报；魏徵以化的耿直公正深得太宗信任。

魏徵曾对唐太宗说："陛下设法与天下共之。"意思是，设置了法律，就应该共同遵守，连皇帝也不能例外。魏徵这里所说的是高高在上的皇帝能否守法的问题。博览史书的魏徵，在总结经验教训的基础上，看到皇权与法权之间确实存在着某种矛盾。在"朕即国家"的专制独裁统治下，皇帝诏令具有与国法相同，甚至超越法律的效力。在这种情况下，皇帝以私敕践踏国法是不足为奇的。如何处理这两者的矛盾呢？魏徵头脑十分清醒，那就是规劝皇帝遵守国法。魏徵经常提醒唐太宗以身作则，自觉守法。他常引隋末君臣乱法亡国的教训来劝诫太宗，对太宗不会不引起震动。在魏徵的劝谏下，唐太宗具有了"法者，非朕一人之法，乃天下之法也"的开明守法思想。

但唐太宗在其政治活动中，绝不能说没有践踏法律的行为，事实上还是不少的。唐太宗凭个人的盛怒杀戮卢祖尚就是一例。

卢祖尚是瀛州刺史，文武全才，太宗因交州缺人便命他前往镇抚。卢祖尚开始很愉快地赴任去了，但不久又反悔了，以旧病复发为由请求辞去这一职务。唐太宗让杜如晦传达圣旨道："一般的人尚能够讲信义，你为什么答应我又反悔呢？"但卢祖尚执意推辞。唐太宗拿他没有办法。因为卢在职期间没有什么劣迹，以病为由，按唐律令应该允许他的请求。贞观二年（628）十月，唐太宗再次召见他，十分恳切地请他赴任，但卢仍固执己见，拒不受命。唐太宗勃然大怒，从龙椅上站了起来，用手指着卢祖尚的鼻子斥道："你算什么东西，我身为一国之君，不能使唤人，又如何治理国家呢？"于是，命令卫士将卢祖尚斩于朝堂之上，满朝文武惊愕至极。魏徵当时知道太宗做的不合律令的规定，但苦于找不到合适的理由来劝说他。

几天后，太宗与大臣议论齐文宣帝是怎样的一个人，魏徵一听，知道机会来了，眉头一皱，计上心来，说道："齐文宣帝非常狂暴，可是别人与他争论，遇到理屈词穷时，他也能听从对方的意见。而陛下在这方面却略逊一筹。"唐太宗一听心中不悦，问道："我如何不如齐文宣帝？"魏徵讲道："齐朝原青州刺史魏恺出使梁朝回来，拜为光州刺史，魏恺因此任不如前任，再加上自己出使有功，不肯赴任，齐文宣帝大怒，魏恺却说：'我以前为大州刺史，出使有功，反而让我任小州刺史，所以我不愿赴任。'齐文宣帝理屈，就宽赦了他。这件事就体现出齐文宣帝的长处。"唐太宗一听就知道魏徵批评他怒杀卢祖尚一事，太宗一想也是，虽然卢祖尚为官有失道义，但他未犯国法，更不该杀。当即自责，下令恢复卢祖尚子孙的门荫。

贞观初年，经济萧条，人口稀少，兵丁不足，大臣封德彝奏请征发中男（十六至十八岁）中身高力壮者，唐太宗同意，连发三四次敕令。魏徵执奏以为不可，坚决反对，更不让签署诏令。因为唐代关于服兵役的年龄规定是成丁（二十一岁）。这样做就完全违背了律令，更失道于天下。太宗见魏徵如此固执十分生气，魏徵却据理力争："陛下自从即位已有三次失信于民，像陛下这样随意更改法令，那么今后陛下用什么来取信于民呢？"在魏徵举出的事实面前，太宗终于承认错误，遂停止简点中男入军的诏令。

凡是遇到此类事件，魏徵都极力进谏，尽量减少皇权对法权的干预，使皇权在一定程度上受制于法权。正如魏徵所批评的那样："今作法贵其宽平，罪人欲其严酷，喜怒肆志，高下在心，且则舍准绳以正曲直，弃权衡而定轻重也，不亦惑哉！"魏徵的劝谏，引起太宗的高度重视，认识到不依法办事，破坏成文法，将引起社会动乱。所以太宗公开号召臣下对不合法的私敕加以抵制，不要盲从。这不能不说是魏徵的功劳。

除了劝谏太宗正确处理皇权与法权的矛盾以外，魏徵还极力反对人情对法律的干预。魏徵十分注意协调君臣之间的关系，但绝对不是无原则的。主张依法办事，反对徇情枉法，他劝谏太宗正确处理庞相寿一案就是典型的例子。

庞相寿是河南濮州刺史，是个臭名昭著的贪官，受到大理寺退赔撤职的处分。但他心怀侥幸，写信向太宗求情，陈述自己是秦府故旧，希望得到宽恕。太宗深表同情，派人转告他说："你拿别人的钱物，是因为你很贫困，我赏赐给你一些布绢，依继续做刺史，别太过分自责。"魏徵一听就知道太宗以"贫"代"贪"，不过是为开脱庞相寿的罪责的借口罢了。很明显唐太宗是徇情枉法。魏徵立即进谏，指出太宗这种做法不对，以故旧私情来徇情，对贪污分子赐物，还允许他继续做官，怎么能够帮助贪污分子弃旧从新？还指出，昔日秦王府故旧众多，此例一开，倘若人人都仰仗皇帝的"一府恩泽"，以身改法，以身犯法，那么大臣谁还为国守法？在魏徵晓之以理、动之以情的劝说下，太宗省悟了，总算压抑了自己的"私意"，那个庞大人只得默默流泪走了。

通过这个例子，可以看到：执法而徇私情，法律就会失去自身的严肃性与权威性。魏徵说得好，如果徇私情，背公道，"将求至理，不可得也"。显然，唐初吏治廉平，是跟魏徵倡导的执法不徇私情分不开的。

魏徵非常重视法的作用，一生都主张用王道来治国。尤其在贞观初年，唐太宗实行魏徵提出的宽刑简法的措施，在一定程度上对减轻农民的压迫剥削、安定社会秩序起了积极作用。后来唐太宗面对贞观盛世的升平景象时，又想起当年封德彝与魏徵的争论来。他对长孙无忌说："贞观之初只有魏徵劝我'偃武修文，布德施惠'，我从其言，不过数年，果然天下安宁，四海臣服。可惜封德彝已不在人世，倘若他得见今日盛况，真不知当作何感想？"短短几句话，就勾勒出太宗对魏徵的赞许。

魏徵通过分析历史，总结经验，得出国家要繁荣昌盛，除了政治、经济因素外，法律的作用也是不容忽视的。正是在这种思想的指导下，他不但要求大臣秉公执法，更可贵的是他多次犯颜进谏太宗带头守法。正是在君臣的努力下，取得了贞观盛世的繁荣景象。这对一个臣子来说是难能可贵的。

那么如何看待魏徵的法制观呢？作为封建大夫的魏徵，他的一切决策、劝谏都是从维护封建统治和皇帝的利益出发。他曾比喻法律不过是君主手中奴役百姓的一根鞭子，形象地揭示了贞观律令的本质。事实也是如此，《唐律》中同样制定了维护封建特权、封建等级制度的条文，在诉讼、量刑上根据不同等级做出不同的判决，以及优待尊者、贵者的种种司法特权。对此，魏徵不能也不可能超越他所处的阶级和时代的局限。

贞观十四年（640），有人告发大将军薛万均同高昌的妇女私通，朝廷让薛万均与此妇在朝堂上对质。魏徵当即上书说："臣闻'君使臣以礼，臣之君以忠'。今遣大将军与亡国妇女对辩帷箔之私，实则所得者轻，虚则所失者重……"从这段话不难看出，魏徵认为大将军和民妇通奸，有失道义，就不应适用法律。在道义的面前，法律不过是陪衬物，这之中不难看出魏徵的法制观。

第十三章 分封之争，谏君集权

分封制度源远流长，自夏、商、周三代，即开始实行。周代封同姓，建诸侯，异姓有功之臣也可以得到爵位和封地。各诸侯国在政治上服从周天子的领导，定期朝觐述职；在经济上要向周天子定期纳贡；在军事上，要服从周天子的调动，有义务出兵跟随周天子征伐。各诸侯国相对来说也有很大的独立性。

春秋战国时期，周天子的地位逐渐衰微，礼乐征伐由自天子出到由诸侯出，甚至出现陪臣执国命的现象。天下大乱，五霸迭起，七雄纷争。

秦始皇统一六国，废除分封制度，建立封建专制主义的中央集权制度，在地方上实行郡县制。从此，确立了至高无上的皇权。

周朝享国八百年，秦朝二世而亡。汉高祖错误地总结历史经验，在汉承秦制的基础上，又恢复了分封制度，在地方上实行郡县与封国并行的双轨制。刘邦的打算是利用同姓诸侯王来藩卫皇室，同时牵制地方上的郡县。然而事与愿违，各诸侯国与中央政府的矛盾逐渐激化，最后终于导致景帝时期的吴楚“七国之乱”。经过西汉文、景、武三帝的改革，各诸侯国的封地大大缩小，诸王在封国内失去了行政、司法、军事等权力，而只能“衣食租税”，即享受征收封国内百姓租税的权力。

魏晋南北朝时期，分封制度逐渐有名无实。诸王一般并不离开京城，也无封土。至隋唐，王侯封爵一般都已成为虚封，即使诸王的"食实封"，也不归诸王征收，而由朝廷的内府拨给。也就是说，王侯封爵不但在政治上，而且在经济上也完全由中央政府所支配。至此，分封制度在地方行政制度中已经完全被排除，失去了原来的意义。

分封制度演变的历史表明，王侯封爵的权力越来越小，乃至变成有名无实的虚封，这是封建专制主义中央集权制度日益发展的必然结果。

唐朝虽然保留了分封制度的爵位，但这些封爵已变成身份地位的象征，并没有实际的政治权力。当然，有爵位的人仍然享受一些经济上的特殊待遇。按规定，唐朝的爵位分为九等：一曰王，食邑一万户，皇帝的兄弟、诸子可以封王。二曰嗣王、郡王，食色五千户，皇太子之子为郡王，诸王之子，嫡长子为嗣王，诸子为郡公，具有特殊功劳的人也可以封为郡王。三曰国公，食邑三千户，嗣王、郡王的嫡长子封国公。四曰开国郡公，食邑二千户。五曰开国县公，食邑一千五百户。六曰开国县侯，食邑一千户。七曰开国县伯，食邑七百户。八曰开国县子，食邑五百户。九曰开国县男，食邑三百户。

唐高祖太原起兵，因天下未定，广封宗室，想加强宗室的力量以镇威天下，竟封皇帝的堂兄弟，再从、三从兄弟和兄弟之子数十人，虽童孺皆为王。唐太宗从容问群臣："遍封宗子，对天下的百姓有利吗？"封德彝回答说："前世只有皇子及兄弟可以封王，其余的人没有大功的，不得封王。太上皇敦睦九族，大封宗室，自两汉以来未有如今之多者。先朝一切封王，不免增加百姓力役。这是以天下为私，殊非至公之道。"唐太宗说："对。朕为天子，本来是为了养活百姓，岂能劳累百姓来养活自己的宗族呢？"武德九年（626）十一月，唐太宗下诏降宗室郡王皆为县公，唯有功者如淮安王李神通、河间王李孝恭、江夏王李道宗等数人不降。

贞观元年（627）六月，唐太宗向公卿大臣询问使国运长久的办法，萧瑀说："夏、商、周分封诸侯而统治时间长久，秦朝不分封诸侯而迅速灭亡。"唐太宗认为有道理，于是开始有分封诸侯王的动议。

但是，当唐太宗让大臣们议论分封诸侯的事情时，却引起了一场激烈的争论。魏徵首先反对，他认为："如果分封诸侯，则各诸侯国都要设置许多官吏，而要解决这些王国官吏的俸禄，就必然要厚敛百姓。另外，京畿地区征收的赋税不多，国家财赋收入主要依靠京都以外的地方州县，如果在地方实行分封制度，把一些州县分封给诸侯王，则朝廷所需的经费会顿时短缺。再加上燕、秦、赵、代等北方各地均有大量的少数民族，如出现紧急情况，发生战事，由内地调兵也很不方便，难以及时奔赴所在地。"

礼部侍郎李百药上《封建论》说："我听说治理国家，保护百姓，这是国君经常的任务；尊崇国君使他安心治国，这是臣民百姓的人情事理。阐发治国的策略，以弘扬永久的帝业，这是万古不变、君臣上下共同考虑的问题。然而，各个朝代既有长短的不同，也有太平与动乱的差异，远观古代典籍的记载，对此论述得很详尽了。都说周朝超过了它应享国的期数，秦朝没有达到预想的期数，原因在于周朝实行分封制度，秦朝实行郡县制度。周朝借鉴夏朝、殷朝国运长久的经验，遵循黄帝、唐尧时期诸侯并存的原则，诸侯国与周天子联系密切，周天子依靠这些诸侯国作为屏障，坚如磐石，国家的统治根深蒂固。虽然周朝的重要法纪松弛败坏，但是由于诸侯国如同大树的枝干一样对周王朝的支持，所以使背叛的问题不能发生，宗庙祭祀的香火不断。秦朝违背古人的教诲，背弃古代圣君的治国之道，断华山为城，依恃它的险要，废除分封诸侯，设置郡守，宗室子弟没有一尺封土作为食邑，普通百姓很少有共同参与治国的忧患，所以一个普通农民振臂一呼，秦朝的宗庙社稷顷刻间便随之倒塌。

"臣认为自古以来的帝王，居高位而统治天下，没有不受命于天，名载帝箓的。缔造国家的时候遇上帝业兴盛的时运，深切的忧虑只是在开创神圣事业的时期。虽然魏武帝是靠别人抚养成人的，汉高祖是低贱的徒役出身，他们并非抱有谋取帝位的非分之念，而是推辞不掉啊！假如诉讼的百姓不归服，精华已经枯竭，虽然帝尧的政绩光照四海，虞舜的大德如日月星辰那样灿烂夺目，不只内心具有禅位的想法，就是叫他们的子孙守住先辈的基业也是不可能的。以尧和舜的大德，还不能够使他们的后代昌盛。由此可见帝业的长短，一定取决于天意，而政治的兴衰，则与人的治理密切相关。帝业兴隆的周朝占卜得知传世三十代，享国七百年，虽然沉沦衰弱到了极点，然而周文王、周武王的名物制度依然存在，那龟鼎所象征的国运长久的帝业，早已悬定于上天。至于周昭王的南巡不返，周平王为躲避犬戎的威逼东迁洛邑，祭祀天神的礼仪已经欠缺，京郊之地不能保守，这就是衰落的开始，它是受到封建制的连累。暴虐的秦朝国运短暂，受命之君的德行不同于夏禹和商汤，继位之君的才能又赶不上夏启和周成王。假如李斯、王绾这些人都分封土地建立诸侯国，将阎、子婴这些人都发千乘兵车，难道能阻止汉高祖刘邦的勃起，能抗拒刘邦开创帝业的使命吗？

"然而，政治上的得失成败，各有其原因。而著书立说的人，多墨守成规，没有一个不是忘记今天与古代的区别，分不清轻薄与淳朴的时期，想在百代之末的今天，实行夏、商、周三代实行的法令制度，把天下五服之内的土地，全部分封给诸侯，帝王的千里王畿，全作为卿大夫的采邑。这就是把结绳记事时代的教化在虞舜、夏禹时代推行，把尧舜时代的法律硬搬到汉魏的末期实施。照此办理，法令制度的紊乱断然可知。这就像刻舟求剑，未见其可行；粘住调弦以演奏出悦耳动听的乐章，这更加使人迷惑不解。只知道楚庄王问鼎，晋文公请隧，周天子有畏惧霸主兴兵的心理；子婴白马素车来降汉王，不再有诸侯的援助。不理解秦二世为什么被赵高杀于望夷宫，后羿为什么被寒浞杀于桃梧之野；魏高贵乡公曹髦被司马昭所杀的灾祸，难道与申侯联合缯侯及犬戎杀死周幽王的残酷事件有什么不同！这就是清明与昏暗的人，各自改变自己的安危，绝不是郡守与公侯造成国家的兴衰成败。况且经过几代之后，王室逐渐衰颓，各诸侯国变成了朝廷的仇敌。家与家之间习俗不同，国与国之间政治上不一致，力量强的欺压力量弱的，人多势众的攻打人少力薄的，彼此在战场上兵戎相见，武力相侵。狐骀之战，使鲁国的妇女全用麻束发为战死的亲人举哀；崤陵之战，秦国大败于晋国，全军覆没，连一只车轮也没有带回来。以上只是大略的举例，类似的情况多得数不胜数。陆士衡曾惊奇而若有所失地说：'继承王位的国君如周惠王、襄王、悼王丢弃传世的国宝九鼎而出国逃走，凶残的大族如王子颓、王子带、王子朝窃国僭位占据了京城，天下却太平无事，以安待危。'这话是何等的荒谬啊！而设置官吏，各司其职，任用贤能，对政绩卓著的人委以共治国家的重任。忠臣良将，哪个朝代没有？至于使大地呈现吉祥的征兆，上天毫不吝啬地赐以珍宝，老百姓称颂贤君恩如父母，国家大治就如同有神明相助。曹元首欣然自得地说：'与人民共享欢乐的人，人民一定分担他的忧愁；与人民共享太平的人，人民一定拯救他于危难。'难道能容忍委任你当侯伯就与人民共安危，任用你做郡县长官就与百姓不同忧乐了吗？这话是多么荒谬啊！

"分封诸侯，建立诸侯国，完全凭借门第，这样便会忘记他们先辈创业的艰难，不珍视世袭得来的显贵，一代比一代更加荒淫暴虐，更加骄横奢侈。他们修建临时居住的离宫别馆，富丽堂皇，高耸入云，把民力消耗殆尽。陈灵公君臣淫乱，同孔宁、仪行父一起羞辱征舒，被征舒怒而杀之。卫宣公纳子伋之妻为妻，终于杀死了寿和伋。他们还说这是因为自己想治理好国家，难道能像这样治理吗？内外官员，由朝廷选拔，提拔士人百姓而委以官职，用澄清如水的镜子来鉴定他们的政绩，年终对政绩优秀的给予晋升官职阶品，通过考察他们的政绩而明确他们的升降。这些人积极进取，事业心强，相互切磋，感情深厚，他们有的廉洁奉公，俸禄不拿回家，老婆孩子也不到官舍居住。官位已很显贵，吃饭却不举烟火；身负重任，出去做官还带着米，只饮当地的水。身为南阳太守，却以破布裹身；莱芜县长，家里的甑子却蒙上一层厚厚的灰尘。他们专想为国谋利增加财富，那是多么叫人心里爽快啊！总而言之，官爵不采取世袭的制度，任用贤能的道路就会宽广；老百姓没有固定的官吏，依附官吏的感情也就不牢固。这种情况不论是愚蠢的人还是聪明的人都能加以分辨，那还有什么值得怀疑的呢？至于天国弑君，淫乱伦常，干扰纲纪，春秋二百年间，没有一年能稍微安宁的。到睢水祭祀用小国之君当祭品，鲁国的道路平坦，常常等待着乱伦的幽会。即使西汉哀帝、平帝之际，东汉桓帝、灵帝之时，下边官吏的荒淫残暴，必定不会达到这等地步。治理国家的道理，可以用一句话来概括：分封制度必须废除。

"陛下把握纲纪驾驭天下，接受天命开创帝业，拯救百姓于水深火热之中，扫除妖气邪风于宇宙之间，创立帝业世代相传，立德政天长地久；发号施令，掌握万物的精义而后才发言。陛下独自洞悉上天的神旨，永远缅怀前贤古圣，将要恢复五等爵位而实行古代的旧制，建立众多的邦国以亲近诸侯。我私下认为，汉、魏以来，分封诸侯的弊病至今余风未除；尧、舜的德政已经成为过去，大公无私的道德风气已经改变。何况晋朝分封诸侯而失去控制，导致诸侯王互相残杀，晋朝分崩离析；拓跋氏乘机建立后魏，汉族与少数民族杂居相处，国家又出现关山相隔江河受阻，吴、楚割绝的分裂局面。学文的就学纵横家的游说之术，学武的竭尽武力，用于争战，最终都是为了准备实现阴险野心的阶梯，更加助长了轻薄浮华的风气。隋文帝建立帝业的运气，是凭借他的外戚身份。他驱使和任用天下的英才，却对文武大臣采用猜忌的不信任的态度。他轻易地转移北周的国运，并不是在战胜强敌而后建立功业的。他在位时间超过二纪，老百姓没有见到他的德政。到了炀帝即位，世道更加沦丧，一代人物，都将扫地以尽。即使上天赋予神功武力，削平贼寇，战争不息，劳尽民力，国家也不能得到康复。

"自从陛下对上顺从太上皇的旨意，继承帝业登上皇帝的宝座，专心致志地治理国家，综合考察前代国君政治上的得失。虽然至善之道无法用语言表达，但从所记录下来的言论与图像来看，能大略陈述一个梗概，实际上也许差不多。尊敬师长，感情厚重，勤劳不倦，这是大舜孝的表现。向宫中的宦官询问国君的安康，亲自为国君尝饭，这是周文王的美德。每当司法官汇报审判定罪的情况，案件不论大小，一定认真加以考察，使冤枉的得到申理，违法的得到惩处，用断脚趾的办法，代替杀头的刑罚，仁慈的心肠和怜悯的感情，贯穿到底，表里一致，这就是大禹看见罪人就痛哭的原因。表情严肃，直言不讳，虚心接受别人的意见，对卑贱的人和不善言辞的人不傲慢，对山野之人的意见不嫌弃，这就是帝尧求谏的情况。弘扬和提倡礼教、劝勉和鼓励学子，既通过明经科选拔贤能的人出任高官，又把学识渊博的人升任为卿相，这是圣人的循循善诱。许多臣子认为宫中炎热潮湿，在那里睡觉和用饭有时不合适，建议陛下迁移到地势高、光线明亮的地方，在那里建造一个小阁楼。只因为爱惜十户人家的产业，陛下竟然没有采纳臣子的意见，无悔身受寒暑潮湿之苦，安心地居住在低矮简陋的地方。近几年来，因霜灾歉收，普天之下饥荒严重，死亡和离乱的情况也开始出现，粮仓十分空虚。陛下怜悯百姓，不断地给予赈济和抚恤，竟然没有一个人流离失所，而陛下还只吃粗劣饭菜，撤除悬挂乐器的架子，停止宫廷的歌舞活动，说话的声音凄切，面容也变得消瘦憔悴。周公旦对外国经辗转翻译进献来的宝物感到欣喜，夏禹夸耀自己治洪水，平九土，而使西戎就序。陛下每见边远外族诚心归服，普天之下民心仁厚，在此情况下还反复思考与反省，聚精会神，深思熟虑，唯恐随意加重百姓的负担，以此来取得远方外族的拥戴，不凭借万古的美名，以换取一时的众多宝物。心里忧虑百姓的劳顿，下决心断绝游玩巡幸，每天早晨便到朝廷处理国事，不知疲倦地听取臣下的意见。智慧覆盖一切事物，道义普救天下众生。退朝以后，把有名的大臣引进内室，共同研究政事的是非得失，消耗全部的精力，只用于政事，也没有别的话可说。夕阳西下的时候，命才学渊博的人进宫，以清闲的环境，谈论古代典籍，中间穿插着作文咏诗，有时也清谈玄言，直到深夜也不知疲倦。在这几个方面，唯独陛下超过了以往的所有贤君，这的确是有人类以来，只陛下一人而已。弘扬这种风气，昭示四方，相信可以在一个月之内遍布天地之间。但是，淳朴敦厚的美德尚受到阻碍，浮薄诡诈的风气尚未改变，这是因为长期的习惯所形成的，难以很快得到改变。请等到将木石雕刻成为有用的器物，以质朴淳厚取代奢华轻浮，登泰山祭天地的典礼举行完毕，然后决定封疆治理的制度，议论分土封侯的问题也不算晚。《易经》上说：'天地万物都会时虚时实交替变化，随着时间的推移，时而生长时而停息，更何况人世的兴衰呢？'这话说得多好啊！"

唐太宗对于魏徵、李百药等人的意见有些听不进去，原因是分封制度在中国历史上实行了一千多年，分封制度对于藩卫王室究竟有无好处，历代帝王和大臣的认识往往有反复。秦朝和隋朝的国祚都很短暂，都是二世而亡。这两个朝代又都没有实行分封制，这就容易给人们带来一种错觉，认为不实行分封制度，国祚就不长。但是，实行分封制度，对于中央集权制度又是一种离心力，是一种破坏力量，西汉前期的历史证明了这一点。所以，唐太宗在分封制度的问题上，始终持谨慎的态度。后来，中书侍郎颜师古提出了一个折中方案，他说："不如分封陛下诸子为诸侯王，不要使他们的封国过大，封国与封国之间有郡县隔开，杂错而居，互相维护，又互相牵制，让他们各自守卫自己的境土，同心协力，足以藩卫京城皇室；朝廷为这些诸侯国设置官吏，均由尚书省选拔录用，除皇朝法令之外，不允许诸侯王擅自制定法律，不允许他们掌握军队，朝贡礼仪都制定具体格式。这种分封制度一旦确立，国家可以千秋万代永保平安。"唐太宗认为这个方案切实可行。

贞观五年（631）十一月，唐太宗下诏："皇室宗亲以及勋贵大臣，应该让他们担任地方区域长官，并且职位由其子孙继承，没有大的过错，不得随意黜免，有关部门明确制定具体条例，定出不同等级上报朝廷。"

唐太宗的这一诏令颁布后，又引起了一些大臣的反对。中书舍人马周上书说："我看到陛下的诏书，命皇亲国戚及有功勋的大臣镇守分封的邦国，并传给他们的子孙，世世代代继承和掌握那里的政权，没有犯重大的错误不能随便罢免。我私下认为陛下扶持的这些人，的确受到特殊爱护和重用，想让他们的后代子孙继承官职，与封土一样永世长存。为什么要这样做呢？以尧、舜这样的父亲，还会有丹朱、商均这样的不肖之子。何况比尧、舜差的人，而想以父亲的德才来看待他的儿子，这恐怕错误得很了。倘若有在孩童时便继承父职的，万一长大以后骄奢淫逸，则百姓遭受他的祸害，国家也会受到他的破坏。想从政治上杜绝这种情况吧，那楚国令尹子文死后让他的孙子复官的事例还有；想从政治上保留这种情况吧，而又有湮没父亲功德的栾黶的恶行已那么明显。与其让这样的人残害现存的百姓，不如对已死的臣子割恩，这是非常明显的道理。既然如此，过去陛下特殊爱护和重用的人，结果恰好伤害了他们。我认为，应当象征性地分配他们一些土地，使他们的食邑相等，必须要有才能和德行，并根据才能和品德授予官爵，这便使能力不强的人，得以免除犯过失的连累。过去汉光武帝刘秀不任用有功之臣做地方官，因此保全了他们一辈子，这是由于他懂得治国之术啊！希望陛下深思此事如何处理为好，使他们既能得到陛下的大恩，又能使他们的子孙世世代代永远享受福禄。"

贞观十一年（637），唐太宗认为周朝分封宗室子弟，王位延续八百年，秦朝废除分封诸侯的制度，传到二世就灭亡了。西汉的吕后想要危害刘氏的江山，最后靠宗室子弟平定诸吕的叛乱，保住了汉家的天下。这样看来，分封制度才是江山社稷子孙绵延的长久之道。于是颁布诏书说：

"周武王创立帝业，分封土地给宗室子弟；汉高祖登上帝位，与功臣剖符立契：难道这只是重视宗室、亲近功臣吗？也是为了巩固国家政权，使之稳如磐石，以他们作为皇室的屏障。魏、晋以后，做事不效法古代，分封诸侯的制度名实不符，起不到藩卫皇室、使国家永远稳固的作用。隋朝之际，天下大乱，朕顺应形势，扫平群雄。上靠神灵之助，下赖英贤之辅，统一天下，继承帝位，难道是我一个人的力量所能达到的吗？时势艰难的时候，依靠大家的力量，天下太平的时候，自己独享其利。有鉴于此，我不赞成这样做。现在的刺史，即是古代的诸侯，虽然名称不一样，职权是一样的。因此，我命令有关部门，根据前代的经验，颁布条例，委任宗室、功臣共同治理天下，并且世代子孙继承封爵。司空、齐国公长孙无忌等都是开国元勋，与大唐休戚与共，立下了汗马之功，应当委任他们坐镇藩部，赏赐封土。长孙无忌任赵州刺史，改封赵国公；尚书左仆射、魏国公房玄龄任宋州刺史，改封梁国公；故司空、蔡国公杜如晦可赠密州刺史，改封莱国公；特进、代国公李靖任濮州刺史，改封卫国公；特进、吏部尚书、许国公高士廉任申州刺史，改封申国公；兵部尚书、潞国公侯君集任陈州刺史，改封陈国公；刑部尚书、任城郡王李道宗任鄂州刺史，改封江夏郡王；晋州刺史、赵郡王李孝恭任观州刺史，改封河间郡王；同州刺史、吴国公尉迟敬德任宣州刺史，改封鄂国公；并州都督府长史、曹国公李勣任蕲州刺史，改封英国公；左骁卫大将军、楚国公段志玄任金州刺史，改封褒国公；左领军大将军、宿国公程知节任普州刺史，改封卢国公；太仆卿、任国公刘弘基任朗州刺史，改封夔国公；相州都督府长史、郧国公张亮任澧州刺史，改封郧国公。余官食邑仍和过去一样，即令子孙世代继承。”

此诏颁布以后，引起更多人的反对，就连受封者长孙无忌和房玄龄也向唐太宗上表说：“臣等听说质文交替变化，帝王的行迹各有不同；今古相沿，达到国家治理的方法也随之变革。回忆夏、商、周三代，习俗无常，制定五等爵制，是根据当时的历史条件确定的。大概是由于无力统治整个国家，于是采用分封制度，礼乐节文，大多不是由诸侯国制定。到了两汉，矫正以前的错误，设置郡守县令，在地方上实行郡县制度，革除昔日的弊病，作出明确的规定，在全国实行，成为一种永久不变的制度，至今已实行了一千多年。现在，陛下想尽各种方法，重新恢复古代的分封制度，想特殊优待我们，分封给我们土地，并让我们的子孙世代继承。这是陛下施与我们的大恩大德，但是，超越了我们的身份地位，后世必然遭受祸害。为什么呢？违背历史发展的趋势，改变制度，曲树私恩，与大臣们商议，很多人不同意，将要受到历史的嘲讽，紊乱朝廷的纲纪，这是不能实行分封制的原因之一。臣等才薄智浅，器识庸陋，或因是外戚，当了大官；或因披荆斩棘，为国立功，得到封爵。直到今日，犹以自己无才而感到惭愧，再分封给我们土地，更是明显的滥赏，这是不能实行分封制度的原因之二。并且孩童继承爵位官职，缺少老师的教育，委以重任，恐怕不能称职。后世子孙如果年幼无知，对上干扰皇帝的命令，国家自有法律，对下妨碍百姓，必然招致灾祸，一旦触犯刑律，自取诛杀。陛下本来是大仁大德，千方百计地使我们的子孙后代永远富贵，结果反而招来杀身之祸，诚可悲啊！这是不能实行分封制度的原因之三。当今陛下英明，广泛征求贤能的人分理天下，古时候称为良守，国君与他们共同治理。这种方法已经实行很久，因为我们这些人，或有改变。封植孩童，失之于关心民众疾苦，这对于百姓是不幸的。此为不能实行分封制度的原因之四。实行分封制度，为害的确很大，我们反复考虑，忧心忡忡，所以向陛下陈述。我们所说的都是心里话，希望陛下原谅我们的愚昧诚恳，赐给我们再生之恩。"长孙无忌还通过其儿媳长乐公主对唐太宗说："臣披荆棘效忠陛下，现在天下太平了，不愿远离陛下，怎么反把我们遗弃外州，这与迁徙有什么不同？"唐太宗没有想到世封州刺史竟然遭到长孙无忌等人如此强烈的反对，无可奈何地说："割地以封功臣，古今通义，我是想让你们的后代辅佐我的子孙，永远作为皇室的屏障，传之永久。而你们竟然发这么大的牢骚，朕怎么可以强迫你们接受封土呢？"

这件事拖到贞观十三年（639）二月，唐太宗见行不通，只好收回成命，下诏停罢世封州刺史。一场分封的风波前后延续了八年之久，最后终于在魏徵、李百药、马周、于志宁、长孙无忌、房玄龄等大臣的反对下平息下来，制止了唐太宗的错误主张，使分封制度没有在唐代真正实行。

第十四章 🙢 唐平高昌，设置西州

唐太宗打败东突厥、统一大漠南北以后，接着就着手准备完成统一西域的事业。

唐朝的西域，主要指巴尔喀什湖以南以东的新疆、青海等广大地区。早在西汉时期，中央政府就在这里设置西域都护府，代表中央政府行使主权，它的管辖范围包括巴尔喀什湖在内的帕米尔地区。东汉继续在这里设都护或校尉进行管理。中原和西域始终保持密切联系。隋朝平定吐谷浑以后，又重建伊吾城，西域和内地的经济文化交流更加频繁。隋末农民大起义爆发，中原地区连年内战，西突厥乘机占领西域，在各地强迫征收赋役，破坏了"丝绸之路"的交通。

高昌在新疆吐鲁番地区，是中西交通的枢纽。"厥土良沃，谷麦岁再熟，有葡萄酒，宜五果，有草名白叠，国人采其花（即棉花），织以为布。有文字，知书计"，所置官司，也采用汉人的名号。至于武器、文字，亦同华夏，学习汉人的《毛诗》《论语》等书，还有汉人的"历代子史，集学官、弟子，以相教授。虽习读之，而皆为诗。赋税则计田输银，无者输麻布。其刑法、风俗、婚姻、丧葬，与华夏大同"。唐初的诏令中也说道："高昌之地，虽居塞表，编户之氓，咸出中国"，"所以置立州县，同之诸夏"。可见，高昌接受汉文化制度很深，和内地的联系相当密切。

唐高祖武德二年（619），高昌王麴伯雅遣使入贡。六年（623），麴伯雅死去，他的儿子麴文泰继立。

唐太宗贞观四年（630）十二月甲寅（二十四日），高昌王麴文泰来到京城长安朝见天子。西域各国都想效法麴文泰遣使入贡，唐太宗派麴文泰手下的大臣厌怛纥干前去迎接各国使者。魏徵劝谏道："从前汉光武帝不许西域各国派遣王子入京侍奉皇帝和在西域设置都护，认为不应当为了蛮夷而劳顿中国。如今天下刚刚平定，前些日子麴文泰来朝，劳民伤财已很厉害，如今假如有十个国家前来朝贡，其使者及随从人员不少于一千人。边境地区人民接待送往，耗费过大，将难以承担。如果允许他们的商人前来，与边境地区百姓进行贸易，那还可以；如果以宾客之礼接待他们，则对我大唐没有好处。"当时厌怛纥干已经出发，唐太宗听了魏徵的这番话，急忙派人将他追回。

贞观六年（632）七月，焉耆王突骑支派使节来唐朝贡。最初，由焉耆进入中原地区走沙漠通道，隋朝末年沙漠通道关闭，便改道经由高昌。突骑支请求重开沙漠通道以便于相互往来，唐太宗答应了突骑支的请求。于是高昌怀恨在心，派兵袭击焉耆，大肆掠夺而后离去。

唐初，高昌王麴文泰亲自到长安朝见唐太宗，想和唐朝建立友好关系，但是，后来高昌成为西突厥的附庸，阻碍西域各国与唐朝的联系，抢劫来唐的西域各国使节和商人，"凡西域朝贡道其国，咸见壅掠"。伊吾原来臣属西突厥，不久归服唐朝，高昌王麴文泰与西突厥联兵共击之。唐太宗写信谴责麴文泰，并征召麴文泰手下的大臣阿史那矩，想和他商量事情，麴文泰不让他去，只遣其长史麴雍前来谢罪。东突厥灭亡以后，流落在突厥的中原人有的投奔高昌，唐太宗下诏令麴文泰放他们回到唐朝，麴文泰拒不执行唐太宗的诏令，将他们藏匿起来不放他们回唐。又与西突厥一同击破焉耆，焉耆向唐朝告发高昌王。唐太宗派虞部郎中李道裕前往高昌询问了解情况，并且对高昌的来使说："高昌近几年来，不向我大唐进献贡品，不行藩臣的礼节，所设官吏的称号，均与我大唐一样，筑城掘沟，予备攻讨。我大唐使者到那里，麴文泰对他说：'老鹰在天空中飞翔，野鸡躲藏在草丛中，猫儿在屋堂上游逛，老鼠在洞穴中嚼食，各得其所，难道不能自己生存吗？'又遣使对薛延陀说：'你既然身为可汗，就应与大唐天子平起平坐，为什么要向他的使者行礼呢？'麴文泰担心薛延陀首领不听他的话，又进一步威胁说：如果不听我的劝告，明年我当发兵，请君妥善选择。麴文泰事唐如此无礼，又挑拨邻国与大唐的关系，作恶多端，不杀死他，又怎么能勉励那些做好事的人。回去告诉你们国君，我将于明年发兵讨伐你们高昌。"

贞观十三年（639）三月，薛延陀可汗派使者向唐太宗说："我禀受隆恩，想要回报，请求陛下征发我的军队为先导进攻高昌。"唐太宗派民部尚书唐俭、右领军大将军执失思力携带丝绸送给薛延陀可汗，与他共同商议出兵征伐高昌。

唐太宗仍然希望高昌王麴文泰能够悔过，又下玺书，向他说明利害关系，征召他入朝，麴文泰竟称病不入朝。十二月壬申（初四），唐太宗派交河行军大总管、吏部尚书侯君集，副总管兼左屯卫大将军薛万均等领兵进攻高昌。

高昌王麹文泰听说唐朝已发兵前来讨伐，对其臣僚说："唐朝距离我们有七千里，其中有两千里是沙漠，地无水草，冬天寒风刮起来如同刀割一样，夏天热风如同火烧一般，行人多死，常行百人不能得至，怎么能派大部队来呢？以前，我去唐朝，看见秦、陇北面一带，城邑萧条，人烟稀少，不能与隋朝时相比。如今唐朝发兵来攻我们，发兵多则粮草供应不上，三万以内的兵力，我们足以对付他们。我们应当以逸待劳，坐以待毙。如果唐军兵临城下，不超过二十天，粮尽必然退兵，然后我们可以打败并俘虏他们，有什么值得忧虑的呢？"

唐军中有突厥降将契苾何力的部众数万人，契苾何力生长在新疆，对那里的情况十分熟悉，高昌又毫无准备，所以唐军很快就抵达碛口。麹文泰听说唐朝军队已兵临碛口，顿时吓得魂飞魄散，发病而死。他的儿子智盛继承王位。

侯君集率领大军到了柳谷，探马禀告说，麹文泰近日即将安葬，高昌国的臣民都聚集在葬地，众将请求趁此机会发兵袭击他们。侯君集说："不能这么做，大唐天子因为高昌国三麹文泰傲慢无礼，所以派我们前来讨伐他们，如今要是在葬地袭击他们，有些不近情理，我们就不是前去问罪的正义之师了。"于是擂鼓前行，进至田地城，下书晓谕城中守军，他们拒不投降。大军出发之前，唐太宗征发山东地区善于制造攻城器械的工匠，让他们全部随军前往。侯君集便于第二天清晨下令发起进攻，伐木填沟，推撞车撞其城上短墙，城墙顿时倒塌数丈。又抛车石击其城中，被击中的人立即粉身碎骨。有人用毡被遮挡抛石，城上守卫女墙的士兵不能站立。到了中午，便攻下此城，俘虏城中男女七千余口。侯君集又命中郎将辛獠儿为前锋，当天夜晚，直趋高昌都城。高昌军队迎战被击败，唐朝大军随后而至，直抵其城下。

智盛穷途末路，无计可施，只得给侯君集写信说："得罪大唐天子的是我父亲，由于上天的惩罚，他已经死去。我刚刚即位不久，不知有什么过错，望尚书哀怜。"

侯君集回信写道："你如果能够悔过，应当主动到营门束手投降。"智盛还是不出降，于是侯君集命士卒填平城周围的沟堑，发动抛石车开始攻城，又造了一个十丈高楼，俯视城内，城内行人走动以及飞石击中的目标，在高楼上的人都大声告诉唐军，城内的人大都躲入屋中避石。最初，麴文泰与西突厥欲谷设相约，一方遭到他国攻击，另一方立即派兵援救，西突厥可汗便派他的叶护驻守可汗浮图城，作为援助高昌的力量。可是等到侯君集兵临城下，西突厥可汗害怕了，西逃一千多里，叶护献城投降。智盛失去西突厥的援助，走投无路。贞观十四年（640）八月癸酉（初八），打开城门投降。侯君集分兵夺取土地，共攻克城池二十二座，获得八千零四十六户，一万七千七百人，占地东西八百里，南北五百里。于是，唐平高昌，俘虏智盛及其将士官吏，刻石记功而还。至此，唐朝的疆域东到大海，西至焉耆，南达林邑，北抵大漠，皆为州县，东西长达九千五百一十里，南北一万零九百一十八里。

侯君集讨伐高昌的时候，遣使与焉耆相约联合攻击高昌，焉耆欣然从命。及高昌被攻破，焉耆王来到军门拜见侯君集，并且说焉耆的三座城池先被高昌所夺，侯君集上奏朝廷把高昌所掠的民众全部归还焉者。

冬十二月丁酉（初五），侯君集到观德殿献高昌俘虏，行饮至礼，全国会饮三天，庆贺胜利。不久，唐太宗任命智盛为左武卫将军、金城郡公。唐太宗得到高昌乐工，将他们交给太常寺，并决定将高昌乐定为国乐之一，把原来唐朝的九部乐增加为十部乐。

唐朝平定高昌以后，唐太宗想把高昌改为唐朝的郡县。魏徵劝谏说："陛下即位不久，麴文泰夫妇首先来到京城朝拜陛下，以后他逐渐骄傲自大，多次有经商的西域胡人说高昌阻止西域各国来长安朝贡，高昌国王麴文泰对大唐使节傲慢无礼，挑拨薛延陀与唐朝的关系，所以陛下派兵讨伐高昌。只加罪于麴文泰一人就可以了，应当安抚高昌的臣民，保存他们的社稷，再立麴文泰的儿子为王，这就是所谓讨伐有罪的统治者而安抚受苦受难的人民。这样，陛下的恩德和威信遍及荒远之地，四方的少数民族都会对陛下心悦诚服，这才是治国的良策。现在如果贪图高昌的土地而改置郡县，那么唐朝在正常情况下需要有千余人在那里驻守，过几年就要轮换一次，每次来往交替，途中死亡的就有十分之三四，遣送他们要置办行装，远离亲人。十年以后，陇右一带将消耗殆尽。陛下最终得不到高昌的一粒米一尺布来补助中原。这就是所谓分散有用的资财以供奉无用之地，我觉得此事不可行。"唐太宗没有听从魏徵的意见。九月，唐朝以高昌故地设置西州，以可汗浮图城为庭州，并各自设置属县。乙卯（二十一日），唐朝又在交河城设立安西都护府，留下一部分兵力驻守。

黄门侍郎褚遂良也不同意将高昌改为郡县，上奏章说："我听说古代明智的君主统治天下，聪明的帝王创建基业，必然采取先华夏而后夷狄的政策，广施恩德教化，而不把功夫下在遥远的荒芜之地。周宣王征伐猃狁，追到边境就返回来；秦始皇在远方边塞修筑长城防御匈奴，结果弄得中国分崩离析。陛下诛灭高昌国，威力在西域有增无减，收服那里凶恶的人，设置了州县，然而从朝廷的军队开始出征的时候，河西一带的百姓就开始提供劳役，运输粮草，十室九空，很多郡变得萧条荒凉，再过五年也难以恢复元气。陛下每年派遣千余人镇守在遥远的边陲，将士们离别故乡和亲人，在万里之外，无不思念家乡想着回去，去的人的路费行装要自己来筹办，既卖粮食，又要把布帛出卖一空。在途中轻易死去的人，就更不用说了，加上遣送流放的罪人，还要加倍提防他们逃掉。其中有逃亡的，官府追捕缉拿，给国家带来很多麻烦。去高昌的一路上沙漠千里，冬风冰冷，夏风似火，行路的人遇到这样恶劣的天气大多死亡。《易经》上说：'平安的时候不要忘记危亡，太平的时候不要忘记祸乱。'假如张掖、酒泉一带发生战争，烟尘飞扬，陛下岂能得到高昌的一兵一粮支援呢？最后还须调动陇右诸州的士兵粮草，如同流星和闪电那样奔驰和攻击。由此看来，这河西一带好比是我们的心腹，那高昌好像他人的手足，哪能浪费中国的资财把它用在没有用的地方？陛下在边塞沙漠平定了颉利，在青海湖一带消灭了吐谷浑。为突厥的余部树立可汗，为吐谷浑的遗民树立国君。再为高昌树立国君，不是没有前例可循，这就是所谓有罪就诛杀，既然平定了就让他们生存下去。应该选择可以培植的高昌人，征聘他做高昌的首领，派遣他回到高昌，承受陛下的浩大恩德，使高昌长期成为我大唐的屏障。中原不受侵扰，既富足又太平，使昌盛的产业传给子孙，留给后代。"奏章呈上去，没有得到太宗的采纳。

到了贞观十六年（642），西突厥派兵侵犯西州。这时，唐太宗对侍臣说："我听说西州有紧急情况，虽然不至于造成大的祸患，然而哪能没有忧虑呢？过去初平高昌，魏徵、褚遂良劝我扶立高昌国王麴文泰的子弟依然为国王，我竟然不用他们的计策，今天才感到很后悔。过去汉高祖刘邦遭到平城之围后封赏娄敬；袁绍在官渡大败之后诛杀田丰，我常以这两个历史事件来警诫自己，难道能忘记劝谏我的人吗？"

第十五章　易立太子，魏徵受疑

　　武德九年（626）八月癸亥（初八），唐高祖李渊颁布制书，将皇位传给太子李世民，李世民再三推辞，高祖不肯答应。甲子（初九），李世民在东宫显德殿即皇帝位，是为唐太宗。同年十月癸亥（初八），唐太宗立皇子中山王李承乾为皇太子，时年仅八岁。

　　太子李承乾是唐太宗的嫡长子，长孙皇后所生，生于承乾殿，因以为名。承乾小时候很聪明伶俐，太宗非常喜欢他。贞观四年（630）七月，唐太宗选择德高望重的李纲为太子少师。李纲为太子讲述君臣父子的处世原则以及问寝视膳的礼节，道理通达，辞色严肃，承乾听而忘倦，并与老师探讨自古以来君臣之间必须遵循的原则以及臣子竭诚尽忠尽孝的事。李纲每次发表评论，都慷慨陈词，有不可夺之志，年仅十二岁的承乾对李纲肃然起敬，虚心接受老师的教诲。承乾长大以后，为了培养他的办事能力，唐太宗开始让他学习处理朝政。太宗居丧期间，庶政皆令听断，有时唐太宗离开京城出巡，常令太子承乾居守监国。李承乾在处理政事时，颇识大体，太宗对他很信任，众大臣也皆以为明。

　　但是，太子承乾生于深宫之中，长于妇人之手。成人以后，由于生活条件的优越、尊贵无比的地位，他逐渐沾染了奢侈腐化、喜好声色、生活散漫的纨绔习性。他只畏惧其父，尽量避免让他的父亲知道他的劣迹。当唐太宗发现太子承乾不争气以后，并没有放弃对他的教育和培养。贞观五年（631）六月，太子少师李纲病逝，唐太宗又任命于志宁、李百药为太子左、右庶子，负责教育太子。于志宁因太子承乾多次违背礼法，耐心地说服教育他，撰写《谏苑》二十卷以规谏太子。李百药针对太子颇为留心典籍及喜好声色游乐的特点，写了一篇《赞道赋》，用古往今来储君的成败之事讽谏太子。但是收效甚微。

太子承乾极力掩饰自己的胡作非为，害怕被太宗知道。在东宫臣僚面前经常谈论忠孝之类的雅言，有时甚至流泪，回到宫里则与一群小人戏耍嬉游。宫中臣僚有人想要劝谏，太子承乾先揣摩出他的意思，然后迎上前去行礼，神色严肃，正襟危坐，引咎自责，言辞狡辩，使进谏的臣僚拜答都来不及，更无从插话。东宫内部的秘密，外面的人无法得知，所以当时朝廷上的大臣议论起太子承乾，颇多称赞之词。

然而，太子承乾的所作所为并不能瞒过太宗。太宗考虑到承乾虽有过失，但是年轻无知，还是可以教育的。贞观七年（633），唐太宗在李百药离职以后，又物色了中书侍郎杜三伦为太子右庶子。杜正伦曾为秦王府文学馆学士，在贞观初年又以直言极谏而闻名朝野。唐太宗想利用他的直言敢谏，与太子左庶子于志宁共同辅佐太子。唐太宗对他们特别强调指出："朕十八岁的时候，还在民间，百姓的疾苦，我都非常了解。等到即帝位，处理日常政务还有失误，何况太子生长在深宫，老百姓的艰难困苦都听不到看不见，一无所知，能没有骄逸之心吗？你们不能不尽力规劝。"

　　这时，太子承乾患脚病，不能拜见太宗，于是，一些邪恶小人便引诱太子走上侈纵日甚的放荡邪路。于志宁、杜正伦的苦谏，都没有使太子改邪归正。杜正伦便把太子的表现向太宗作了汇报。唐太宗说："我儿承乾如果仅有脚病还说得过去，只是他疏远贤良，亲昵小人，你可以劝谏教诲，如果他实在无可救药，请你来告诉我。"杜正伦遵照唐太宗的指示，多次规谏太子，没有奏效。最后便将太宗对他讲的话告诉太子，想以此震慑太子，使他改过自新。可是，太子承乾将此事向太宗奏闻，太宗感到非常难堪，责怪杜正伦泄露圣意。杜正伦说："我想用陛下的话恐吓太子，希望他能弃恶从善。"太宗大怒，贬杜正伦为谷州刺史。从这件事也可以看出唐太宗对太子承乾的不满。

　　这次风波以后，唐太宗又选中当时硕儒孔颖达为太子右庶子，以匡正太子的过失。孔颖达常常不顾太子的情面进行规劝，太子承乾的奶妈遂安夫人对孔颖达说："太子已经长大成人，哪能这样屡次当面指责他的过失？"孔颖达说："我蒙受国家如此厚恩，为劝谏太子而死，也毫无悔恨。"劝谏太子更加急切。太子承乾命他撰写《孝经义疏》，他根据《孝经》的原意，充分发挥自己的见解，更加拓宽了规谏太子的路子。但是，太子承乾仍无改悔。贞观十二年（638），迁孔颖达为国子祭酒，唐太宗又任命著名谏臣张玄素为太子右庶子。

　　由于太子承乾嬉游无度，不听臣僚的规谏，辜负了唐太宗对他的殷切期望，唐太宗逐渐疏远了他。贞观初年，唐太宗亲自驾临东宫，询问承乾的学业。贞观七年（633）以后，唐太宗不再临幸东宫，也很少和太子谈论。

　　唐太宗在疏远太子承乾的同时，开始宠爱魏王李泰。李泰是长孙皇后所生，太子承乾的胞弟，太宗的第四子。李泰相貌英俊，聪敏绝伦，文辞美丽，得到太宗的宠爱。自贞观十年（636），唐太宗开始有意谋立魏王李泰为太子。这一年，唐太宗下诏任命宗室诸王为各州都督，分赴外任。魏王李泰为相州都督，太宗只留下他在京城不赴任，由金紫光禄大夫张亮代行李泰的相州都督职权。这是唐太宗有意的精心安排。从此以后，魏王李泰越来越受到唐太宗的恩宠。李泰身体肥胖，趋拜不便，太宗特令准许他乘小舆上朝，给予特殊的待遇。又因李泰喜好文学，礼贤下士，太宗特命他在魏王府另外设立文学馆，听任他召纳文人学士。胡三省在《资治通鉴》此事下作注，明确指出这是唐太宗"为泰图东宫张本"。魏王府司马苏勖劝李泰延揽宾客著书，如古贤王。李泰于是奏请撰《括地志》，引著作郎萧德言、秘书郎顾胤、记室参军蒋亚卿、功曹参军谢偃等人撰写。唐太宗命有关部门提供方便。士人有文学者多来投奔魏王李泰，而贵族子弟也纷纷交结李泰，魏王府门庭若市。

唐太宗极力抬高魏王李泰的地位，有人上告太宗说，朝廷三品以上大臣多轻视魏王，太宗便把房玄龄等三品以上大臣召来，当面训斥一顿，吓得房玄龄等人连忙磕头谢罪。贞观十二年（638）正月，礼部尚书王珪奏请：三品以上公卿路遇亲王时下马拜见，不符合礼法规定，请求取消这一礼仪。唐太宗说："人生长短难以预料，万一太子不幸，怎么能知道诸王他日不为你们的君主！岂能轻视他们！"胡三省对此分析说："时太子承乾有足疾，魏王泰有宠；太宗此言，固有以泰代承乾之心矣。"贞观十四年（640），唐太宗亲至魏王李泰居住的延康坊宅第，特下令赦免雍州长安县大辟罪以下的囚犯，免除延康坊居民当年的租赋，赏赐魏王府僚属及延康坊老年人多少不等的物品。这一举动也是唐太宗对魏王李泰的特殊恩宠。贞观十六年（642）正月乙丑（初九），魏王李泰进呈《括地志》一书，唐太宗令付秘阁，大加褒奖，赏赐甚丰。此外，唐太宗每月给魏王李泰的"料物"，超过了皇太子，还让他徙居武德殿。武德殿在皇宫大内，在东宫的西面，原为齐王李元吉的住所。太宗如此宠异魏王李泰，显然是为了树立他的威望，准备将来取代太子承乾的地位。

唐太宗宠异魏王李泰的做法，引起了一些朝臣的反对。贞观十一年（637），岑文本上书指出魏王李泰"宠冠诸王，盛修第宅"，认为不应当过分奢侈，宜有抑损。侍御史马周也以曹操宠遇陈思王曹植过厚，反而给曹植带来危害为例，上疏规谏。王珪、魏徵也从封建礼仪方面奉劝太宗不要过分宠异李泰。谏议大夫褚遂良更是直言不讳地说："圣人制定礼仪，是为了尊嫡卑庶，供太子用的物品不作计算，与君王待遇相同，对庶子虽然喜欢，也不能超过嫡子的待遇，这是为了避免嫌隙，除去祸乱的根源。如果应当亲近的人反而疏远，应当尊贵的人反而卑贱，则那些奸佞之人必然会乘机而动。从前，西汉窦太后宠信梁孝王，梁孝王最后忧虑而死；汉宣帝宠信淮阳宪王，淮阳宪王也几乎败亡。如今魏王刚刚离开皇宫做藩王，应该向他昭示礼仪制度，用谦虚节俭的精神来教育他，如此才能使他成为良才。这就是所谓'圣人之教不肃而成'。"在众多朝臣的反对下，唐太宗不得不放弃谋立魏王李泰为太子的打算。

太子承乾被唐太宗疏远以后，深感自己的太子地位将要不保，同时感到魏王李泰对自己的严重威胁。在这种情况下，太子承乾不但不幡然悔悟，改过从善，争取重新获得太宗的好感，反而满腹怨恨，自暴自弃，沉湎酒色，日益胡作非为，并且走上了与魏王李泰明争暗斗，最后阴谋发动政变的危险道路。

贞观十三年（639），太子承乾多次以游猎荒废学业，右庶子张玄素劝谏不听。贞观十四年（640），唐太宗听说右庶子张玄素在东宫多次规谏太子，便提拔他为银青光禄大夫，行左庶子。太子承乾曾在宫中击鼓，张玄素叩门直谏，太子把鼓拿出来，当着张玄素的面毁掉。太子很长时间不接见下属官吏，张玄素劝谏说："朝廷选择非常有才能的人来辅佐殿下，如今动辄数月不见宫中僚属，将如何使他们对殿下有所裨益呢？而且宫中只有女人，不知是否有像楚庄王的贤妃樊姬那样的人。"太子承乾不听他的谏言。

贞观十五年（641），太子詹事于志宁因遭母丧而离职，不久服丧未满重新复职。当时太子承乾修筑宫室，妨碍农事，又喜爱郑、卫靡靡之音。于志宁反复劝谏，太子不听。又宠信亲近宦官，常让他们不离身边。于志宁上书太子说："自从易牙以后，宦官导致国家灭亡的事例很多。如今殿下亲近这类人物，并让他们敢于与太子换穿衣服，此风不可长。"太子役使驾车的人，半年不许他们轮换值班，又私下带突厥人达哥友进宫。于志宁上书直言切谏，太子勃然大怒，派刺客张思政、纥干承基二人去杀于志宁。二人进入于志宁的家中，见志宁躺在苫席上，头枕着土块，竟不忍心杀他而罢休。

贞观十六年（642）六月，甲辰（二十日），唐太宗下诏，自即日起皇太子领用府库之物，各有关部门不必加以限制。于是，太子承乾更加挥霍无度。左庶子张玄素上奏说："周武帝平定关东，隋文帝统一江南，勤俭节约，爱护百姓，均成为一代名君；但他们的儿子不肖，终于导致社稷覆亡。圣上因与殿下既有父子之情，又是君臣关系，办事既是家事又是国事，所以对太子所用之物不加以限制。圣旨颁布未超过六十天，所用之物已超过七万，骄奢淫逸达到了极点，没有人能够超过。况且东宫臣属与正直之士，都没有在身旁；各种奇技淫巧，充斥深宫。从外面看去，已有这些失误，里面不为人知的隐秘勾当，更是无法计算。良药苦口利于病，良言逆耳利于行。殿下应当居安思危，一天比一天谨慎行事。"太子承乾非常讨厌张玄素的话，让守门的奴仆乘张玄素上早朝的机会，暗中用大马棰袭击他，差一点儿将他打死。

八月丁酉（十四日），唐太宗说："现在朝廷中什么事情最为急迫？"谏议大夫褚遂良回答说："现在四方安定，只有确定太子与诸王的名分最为紧要。"太宗说："这话说得有道理。"当时太子李承乾德行欠缺，魏王李泰受到唐太宗的宠爱，众大臣日益感到迷惑不解，唐太宗听到这种情况后十分忧虑，对身边的大臣说："当朝的大臣们，没有人像魏徵那样忠诚正直，我任命他做太子的老师，以此杜绝天下人的疑心。"九月丁巳（初四），唐太宗任命魏徵为太子太师。魏徵当时有病略有好转，亲自来到朝廷上表推辞，唐太宗手书诏令晓谕他："周幽王、晋献公，废除嫡子立庶子，造成国家的危亡。汉高祖差一点儿废掉太子，幸亏张良请来商山四位老人辅佐太子，才得以保住太子的地位。朕如今依靠你，也是这个意思。朕知道你有病在身，可以躺在床上辅佐太子。"魏徵知道太宗的良苦用心，于是便接受了这个职务。

贞观十七年（643）正月，丙寅（十五日），唐太宗对大臣们说："听说外面朝臣以为太子承乾有脚病行走不便，魏王李泰聪明颖悟，又多次跟随朕游幸，因此产生异议，一些佞幸之徒已有附会此议的。太子承乾虽然有脚病，但并不是完全不能走路。根据《礼记》，嫡长子死，应立嫡长孙。承乾的儿子已经五岁，朕终究不会以庶子取代嫡子，来开启觊觎皇位的根源。"

当初，太子李承乾贪恋声色，喜好游猎，极为奢侈。制作八尺高的铜炉和六隔大鼎，招募一些逃亡的宫奴偷盗民间的牛马，亲自烹煮，与宠幸的仆人在一起吃掉。又喜欢学说突厥语和穿突厥人的服装，挑选身边容貌像突厥的人，分五人为一落，梳上辫子穿上羊皮衣放羊；又制作五个狼头的旗及长条旗，设立突厥人住的穹庐，自己身处其中，逮住羊烹煮，抽出佩刀割羊肉吃。又曾对身边的人说："我试着假装可汗死了，你们众人模仿突厥人的丧礼。"于是，他僵卧在地，众人都号啕大哭，跨上马环绕着他的身体，自己用刀子划破脸。过了很久，他突然坐起来，说道："我一旦拥有天下，当亲自率领数万骑兵狩猎于金城西面，然后解发做突厥人，委身于思摩，如果让我典一设之兵，不会落于别人的后面。"

左庶子于志宁、右庶子孔颖达多次规劝太子承乾，唐太宗非常满意，称赞并赐给二人许多金银财物，以此讽谕激励太子，并且改任于志宁为太子詹事。后来，于志宁与左庶子张玄素多次上书直谏太子，太子不但不听，而且暗中派人杀他们，没有杀成。

汉王李元昌经常为非作歹，多次受到唐太宗的斥责，因此心怀不满。太子李承乾和他关系非常密切，朝夕形影不离，一同游玩，分身边的人为两队，太子李承乾与汉王李元昌各自率领其中一队，身披毡甲，手拿竹制长矛，摆下战阵，大声呼喊着厮杀，击刺流血，以为娱乐。有不听命令的，分开四肢吊在树上，用皮鞭抽打，甚至有人被打死。太子承乾还说："假如我今天做了大唐天子，明天就在禁苑中设置万人营房，与汉王分别统领，观看他们互相厮杀，岂不痛快！"又说："我要是做了天子，必然任情纵欲，有劝谏者一律杀掉。也不过杀几百人，众人便会自然安定了。"

魏王李泰多才多艺，得到太宗的宠爱，他看到太子有脚病，便暗中产生夺取太子地位的想法。于是他礼贤下士，沽名钓誉。唐太宗让黄门侍郎韦挺管理魏王府中事务，后来又命工部尚书杜楚客取而代之，二人都为魏王李泰联络结交朝廷大臣。杜楚客有时怀揣黄金用以贿赂权贵，对他们说魏王如何聪明，应当立为太子；文武大臣，各有依托，暗中结为朋党。太子承乾担心魏王李泰威胁自己的地位，便派人诈称魏王府典签上书揭发李泰的罪过，唐太宗下令逮捕告状人，结果没有抓到。

太子承乾私下宠幸太常寺的乐童称心，与之同吃同住。称心姿容俊美，善歌舞。道士秦英、韦灵符以左道妖术，得到太子承乾的亲幸。唐太宗知道这些事情以后，勃然大怒，将称心等人全都抓起来杀掉，有很多人受牵连被杀，唐太宗把太子承乾狠狠地训斥了一顿。太子承乾怀疑是李泰告发的，更加怨恨李泰。太子承乾思念称心不已，在东宫中特意修建了一个屋子，立上称心的画像，早晚祭奠，在屋里徘徊，痛哭流涕；又在宫苑内堆一座小坟，私自为称心赠官爵，并为其树碑。

唐太宗越来越不喜欢太子李承乾。太子心里也很清楚，动不动就几个月称病不上朝，暗中豢养刺客纥干承基等人及一百多名壮士，想要杀掉魏王李泰。

吏部尚书侯君集的女婿贺兰楚石为东宫千牛。太子承乾知道侯君集心中有积怨，便多次让贺兰楚石带侯君集到东宫，向他询问自我保全的策略。侯君集看到太子愚昧无能，想乘机利用他，劝他谋反，举起手来说："我这一双好手，当为殿下使用。"又说："魏王李泰受到皇上的宠爱，我担心殿下会像隋太子杨勇那样，有被免为平民的祸患，如有敕令宣召进宫，应当严密防备。"太子承乾大为赞同这种看法，用厚礼贿赂侯君集和左屯卫中郎将、顿屯人李安俨，让他们随时刺探唐太宗的意向，一有动静便告诉他。李安俨以前侍奉隐太子李建成，李建成败亡时，李安俨为李建成拼死搏斗，唐太宗认为他很忠诚，所以对他非常信任，让他掌管皇宫警卫部队。李安俨把自己的身家性命都寄托在太子身上。

汉王李元昌也劝太子承乾谋反，说："近来看到皇上身边有一个美人，善于弹奏琵琶，事成之后，希望殿下将美人赐给我。"太子应允。洋州刺史、开化公赵节，是赵慈景的儿子，母亲是唐高祖的女儿长广公主；驸马都尉杜荷，是杜如晦的儿子，娶太宗的女儿城阳公主为妻。二人均被太子亲昵，参与了谋反之事。凡是同谋者都割开手臂，用帛擦血，烧成灰混在酒中喝掉，发誓同生死共患难，暗中谋划率领兵马进入西宫。杜荷对太子说："天象有变化，应当迅速发兵以应天象，殿下只需假装得暴病非常危险，皇上必然会亲自来探望，乘此机会可以下手。"太子听说齐王李祐在齐州谋反，对纥干承基等人说："我住的东宫西墙，离皇上住的大内正好有二十步左右，与你们谋划大事，岂是齐王所能比的！"正赶上朝廷处理李祐谋反的事，牵连到纥干承基，纥干承基因此被关押在大理寺的监狱中，按他的罪行，应当处死。

四月庚辰朔（初一），纥干承基上密报，告发太子李承乾谋反。唐太宗下令长孙无忌、房玄龄、萧瑀、李世勣与大理寺、中书省、门下省一同审问，太子谋反的事情已经证据确凿。唐太宗对身边的大臣说："你们看如何处置承乾？"众位大臣不敢回答，通事舍人来济进言说："陛下不失为慈父，太子得以享尽他的天年，岂不两全其美！"唐太宗听从了他的意见。

乙酉（初六），唐太宗下诏废黜太子李承乾为庶民，幽禁在右领军府。太宗想要免除汉王李元昌的死罪，群臣执意争辩反对，最后决定赐他在家中自尽，宽宥他的母亲、妻子儿女。侯君集、李安俨、赵节、杜荷等人皆被处斩。左庶子张玄素、右庶子赵弘智、令狐德棻等人以不能规劝太子，均获罪免为庶人。其余应当连坐的，全部赦免。太子詹事于志宁因多次劝谏太子，例外单独受到嘉勉。任命纥干承基为祐川府折冲都尉，赐爵平棘县公。

侯君集起初被逮捕入狱，贺兰楚石又到官中告发他谋反的事，唐太宗找来侯君集，对他说："朕不想让那些刀笔吏污辱你，所以便亲自审问你。"侯君集起初拒不认罪，唐太宗便找来贺兰楚石详细陈述太子策划谋反的始末，又拿出侯君集与承乾来往的书信给他看，侯君集在确凿的证据面前，理亏词穷，不得不低头认罪。唐太宗向身边的大臣问道："侯君集有功于大唐，乞求给他一条生路，可以吗？"众位大臣都认为不可。唐太宗便对侯君集说："与你永别了。"

难过得流下了眼泪。侯君集也向太宗磕头表示服罪，于是在集市上将他斩首。在临刑前，侯君集对监刑的将军说："我一失足走到了这一步，然而当年在秦王府时即侍奉陛下，又有攻取吐谷浑、高昌二国的功劳，请求保全我一个儿子以奉祀家庙。"唐太宗便宽宥了他的妻子儿女，将他们迁徙到岭南，没收了他所有的家产。

起初，唐太宗让李靖教侯君集兵法，侯君集对太宗说："李靖将要谋反。"太宗问他有什么根据，侯君集答道："李靖只教我一些粗浅的兵法，而隐匿精华，因此我说他将要谋反。"太宗以侯君集的这些话问李靖，李靖答道："这正说明侯君集将要谋反。现在中原已经平定，我所教的兵法，足以制服四方异族，而侯君集执意要学尽我的全部谋略，这不是想要造反又是什么呢？"江夏王李道宗曾经从容地对太宗说："侯君集志大才疏，自以为有功，对自己居于房玄龄、李靖之下感到是一种耻辱，虽然身为吏部尚书，但还是不满足。依我的观察，他将来一定要谋反。"太宗说："按侯君集的才能，做什么不行呢？朕难道舍不得给他高位，只是按顺序还没有轮到他而已，怎么可以随意猜测呢？"等到侯君集因谋反伏诛，唐太宗便当面感谢李道宗说："果然不出你的预料。"

太子李承乾获罪后，魏王李泰便每天进宫侍奉太宗，太宗当面答应立他为太子。岑文本、刘洎也劝说太宗立李泰，长孙无忌执意请求立晋王李治为太子。唐太宗对身边的大臣说："昨天李泰投到我怀里对我说：'我到今天才真正成为陛下的儿子，这是我再生之日。我有一个儿子，我死之日，当为陛下将他杀死，传位给晋王李治。'人谁不爱自己的儿子，朕看到李泰这样，从心里十分怜悯他。"谏议大夫褚遂良说："陛下说这话大为不妥。希望陛下深思熟虑，千万不要出现失误。陛下百年之后，魏王占有天下，他怎么肯杀死自己的儿子，将皇位传给晋王呢？从前陛下既然立承乾为太子，又宠爱魏王，对他的礼遇超过承乾，以致造成了今日的祸患。前事不远，足可以作为今日的借鉴。陛下如今要立魏王为太子，希望先安置好晋王，只有这样国家才能安定。"唐太宗流着眼泪说："朕不能这样做。"说完站起来，回到宫中。魏王李泰唯恐太宗立晋王李治为太子，对李治说："你与汉王李元昌很要好，如今元昌得罪，你能一点儿不担心吗？"李治为此事提心吊胆，满脸忧愁。唐太宗感到很奇怪，多次问他是什么原因，李治便把李泰对他说的话告诉了太宗，太宗怅然若失，开始后悔说过立李泰为太子的话。太宗曾当面指责李承乾，李承乾说："我身为太子，还有什么更高的要求呢？只是因为被魏王李泰谋算，便常与朝臣谋划自我保全的策略，那些不逞之徒便教唆我图谋不轨。如今若是立李泰为太子，那就正好落入他的谋划之中。"

李承乾太子被废后，唐太宗一次驾临两仪殿，群臣退朝后，只留下长孙无忌、房玄龄、李世勣、褚遂良四人，唐太宗对他们说："朕的三个儿子、一个弟弟，如此作为，我心里实在是非常苦闷，百无聊赖。"说完向床头撞去。长孙无忌等人争着上前抱住，太宗又抽出佩刀想要自杀，褚遂良夺下刀，交给晋王李治。长孙无忌等请求太宗告知有什么想法，太宗说："朕想要立晋王李治为太子。"长孙无忌说："我等谨奉诏令，如有异议的人，我请求陛下将他斩首。"太宗对李治说："你舅父已同意你为太子，你应当拜谢他。"李治于是向长孙无忌磕头拜谢。唐太宗对长孙无忌等人说："你们已经同意朕的想法，但不知外朝的议论如何？"答道："晋王仁爱孝顺，天下百姓归心于他已很久了，希望陛下召见文武百官试问一下，如有人不同意，就是臣等有负陛下，罪该万死。"太宗于是亲临太极殿，召见六品以上的文武百官，对他们说："李承乾大逆不道，李泰也居心险恶，都不能立为太子。朕想要从众位皇子中选一人为皇位继承人，谁可以为太子，你们须当面明讲。"众人都高声喊道："晋王仁爱孝顺，应当做太子。"唐太宗十分高兴。这一天，魏王李泰率领一百多骑兵到永安门，唐太宗下令让守门官员遣散李泰的所有护骑，带李泰一人进入肃章门，将他幽禁在北苑。

丙戌（初七），唐太宗下诏立晋王李治为皇太子，并亲临承天门楼，大赦天下，全国会宴三天。太宗对身边的大臣说："朕如果立李泰为太子，那就表明皇太子的位置可以苦心钻营而得到。从今以后，太子失德背道，或藩王窥视、谋取太子之位的，都废弃不用，这一规定要传给子孙，永为后代效法。李泰如果为太子，则李承乾和李治均难以保全，立李治为太子，则李承乾与李泰均可以安然无恙。"

司马光在《资治通鉴》中评论说："唐太宗并不以天下的重任交给他偏爱的儿子，以此来杜绝祸乱的根源，可称得上是深谋远虑啊！"

己丑（初十），唐太宗下诏任命长孙无忌为太子太师，房玄龄为太子太傅，萧瑀为太子太保，李世勣为太子詹事。又任命左卫大将军李大亮领右卫率，前任太子詹事于志宁、中书侍郎马周为左庶子，吏部侍郎苏勖、中书舍人高季辅为右庶子，刑部侍郎张行成为少詹事，谏议大夫褚遂良为太子宾客。

癸巳（十四日），唐太宗下诏解除魏王李泰的雍州牧、相州都督、左武侯大将军等职务，降爵位为东莱郡王。李泰王府的臣僚中凡是李泰的亲信，都迁徙流放到岭南；杜楚客因其兄杜如晦有功，免去死罪，废为庶民。给事中崔仁师曾经秘密地向唐太宗请求立魏王李泰为太子，降职为鸿胪少卿。

魏徵在唐太宗易立太子的过程中，坚持嫡长子继承制的原则，反对太宗宠爱魏王李泰，对太宗有所启发。但是，魏徵不幸于贞观十七年（643）正月病死，以后太子李承乾谋反之事本来与魏徵毫无关系。等到李承乾谋反事败露以后，将原来的太子左庶子降职为交州都督（在此之前已降为谷州刺史）。起初，魏徵曾经推荐杜正伦与侯君集有宰相之才，请求任命侯君集为仆射，而且说："国家在安定的时候不能忘记可能发生的危亡，朝廷不可以没有大将，各卫兵马应当委派侯君集专门管理。"唐太宗当时认为侯君集喜欢夸夸其谈，没有重用。等到后来杜正伦因泄露皇上旨意罪被贬职，侯君集因参与李承乾谋反被处死，唐太宗开始怀疑魏徵有结党营私之嫌。又有人告发魏徵抄录自己前后在朝中的谏言给起居郎褚遂良看，太宗听后更加不高兴，于是解除了魏徵之子魏叔玉与唐太宗女儿的婚约，并毁坏了太宗亲自撰写的魏徵墓前的石碑。

贞观十九年（645），唐太宗亲率大军征高句丽，结果没有成功。新城、建安、驻跸三次较大的战役，杀死高句丽兵四万多人，唐朝将士死亡的将近二千人，战马损失十分之七八。唐太宗未能最后取胜，深感懊悔，叹道："如果魏

徵在世的话，不会让我有此番出兵的。"命人乘驿马昼夜兼程赶到京城，用猪

和羊祭祀魏徵，重新竖立贞观十七年（643）被推掉的魏徵墓前的石碑，征召

魏徵的妻子儿女到唐太宗所在的地方，亲自加以慰问赏赐。魏徵蒙受的不白之

冤得以平反昭雪。

第十六章 ❦ 告诫君王，善始善终

唐太宗在贞观初期，能以谦虚谨慎的态度，任贤纳谏，兢兢业业地治理国家。这时，唐太宗的头脑还是比较清醒的。贞观二年（628）二月，唐太宗对侍臣说："人们都说天子至高无上，尊贵无比，无所畏惧，朕却不以为然。天子正应该保持谦虚谨慎的作风，上畏皇天的监督，下惧群臣百姓的注视，兢兢业业，还怕不符合上天的旨意和百姓的期望。从前虞舜告诫大禹说：'你只要不自以为有能力，天下没有人与你争能；你只要不居功自傲，天下没有人与你争功。'《周易》上说：'君子的准则是厌恶骄傲自满，崇尚谦虚恭谨。'作为一个皇帝，如果自以为尊贵显要，至高无上，不保持谦虚恭谨的作风，自身如果做了错事，谁肯冒犯龙颜上奏劝谏？所以每当我说一句话，做一件事，必定上畏苍天，下惧群臣百姓。苍天高高在上而谛听人世间的民情，怎么能不畏惧？众多的公卿大臣士人百姓，都在注视着你的一言一行，怎么能不害怕？"魏徵说："《诗经》上说：'靡不有初，鲜克有终。'希望陛下经常保持谦虚恭谨之道，一天比一天更加谨慎，那么国家就会永远稳固，不会有颠覆的危险。唐尧、虞舜之世所以太平，实际上就是采用了这种方法。这的确是达到治世的要旨，陛下既然能够慎始慎终，那就好了。"

随着唐初社会经济的恢复发展，政权的日益巩固，阶级矛盾的日趋缓和，唐太宗的私欲也日益滋长。贞观六年（632）十二月，唐太宗与大臣们讨论国家安危的根本。中书令温彦博说："但愿陛下能永远像贞观初年那样就好了。"唐太宗问："朕近年来为政有所懈怠吗？"魏徵说："贞观初年，陛下志在节俭，求谏不倦。近来则营建修缮之类的事情渐渐多起来，进谏的人大都触犯圣意，这就是与贞观初年的不同之处。"唐太宗拍掌大笑说："确有此事。"

贞观十一年（637）五月，魏徵上疏认为："陛下从善如流、闻过必改的精神似乎不如以前了，谴责惩罚逐渐增多，逞威动怒也比过去厉害了。由此可见，古人所说的'尊贵没有与骄傲相约而骄傲自来；富贵没有与奢侈相约而奢侈自至'，并非虚妄之言。当年隋朝府库仓廪的充实与户口甲兵的殷盛，与今天无法相比。但是，隋朝自恃富强，频繁兴作，以至于国家灭亡；我们自知贫弱与民休息而使天下安定。安定与危亡的道理昭然若揭。从前隋朝还没有乱的时候，自以为一定不会乱；还没有灭亡的时候，自以为一定不会灭亡。因此，不断地征收赋税，征发徭役、兵役，不停地东征西讨，以致祸乱将及自身尚不醒悟。所以，照看物品的形状最好用静止的水，借鉴失败的历史教训最好用已经灭亡的国家。希望陛下借鉴隋朝覆亡的历史教训，革除奢侈之弊，提倡节俭风气；亲近忠良大臣，疏远奸佞小人；凭借现在的太平无事，实行过去的谦恭节俭。这样就能达到尽美尽善的程度，无法用语言来称赞了。取得天下确实很难，保持天下特别容易。陛下既然能够取得难以取得的天下，难道就不能保持这容易保持的天下吗？"

贞观十二年（638）三月丙子（二十七日），唐太宗因皇孙降生，在东宫宴请五品以上的官员。席间，唐太宗说："贞观以前，跟随我夺取并安定天下，是房玄龄的功劳；贞观以来，纠正朕的过失，辅佐朕治理巩固天下，是魏徵的功劳。"于是赐给他二人佩刀，以示奖赏。唐太宗又问魏徵："朕的政事与往年相比如何？"魏徵回答说："陛下的声威德行达于四方，远远超过贞观初年，人心悦服则不如以前。"唐太宗说："远方各国畏惧皇威羡慕圣德，所以前来归服大唐，如果说朕的政事不如以前，怎么会出现这种盛况？"魏徵答道："陛下以前为天下未能达到大治而忧虑，所以注意修德行义，而且日新月异，现在因天下已经得到治理而心安，所以说不如以前。"唐太宗又问："朕今日所为与往年相同，为什么说不如以前呢？"魏徵答道："陛下在贞观初年唯恐臣下不进谏，常常引导他们直言极谏，后来遇到臣下进谏能欣然听纳，如今则不然，虽然勉强听从，但面有难色。"太宗说："可以举例说明吗？"魏徵说："陛下以前曾想杀掉元律师，孙伏伽认为依法不当处死，陛下赐给他兰陵公主园，价值一百万钱。有人说：'赏赐太重了。'陛下说：'朕即位以来，还没有进谏的人，所以要重赏。'这是引导臣下进谏。司户柳雄妄报在隋官资，陛下想要杀掉他，但采纳戴胄的谏言而作罢。这是欣然听谏。最近皇甫德参上疏劝阻修缮洛阳宫，陛下内心愤恨，虽然因我直言相劝而没有治他的罪，但只是勉强听从啊！"唐太宗听了魏徵的这番话，颇有所悟，他感慨地说："除了你无人能说出这样的话，人苦于不能自知啊！"

贞观十二年（638），唐太宗对侍臣说："我读书时看到过去的君主做过的好事，我都努力仿行而不厌倦，其所以任用你们几位，的确认为你们是贤良的大臣，然而国家现已达到的治理水平比起三皇五帝的时代还是赶不上，这是什么原因呢？"魏徵回答说："现在四境的外族归顾，天下太平无事，的确是自古以来所没有的。然而自古以来帝王初登宝座时，都想奋发图强，把国家治理好，事迹可与尧、舜相比；等到他安乐时就骄奢淫逸，不能把好事做到底。作为臣下刚刚被起用时，都想着辅佐君主，挽救时局，追踪稷、契的业绩；等到他富贵时，就只苟且偷生保全官爵，不能尽其忠诚的节操。如果使君臣经常保持不松懈怠惰，各自善始善终，则天下不愁治理不好，自然可以超越古代了。"太宗说："的确像你所说的那样。"

贞观十三年（639），魏徵看到唐太宗近年来很喜欢奢侈放纵，担心他不能最终保持勤俭的作风，因此上奏章规劝说："我观察自古以来帝王受命于天，建立王朝，都想把江山传给子孙后代。所以坐在朝堂上垂衣拱手，对天下发号施令。他谈论治国之道，必定推崇朴实淳厚而抑制华而不实；谈论人物必尊崇忠诚贤良而鄙视邪恶奸诈；论述制度则杜绝奢侈浪费而提倡勤俭节约；谈论物产则看重谷物布帛而轻视奇珍异宝。然而，帝王在接受天命之初，都能遵循这些原则，所以达到政治清明；稍微安定以后，大多违背这些原则，从而败坏社会风俗。这是什么缘故呢？难道不是因为处在极尊贵的地位，拥有天下的财富，说出话来没有人敢违抗，做出事来别人都必须服从，公道被私情所淹没，礼法被嗜欲所损害的缘故吗？古语说：'不是认识它难，而只是实行它难；不是实行它难，而是坚持到底难。'这话说得太对了。陛下二十岁左右，大力拯救混乱的时局，平定天下，开创帝王之业。贞观初年，陛下年富力强，抑制自己的嗜欲，躬行节俭，内外康宁，于是出现了极其清明的大治局面。论功劳就是商汤、周武王也比不上；论道德与尧、舜相差无几。我自从被提拔到陛下左右，十多年来，经常在讨论军国大事之处侍奉陛下，多次接受陛下英明的指示。陛下经常赞许仁义之道，坚持下去而不放弃；赞许俭朴节约的志向，自始至终不改变。'一言可以兴邦'，说的就是这个道理。陛下的至理名言就在我的耳边回响，怎么敢忘记呢？然而近几年来，陛下对以前的志向稍有背离，敦厚朴实的精神渐渐不能坚持到底。谨把我所了解到的，列举在下面：

"陛下在贞观初年，不烦扰百姓，没有贪欲，清静的教化远及荒远之地。考察一下现在，这种风气渐渐消失了。听陛下的言论远远超过上古圣明的帝王，论实绩还没有超过中等水平的君主。根据什么这样讲呢？汉文帝、晋武帝都不算是古代的英明帝王，可是汉文帝不接受外国人进献的千里马。晋武帝时，太医司马程据献色彩炫耀的雉头毛所制的裘衣，帝焚之于殿前，并且敕内外有敢献奇技异服者，罪之。而陛下现在则派人到万里之外寻求骏马，去外国购买珍奇之物，被沿途的老百姓所责怪，被戎狄族所轻视，这就是陛下渐渐不能善终的第一条。

"过去子贡向孔子请教治理人民的方法，孔子说：'要像用腐朽的缰绳驾驭六匹奔驰的马拉的车子那样小心谨慎。'子贡说：'何必那样小心谨慎呢？'孔子说：'不以道义引导人民，人民就会仇恨我，我怎么能不小心谨慎呢？'所以《尚书》上说：'民为邦本，本固邦宁。'在人民之上的君主怎么能不看重百姓呢？陛下在贞观初年，看待百姓如同他们害了病一样，怜悯他们勤劳辛苦；

爱护百姓就像爱护自己的子女一样，总是保持俭朴节约的作风，没有大兴土木，营造宫室。但近几年来，心思放在奢侈纵欲上，忽然忘掉了谦虚节俭，轻易地动用民力，并且说：'百姓没事干就会骄傲放肆，贪图安逸；让他们不断服役就容易驾驭。'自古以来，没有由于百姓安逸快活而导致国家衰亡的，哪有反而因怕百姓骄傲放肆而故意想役使他们的道理呢？这恐怕不是振兴国家的正确言论，难道是安抚人民的长远之策吗？这就是陛下渐渐不能善终的第二条。

"陛下在贞观初年，抑制自己的享受以使人民得到好处，至于现在，放纵自己的欲望而劳累人民，谦虚节俭的风气一年一年地改变，骄傲奢侈的性情一天一天地发展。虽然忧虑百姓的话不绝于口，但自身享受的事实实在在念念于心。有时打算营建宫室，又怕有人进谏，便说：'如果不这样，对我的生活很不方便。'碍于君臣的情面，作为臣下怎么可以再争辩呢？这直接的意思就是堵住谏者之口，怎么能说是择善而从呢？这就是陛下渐渐不能善终的第三条。

"立身处世的成败，在于所处环境的熏染，接触善人或恶人，都会受到他们的影响，要谨慎地待人接物，不可不认真思考。陛下在贞观之初，注意磨炼名声节操，不以个人好恶取人，只要是好人就交往，亲近爱护君子，疏远斥退小人。现在就不同了，轻率地狎近小人，很少礼貌地尊重君子。名为尊重君子，实际上是敬而远之；名为轻视小人，实际上是亲热地接近他们。亲近小人则看不到他们的错处，疏远君子则不知道他们的好处。不知道君子的好处，不用别人挑拨离间，自然地会疏远；看不出小人的错处，有时就会自然地亲近他们。亲热地接近小人，不是国家达到治理的方法；疏远君子难道是振兴国家的正路吗？这是陛下渐渐地不能善终的第四条。

"《尚书》上说：'不做无益的事来损害有益的事，事业才能成功；不珍视奇异之物而轻视日常用品，人民才会富足。狗和马不是本地生长的不畜养，珍禽异兽不在都城中饲养。'陛下在贞观之初，在行动上遵循尧、舜，抛弃黄金美玉，恢复纯朴的本性。近几年来，陛下特别喜爱稀奇古怪难以获得的物品，再远也要弄到手；珍奇玩物的制作，没有停止的时候。陛下爱好奢侈浪费而指望臣下百姓敦厚朴实，那是不可能的。过多地兴办商业和手工业而要求农业收成富足，这不可能得到也是显而易见的。这是陛下渐渐不能善终的第五条。

"贞观初年，陛下求访贤才就像口渴思饮那样迫切，珍惜别人举荐的人才，相信而且使用他们，发挥他们的长处，唯恐他们的长处发挥得不充分。近几年来，凭着自己心里的好恶，有时众人都说好而荐举任用的人，有时只有一个人诋毁就弃之不用；有时多年相信任用的人，有时一旦怀疑就疏远他们。行为纯朴的布衣之士，在事业上有成绩，可是诋毁的人未必认为举荐的人可以信赖；多年的行为不应该一个早上一下子消失。君子的胸怀，应该是施行仁义而弘扬盛大的功德；小人的本性，喜欢挑拨离间为自己打小算盘。陛下不审查它的根源，而轻率地进行褒贬，这就使遵守道义的人日益疏远，投机钻营谋取官职的势利小人一天天受到提拔，因此人人只求苟且偷安，不能竭力为国家效劳。这是陛下渐渐不能善终的第六条。

"陛下初登帝位的时候，位居至尊看得深远，办事只求不烦扰百姓，心里没有个人的嗜好欲望。在内部除去毕、弋之类的打猎器具，在外部杜绝一切打猎的根由。几年之后，就不能固守原来的心志了。虽然没有长时间地放纵游猎，有时也超过了天子一年三次田猎的礼制。于是，使游猎的娱乐被百姓讥讽，猎鹰猎犬作为贡物，远及于四夷。有时教习武艺的地方道路遥远，破晓之前出发，到深夜才回来，以骑马驰骋为乐，不考虑难以预料的变故，如果发生不测之祸，还来得及挽救吗？这是陛下渐渐不能善终的第七条。

"孔子说：'君主以礼节使用臣子，臣子以忠心侍奉君主。'然而君主对待臣子，礼义上不可微薄。陛下初登帝位，用恭敬的态度接待臣下，君主的恩德往下边流布，臣下的情况上达君主，上下都想着同心竭力，心里没有什么隐讳。近年以来，有许多地方忽略了。有的地方官充当使节，为上奏事情来到朝廷，想见见君主，将所见的事情陈述出来，想说则陛下又不愿倾听，想有所请求又得不到恩准，有时由于臣下讲的有不足之处，反问其小过，虽然有聪敏善辩的才能，也难以表达其内心的忠心耿耿。在这种情况下希望君臣上下同心同德，关系融洽，不也是太难了吗？这是陛下渐渐不能善终的第八条。

"骄傲不可滋长，欲望不可放纵，娱乐不可极度，志愿不可过分满足。这四个方面，是前代帝王用来求得福运，通达事理的贤人用以作为深切警诫的。陛下贞观初年，孜孜不倦，委曲自己顺从他人，经常感到做得不够。近年以来，稍微有些骄傲放纵，依恃功业之大，内心蔑视前代的帝王；自负圣哲智慧的英明，心里看不起当代的人物，这是骄傲情绪的滋长。心里想干什么，就要求称心如意，纵然有时压抑自己的欲望听从规劝，最终还是不能忘记自己想要干的事情，这是私欲的放纵。志趣在嬉戏游乐，此情没有厌倦的时候，虽然没有完全妨碍政事，但不再专心致志地关注治国，这是过度的娱乐。天下安定，外族归服，仍然对边远地区兴师劳众，向远方的外族问罪，这是过分地满足自己的心愿。亲近的人迎合陛下的旨意而不肯陈说，疏远的人害怕陛下的威严又不敢规劝，长期这样下去而不停止，必将有损于陛下的高尚品德。这就是陛下渐渐不能善终的第九条。

"过去陶唐、成汤的时候不是没有天灾人祸，然而称颂他们崇高德行的原因，是因为他们有始有终，不烦扰百姓，不放纵私欲，遇有灾害就极其忧虑勤于政事，岁月安宁也不骄矜不放纵的缘故。贞观初年，连年发生霜灾、旱灾，京郊的百姓全都流向潼关之外，扶老携幼，来来往往有好几年，没有一户人家逃亡，没有一人叫苦埋怨。这实在是由于百姓感受到陛下怜悯抚育的情怀，所以至死也不背离。近年以来，百姓疲于徭役，关中的百姓劳苦疲困尤其厉害。各种手工业匠人服役期满之后，全留下来继续受官府雇用；正在服役的兵士，上调京城服役又大多做别的事情；官方采购的物资在乡间不断，押送物资的差夫在路上一个接一个。已经有所弊端，易于惊扰百姓，或许由于水旱灾害，谷麦没有收成，恐怕老百姓的心不会像过去那样安稳踏实。这是陛下渐渐不能善终的第十条。

"我听说：'福祸的降临没有定准，是人们自己招来。'人要是没有过失，怪异不会轻易出现。陛下统治天下已有十三年，道义遍于天下，威名远扬海外，年年五谷丰登，礼教兴盛不衰，家家有德行，人人可表彰，天下太平，人民富足。到了今天，天灾流行，炎热干旱遍及全国各地；凶恶丑类为非作歹，忽然发生在京城。上天会说什么呢？上天显示征兆，提出警告，这真是陛下惊惧的时候，忧虑天下勤于政事的日子。如果发现警诫就畏惧，选择好的主张而听从，像周文王那样小心谨慎，追仿殷汤那样罪责归己。过去成功的帝王所以能够实现天下大治的经验，要勤于实践；现在所以败坏德政的弊端，要考虑改正。与人民一道除旧布新，开创新局面，改变人们的看法和说法，那么帝位就可以万古长存，普天之下的百姓便十分幸福，哪会有灾祸败亡发生呢？然而社稷的安危，国家的治乱，决定于陛下一人而已。现在太平的基础已经达到顶天的高度；但就像堆积九仞的高山，还差一筐土就成功了。现在正值千载难逢的好时机，这样的时机不会再来，英明的君主本来可以大有作为但不奋发努力，小臣为此郁结胸中而禁不住长叹不已！

"我实在愚昧浅陋，大略列举所见到的十条，贸然说给圣上听。我希望陛下采纳臣下的愚妄之言，再参考鄙陋之人的见解，希望这一得之见，对圣上的过失有所补正，那么就是死了也像活着一样，甘心接受刑戮。"

奏章送上去，太宗对魏徵说："臣下侍奉君王，顺从旨意很容易，抵制君王的情况尤其困难。你作为我的辅佐大臣，经常论述自己的见解供我采纳。我现在知道有错就能改正，也许能把好事做到底，如果违背你讲的这些话，我还有脸与你相见吗？还想用什么方法治理天下呢？自从得到你的奏章，我反复研究探讨，深深地感到语言有力，道理讲得也很正确，于是把它贴在屏障上，早晚恭恭敬敬地观看。又抄录下来交给史官，希望千年之后也能成为君臣之间应当遵守的原则。"于是，太宗赏赐魏徵黄金十斤、良马两匹。

贞观十四年（640），唐太宗对侍臣说："平定天下，我虽然实有其事，如果守天下失去法度，功勋业绩仍然难以保持。秦始皇起初也平定六国，占有天下，等到晚年却不能保住江山，这历史教训实在应当引以为戒。你们应当想着国家忘掉私利，那么荣耀的名声崇高的地位，就可以完美地保持到最终。"魏徵回答说："我听说，战而胜之容易，保持胜利困难。陛下深谋远虑，平安的时候不忘危险，功勋业绩已很显著，道德教化又遍及全国，长期这样治理国家，国家就不会倾覆败亡了。"

贞观十六年（642），唐太宗问魏徵："我看近古帝王有传位十代的，有传一代两代的，也有自己取得天下而后自己失去的。我因此心里经常感到忧虑恐惧，有时担心抚养人民而人民没有各得其所；有时又担心产生骄傲放纵的问题，喜怒没有节制。然而，自己的问题自己不觉察，你们可以对我提一提，我一定把它当作自己的行为准则。"魏徵回答说："嗜欲喜怒的情感，不论贤明的人还是愚蠢的人都是一样的。贤明的人能够节制它，不使它超过限度；愚蠢的人放纵它，膨胀到失去控制。陛下的德行极高极远，生活在平安的环境中能够想到危险，希望陛下能够经常自我控制，始终保全美德，那么子孙后代永远会得到好处。"

第十七章

以德治国，唯在诚信

魏徵在贞观十年（636）上《论时政疏》，提出了以德治国的纲领，全面阐述了儒家传统的德治思想。他说：

"臣听说治理国家的基础，必须依靠德行和礼义，国君所要坚持的，唯在于诚实和信用。诚实和信用确立了，下面的臣子就不会有二心；道德和礼义形成了，远方的人就会来归服。道德、礼义、诚实、信用，是治国的纲领，体现了君臣父子的伦理关系，一时一刻也不能废弃它。所以孔子说：'国君应当以礼来使用臣子，臣子应当以忠心服事国君。'又说：'自古人都有一死，国家如果得不到百姓的信任，它就站不住脚。'《文子》上说：'说话要讲信用，在说话之前就要有信；发布命令要有诚意，在发布命令之外一定要诚实。'如果说了而不去做，说话就没有信用；发布了命令而又不去执行，法令就没有诚意。没有信用的语言，没有诚意的命令，对上就是败坏德行，对下就是危及自身，虽然处在世道衰乱的年代，君子是不会这样做的。

"自从王道美好清明以来，至今已有十多年了，大唐的声威达于海外，各国纷纷派使者前来朝贡称臣，粮仓里的储备一天天充实，大唐的国土也一天天扩大。然而，在道德方面却没有更加深厚，仁义也没有更加广博，这是为什么呢？这是由于国君对待臣下还没有完全做到诚实和信用。虽然开始做得很好，但没有做到善终的缘故。在贞观初年，陛下听到好的意见就惊喜赞叹；到了贞观八、九年间，还乐于采纳臣下的意见。从此以后，逐渐厌恶正直的言论，虽然有时也能勉强接受，但不像过去那样宽宏大量。忠诚正直好讲实话的人，稍微有些回避国君的威严；势利奸佞之徒，放肆地施展其花言巧语的伎俩。他们把与国君同心同德的人说成是擅自专权，把忠诚正直的人污蔑为诽谤。说人家结党营私，虽然忠诚可信亡觉得可疑；说人家结党营私，虽然弄虚作假也觉得没有什么不好。这样，刚强正直的人害怕擅自专权的非议，忠诚正直的人顾虑诽谤的罪过。正直的臣子不能畅所欲言，大臣又不能同他们争辩。迷惑视听，堵塞大道，妨碍政治，损害道德，原因不就在于此吗？所以孔子说：'邪恶善辩的口才能颠覆国家。'大概就是针对这种情况说的吧！

"况且君子与小人，外貌虽然相同但内心却不一样。君子掩饰别人的短处，宣扬别人的长处，遇到危险不苟且偷生，宁可牺牲自己的生命，也要符合仁的原则。小人则不以不仁为耻，不畏惧不义，唯利是图，损害别人，保全自己。如果危害别人，那还有什么事情做不出来呢？现在想要治理好国家，必然要把国家大事委托给君子；可是政事有得有失，有时又向小人咨询。国君对待君子敬而远之，对待小人必然亲近。亲近小人就会无话不说，疏远君子则下情不能上达。这样就是褒扬小人，刑罚施加于君子。这的确关系到国家的兴亡，能不慎重吗？这就是荀子所说的：'与聪明人谋划的事情，和愚蠢的人评论它：让品行端正的人实行的事情，和行为污秽卑鄙的人怀疑它。想要事业成功，能够办得到吗？'一般智力的人，岂能没有一点儿小聪明，然而他的才能不够经国济世，他的思想没有长远的眼光，虽然竭力尽忠，还是不免失败。何况内心怀有奸邪私利、迎合奉承的人，他们造成的祸患，不是更为严重吗？立起笔直的木杆却怀疑它的影子斜，虽然竭尽精神，费尽思虑，事情也做不好，这是显而易见的道理。

"国君能够尽到礼节，臣下得以竭尽忠诚，必在于内外没有私心，上下相互信任。国君不信任臣下，就无法使用臣下；臣下不相信国君，就不能服事国君。信任作为一项原则是极其重要的。过去，齐桓公问管仲：'我想让酒在杯子里发酸，让肉在案板上腐臭，会不会损害我的霸业呢？'管仲回答说：'这绝非一件好事，然而也无损于霸业。'齐桓公又问：'什么能损害霸业？'管仲说：'不能了解人，损害霸业；了解人而不能使用人，损害霸业；使用人而不能信任人，损害霸业；既然信任人而又让小人插手干预，损害霸业。'晋国的卿大夫中行穆伯攻打鼓城，经过一年之久都没能攻下。馈间伦说：'鼓城的啬夫，我认识他。请不用劳累将士，鼓城就可以到手。'穆伯没有答理他。左右的人说：'不费一戟，不伤一卒，而鼓城就可以到手，你为什么不干？'穆伯说：'馈间伦的为人，佞邪而不仁义，假如让他拿下了鼓城，我能不赏他吗？假如奖赏他，就是奖赏佞邪之人。佞邪之人一旦得志，便使晋国的士人舍弃仁义而做佞邪之事。虽然得到了鼓城，又有什么用呢？'穆伯是诸侯国的大夫，管仲是霸主齐桓公的辅佐大臣，他们尚且这样谨慎地讲究信任，远避佞邪之人，何况身为一个大国之君，千年的圣王，却可以使盛大崇高的美德将有间断的情况呢？

"假如想要使君子与小人的是非不混淆，必须以道德来安抚他们，以信用来对待他们，用仁义来勉励他们，用礼仪来节制他们。然后喜欢好人好事，憎恶坏人坏事，谨慎而明确地实行赏罚。这样小人就无法施展他们的奸佞，君子就会自强不息，达到无为而治，还会有多么遥远吗？如果喜欢好人而不能进用，憎恶坏人而不能抛弃，有罪的受不到惩罚，有功的得不到奖赏，那么国家危亡的日子，或许不能担保不会到来，永远赐福于子孙后代，将有什么指望呢？"

贞观十四年（640），特进魏徵又上《论治道疏》，进一步论证了君臣关系，指出君使臣以礼，臣事君以忠，君臣齐心协力，是治理好国家的关键。

魏徵在《论治道疏》中说：

"我听说国君就像人的脑袋，臣子就像人的四肢。二者协调同心，有机地组成一个完整的躯体。一个人如果某一器官不完备，就不能成为一个完整的人。虽然脑袋尊贵高尚，但必须借助手足才能成为一个人的整体。君主虽然通晓一切，充满智慧，但必须借助臣子的辅佐才能治理好国家。《礼记》上说：'百姓把国君当作自己的心脏，国君以百姓为躯体，内心端庄躯体就舒坦，内心严肃面容就恭敬。'《尚书》说：'国君英明，臣子贤良，万事安然无恙。''国君行事琐碎而无雄才大略，臣子松懈怠惰，一切事情都要搞坏。'然而抛弃四肢，单凭心胸揣度，使整个国家得到治理，从来没有听说过。

"国君与臣子意气相投，自古以来就很难得。国君顺从臣子，千年当中可能出现一次；臣子顺从国君，那是经常出现的。国君能够大公无私，使天下的有用之才都能得到施展，国君自身能够发挥心脏和脊梁的作用，臣子能够充分发挥四肢的作用，君臣协调一致就像汤里的盐和梅一样，团结牢固得如同金石一般，这并非由于国君赐给臣下高官厚禄所致，而仅仅是由于君臣上下一致以礼相待而已。古时候周文王出游于凤凰之墟，袜带开了，他四周看了一下，没有一个可以使唤的人，于是自己把袜带系上了。难道说周文王时代的人都是有才德的俊杰，而当今圣明的时代唯独没有贤良的君子吗？只是知与不知，礼遇不礼遇罢了。因此，伊尹是有莘氏的陪嫁奴隶，韩信是项羽的逃亡之臣。商汤以礼相待伊尹，所以在南巢确立了帝王之业；汉高祖刘邦筑坛拜韩信为大将，所以在垓下打败项羽而成就了帝业。假如夏桀不抛弃伊尹，项羽加恩于韩信，哪能毁灭已建成的国家而成为亡国之虏呢？又如，微子是商纣王的庶兄，而被周武王封于宋；箕子是商纣王的良臣，而向周武王陈述《洪范》。孔子称赞他们的仁义，没有人非议他们。《礼记》上说：鲁穆王问子思：'为原来的国君服丧，是否古代就有？'子思说：'古代有德行的君主，用人能按照礼节，辞退人也能按照礼节，所以有为原来的国君服丧的。如今的国君，用人时喜欢得把他放在膝上，不用时恨不得把他推入深渊。那些被辞退的人，不带头攻打原来的国君也就很不错了，又怎么能为原来的国君服丧呢？'齐景公问晏子：'忠臣是怎样侍奉他们的国君的？'晏子回答说：'国君有灾难不为他去死，国君出逃不为他送行。'齐景公说：'国君分割土地封赐给臣下，用官爵授予臣下，而国君有灾难，臣下不为他去死，国君逃亡不为他送行，这是为什么呢？'晏子回答说：'臣子提出意见而被国君采纳，国君就终生不会有灾难，做臣子的为什么要为国君而死呢？臣子的劝谏被国君接受，国君就终生不会逃亡，做臣子的又有什么必要为国君送行呢？如果臣子提意见而不被国君采纳，国君有难而为他去死，那是死得冤枉啊！劝谏国君而不被接受，国君出逃而又去为他送行，这是虚伪的忠诚啊！'《春秋左氏传》记载：崔杼弑齐庄公，晏子站在崔杼的门外，崔杼的门人问晏子：'你是来为国君殉死的吗？'晏子说：'齐庄公仅仅是我一个人的国君吗？我为什么要殉死呢？'门人又问：'你想逃跑吗？'晏子说：'国君死是我的罪吗？我为什么要逃跑呢？国君如果为国家而死，我便为他而死，国君为国家而逃亡，我就跟着他逃亡。假如国君为自己而死，为自己而逃亡，不是他最亲近的人，谁愿意为他而死、跟随他逃亡呢？'崔杼家的门打开以后，晏子走了进去，伏在齐庄公尸体的大腿上痛哭，然后站起来，跳了三下就离开了。孟子说：'国君对待臣子亲如手足，臣子就把国君当作心腹；国君对待臣子如犬马，臣子就把国君当作普通的国人；国君把臣子视如粪土，臣子就把国君当作仇敌。'虽然说臣子侍奉国君不能三心二意，但是至于离开国君还是留下来侍奉国君，应当取决于国君对待臣下恩遇的厚薄而定。这样看来，作为百姓之主的国君，怎么可以对下属臣民无礼呢？

"我观察在朝的群臣，有的主持朝廷重要部门的工作，有的奉命驻守边关，或参与国务决策，他们都是为国建功立业的一代出类拔萃的人，处在至关重要的地位，担负重大的任务。委派给他们的责任虽然重大，但对他们的信任却不深，于是他们时有疑虑。人的内心有疑虑，就会在思想上抱着得过且过的消极态度。思想上抱着得过且过的消极态度，就不会树立做臣子的行为规范。做臣子的不能树立应有的行为规范，名分礼教便得不到倡导。名分礼教得不到倡导，而与群臣共同巩固长治久安的基业，保持七百年的国祚，是不可能的。又听说国家对功臣很敬重爱惜，不追究过去的罪行，效法前朝的圣君，没有一点儿差别。然而只对大事宽恕，而对小的过错则很严厉，一时动怒便要责怪，不除掉个人的好恶之情，是不可能治国的。国君严厉地执行法令，下面的臣民有时还会触犯它，何况上边开了违法的头儿，下边必然变本加厉。河床壅塞而河堤崩溃，伤害的人必然很多，想使黎民百姓如何做才好呢！这就是国君在上边开了一个缺口，下边就会产生各种各样的弊端，国家没有不乱的。《礼记》上说：'自己喜爱的人要知道他的短处，自己憎恶的人要知道他的长处。'假如自己憎恶的人不了解他好的一面，那么，做好事的人必然感到畏惧；自己喜爱的人而不了解他的短处，那么，做坏事的人的确会越来越多。《诗经》上说：'君子如果对谗邪小人斥责发怒，作乱的事大体上即可制止。'然而古人的震怒，是用来惩罚恶人的，而现在人的震怒，却是用来助长奸邪小人势力的。这就不是唐尧、虞舜的本意，也不是夏禹、商汤的行为。《尚书》上说：'安抚我的就是我的国君，虐杀我的就是我的仇敌。'荀子说：'国君是船，百姓是水。水可以浮载着船，也可以把船打翻。'孔子说：'鱼离开水就会死去，水离开鱼仍然是水。'所以古代的先王唐尧、虞舜战战栗栗，小心翼翼，一天比一天谨慎行事。我们今天怎么可以不深思这些道理，怎么可以不反复思考这些道理呢？

"将国家的重任委托给大臣，小事责成小臣来办，这是处理国家的常规，也是治理国家的基本方法。现在，委任官职则重视大臣而轻视小臣；出现问题又轻信小臣而怀疑大臣。相信自己所轻视的小臣，怀疑自己所重视的大臣，要想求得国家的大治怎么可能呢？再者，治国贵在政策稳定，而不要经常改变。现在或者对小臣委以重任，或责成大臣去办小事；小臣坐在不应该占有的位置上，大臣又失去他们应有的职守。大臣或许因为小的过错而获罪，小臣或者因为大事没办好而受到惩罚。官职与地位不相称，惩罚的又与他们的罪过不符合，想让他们没有私心杂念，希望他们各尽其力，不也是很难的事情吗？小臣不应当委以重任，大臣不应当追究他们的小过。任用大臣而追究他们的小过，那些刀笔之吏就迎合圣上的旨意，看风使舵，舞文弄墨，钻法律的空子，歪曲事实，罗织罪状。大臣自我辩白吧，国君就以为大臣拒不认罪；不说吧，国君又以为这些罪状都属实。进退两难，无法辩明自己所受的冤枉，于是就侥幸免祸。大臣侥幸免祸，就会使欺诈的事情萌发滋长，欺诈的事情萌发滋长，弄虚作假的情况就会成风，弄虚作假的情况成风，国家就不可能治理好。

"对委任的大臣不诚心实意地加以充分信任，以什么责成他们做到忠恕呢？大臣有时也会有失误，国君也不见得什么都对。国君不信任臣下，必然以为臣下没有什么值得信任的。如果认为臣下是不可信任的，那国君也就值得怀疑了。《礼记》上说：'国君多疑，百姓就感到困惑。这样下情就难以了解，国君就要长期忧劳。'国君与大臣互相猜疑，就谈不上国家达到大治了。现在君臣之间关系疏远，流言蜚语一而再、再而三地传到国君耳中，国君不像曾参的母亲那样放下织布的梭子，我暗自思量，还没有见过这样的国君。天下如此之大，士人百姓如此之多，难道没有一两个人可以信任吗？原来国君能信任的臣下就认为一切都好，所猜疑的臣下就没有一点儿值得信任的，难道这只是臣下的过错吗？况且一个平庸之辈与别人结为好友，也会以身相许，至死不渝，何况君臣之间意气相投、情同鱼水呢？假如国君像尧、舜那样圣明，臣下像稷、契那样贤良，哪能遇到一点儿小事就改变志向，看见一点儿小利就变心呢？这虽然是臣下的忠心不明显，也是由于国君对臣下不信任所造成的。难道这是国君以礼相待臣下，臣下以忠侍奉国君吗？依靠陛下的圣明，凭借当今的功业，真正能够广泛寻求当今的俊杰，君臣上下同心同德，那么三皇可以增至四皇，五帝可以增为六帝了，夏、殷、周、汉哪里能够相提并论呢？”

魏徵在《理狱听谏疏》中进一步论述了德治与法治的关系，指出圣明的君主治理天下，移风易俗不依靠严刑峻法，只在仁义上下功夫。仁义是治国之本，刑罚是治国之末。作为一个国君要致力于治理民心。

魏徵说：“臣听说道德的敦厚，没有高过黄帝和唐尧的，仁义的兴盛，没有明显于虞舜和夏禹的。要想继承黄帝和唐尧的风范，追随虞舜和夏禹的业绩，必须以道德来安定天下，以仁义来弘扬教化，推荐贤良的人才而任用，选择好的主意而信从。如果不信从好的主意，任用贤能的人才，而委用庸俗无能的官吏，既然没有远大的胸怀，必然在重大的问题上有所失误，只依靠法律来约束天下的百姓，要想垂衣拱手无为而治，那是根本不可能的。所以圣明的君主治理天下，移风易俗而不依靠严刑峻法，只在仁义上下功夫而已。因此，不仁爱就没有广泛的奉献，不仁义就无以端正自己的行为。以仁施惠于百姓，以义端正自己的行为，那么他的政治不用太严厉就能够治理好天下，他的教化不用太正规就能收到成效。这样说来，仁义是治国之本，刑罚是治国之末。治理国家之有刑罚，就像驾驭马车要有鞭子一样。人们都服从教化，刑罚就没有用；马竭尽其力，鞭子也没有用场。这样说来，刑罚不能够达到治国的目的也就不言自明了。所以，《潜夫论》一书中说：'国君治国没有大于用道德教化百姓的，人民有性格、有感情、有教化、有风俗。人的性情就是人的内心，这是根本；教化和风俗是人的行为，这是枝节。因此，国君安抚天下，先抓治理国家的根本后抓枝节，顺平民心而按照他们的意志办事。人的思想感情假如很端正，那么邪恶的心术和行为就无从产生，邪恶的意念也无由体现。因此，做国君的没有不致力于治理民心的。孔子说：'审理案件，我同别人差不多，一定要使诉讼的事情完全没有才好。'用礼来引导百姓，务必使他们性格敦厚而又通情达理。百姓相互爱护，就不会有相互伤害的想法；百姓在行动上考虑是否合乎义，就不会心怀奸邪。像这种情况，并不是法律所能奏效的，而是道德教化所造成的。圣人十分重视德治而卑视严刑峻法，所以舜帝先命令契郑重其事地布置五种伦理道德的教化，而后才任咎繇制定五刑之法。凡是立法的人，并不是着眼于管治百姓的短处，因为他们的过错和失误而诛杀他们，而是防止奸邪罪恶而拯救百姓于灾难，检查奸邪而使百姓走上正路。百姓蒙受好的教化，人人都会有士君子之心；如果对百姓施以严刑峻法，人人都会怀有奸邪动乱的念头。好的教化之养育百姓，就像工人把粮食发酵而成为曲豉那样。天下的百姓，一同承受先人的荫德；一般未经教化的百姓，就像没有发酵成为曲豉的豆子和麦子一样。百姓变成什么样子，在于国君的抚育。百姓遇到好的官吏，内心忠诚信实而行动仁爱忠厚；碰上坏的官吏，内心奸邪而行为浅薄。忠厚积累得多了，就可以导致天下太平；浅薄积累得多了，就会导致国家危亡。因此，圣明的帝王，都重视道德教化而轻视严刑峻法。德，是用来约束自己的；威，是用来惩治别人的。百姓的生活如何，好比在火炉里冶炼金子，是方的还是圆的，是薄的还是厚的，随着冶炼制作而有所不同。因此，说世道的好坏，习俗的厚薄，都在于国君。国君的确能使普天之下所有的人，都感受到忠厚的情感而没有浅薄之害；每个人都奉献出公平正直的心而没有奸邪险恶的思虑，这样淳朴的社会风气，又出现在眼前了。后来的帝王虽然未能完全遵循先王之道，一心一意地崇尚仁义，但应当用刑慎重不滥，在情感上尊重百姓，大公无私，所以管子说：'圣明的君主讲究原则而不讲究智谋，讲究出于公心而不出于私心。'因此才能统治天下，治理好国家。

"贞观初年，陛下胸怀公正之心，如果有人犯罪，都要绳之以法，即使临时处罚有的量刑轻，有的量刑重，只要听到臣下坚持不同的意见，从没有不欣然采纳的。百姓犯了罪知道处治公正无私，也甘心接受而没有怨言；臣下见所言没有不顺从的，所以竭尽全力来效忠国君。近几年以来，执法渐渐苛刻严峻，虽网开三面，而能够察见深水中的鱼，是抓还是放，取决于陛下的爱憎；惩罚轻重，出于陛下一时的喜怒。对于自己所喜爱的人，犯罪虽重但极力为他辩护；对于自己所厌恶的人，罪过虽然不大，但极力追究他的动机。法律没有一定的准绳，以自己的感情来处以轻重。假如有人据理力争，则怀疑他阿谀诈伪，所以受到惩罚的人没有进行控告的，当官的也不敢仗义执言。不让人家心服口服，却想封住人家的嘴。这样，欲加之罪，何患无辞。再有五品以上的官员犯罪的，全由有关部门奏报，本意是了解他们的情况，有所怜悯，然而现在却想方设法追究枝节问题，有时反而加重了他们的罪过，让人攻击他们唯恐不严苛。他们没有触犯重要的法律条例，追究他们在法律之外的罪名，加重处治，这种情况十有六七。所以近几年犯人害怕向上面诉冤，能够报到司法部门，就以为很幸运了。诬告者层出不穷，追究起来没有止境，国君在上面徇私，官吏在下面欺诈，追究小的罪过而丢掉重大的原则，执行一次惩罚而引发出许多奸诈。这是违背公正的原则，与大禹见臣民犯罪被惩罚而痛哭，深感自己没有教育好臣民的本意相抵触，想要人们和睦相处不打官司，那是不可能的。

《体论》说：'放荡与盗窃，是百姓所痛恨的，我因此而惩罚这些罪犯，虽然惩罚得有些过重，百姓并不认为我是残暴的人，这是因为我出于公心。怨恨、耽误农时、挨饿受冻，也是百姓所厌恶的，为逃避这些灾难而失足犯法，我根据情况赦免他们的罪，百姓并不认为我是不公正的人，这是因为我出于公心。我所重罚的罪犯，是百姓所憎恨的；我所轻罚的罪犯，是百姓所怜悯的。所以，轻赏能够劝人从善，不用刑罚可以禁止奸邪。'由此看来，出于公心执法，没有什么不对的，处理得过轻也可以。出于私心执法就没有正确可言，处治过轻就是纵容奸邪，处治过重就是陷害善良。圣人执法出于公心，然而还担心失于公正。因此，用教化来补救，这是上古帝王所专心致力的。后来执法的人就不是这样了，还没有审讯罪人，就先有了主观臆断，等到审讯罪人的时候，就迫使罪人的口供与自己的主观臆断一致，这就称之为能；不探讨案件的

239

来龙去脉，事先按照国君的旨意来压服罪犯，这就称之为忠。当官称得上能，侍奉君王称得上忠，名与利便随之俱来。用主观臆断迫使人们陷于有罪，而想让道德教化兴隆，那就太难了。

"凡是处理诉讼案件，一定要考察父子之亲，树立君臣之义，权衡轻重的次序，预测深浅的程度。要使办案人员具有聪明才智，具有忠孝仁爱之心。遇到疑难问题就和大家共同商量，没有弄清的问题就从轻处理，这正是体现慎重用刑。因此，舜命令咎繇说：'你作为一个官吏，在用刑上要慎重。'还要反复审讯，直到水落石出，大家都认为合适，然后再决断。这样执法，必须参考人的情理。所以《传》上说：'大大小小的案件，虽然不能一一明察，但一定要符合情理。'而那些平庸、迂腐、苛刻的官吏，认为情就是给一些东西，树立爱憎，偏袒亲属，报怨仇。这样的世俗小吏之情与古人所说的相差有多么遥远！有关部门以这种情况怀疑下面的一些官吏，国君以这种情况怀疑有关部门，君臣上下相互怀疑，要想使臣下为国尽忠树立气节，那将是很难的事情。

"凡是审理案件，必须以犯罪事实为主，不以严刑逼供，不从犯罪事实以外取证，不节外生枝，以便对案件清楚了解，所以在法律上重视检举和弹劾之法，参考验证讼词，这是为了实事求是，不是为了掩盖事实。只是用参证比较来使耳聪目明，不使狱吏枉法掩饰事理陷人于罪。孔子说：'古代审理案件，想方设法让罪犯免于一死，现在审理案件，想方设法让罪犯构成死罪。'因此，用解释法律条文的方法，断章取义，歪曲破坏法律，不加分析地用现成的案例去随意处理案件，这样，搞歪门邪道的人必然越来越多。《淮南子》说：'沣水有八丈之深，把金铁放在里面，其形显露于外，不是水不深，而且清澈见底，鱼鳖都无法藏身。'所以做国君的以苛察为明察，以立功为明智，以苛求下属为忠，以揭发攻击别人多为有功，这好像一张大的皮革，想让它变得更大，虽然是变大了，但容易裂啊！赏应当从重，罚应当从轻，国君处于优厚的地位，这是历代君王通用的原则。刑罚的轻重，恩惠的厚薄，受人怀念与被人憎恨，其可同日而语吗？而且法律是国家权衡轻重的依据，是判断时事的准绳。权衡是用来确定轻重的，准绳是用来纠正曲直的。现在制定法律注意宽容和公正，而惩罚人却极其残酷，喜怒由着自己的意志，高下在于自己的心愿，这就是放弃准绳来纠正曲直，抛弃权衡来确定轻重，这不令人感到迷惑吗？诸葛孔明，是三国时期小国蜀国的宰相，他说：'我的心虽然像秤一样，但不能为人权衡轻重。'何况作为一个大国之君，正当天下太平之时，上下有德，反而随心所欲放弃法律，受到世人的怨恨呢？

"再者，有时发生点儿小事情，不想让人知道，就突然发威动怒，以平息人们的诽谤非议。如果做得对，让别人知道了，有什么坏处？如果做得不对，虽然掩盖它，又有什么好处？所以谚语说：'要想人不知，不如己莫为；要想人不闻，不如己不说。'做了而又想让人不知道，说了而又想让人听不到，这就像遮住眼睛捉麻雀、捂住耳朵盗铃铛，只能受到人们的讽刺和嘲笑，还会有什么好处呢？臣又听说，没有总是动乱的国家，没有不可以治理的百姓。国君的好坏取决于他用道德教化百姓的厚薄，因此，禹、汤重视教化，国家就得到治理；桀、纣轻视教化，国家就发生动乱。周文王、周武王重视教化，国家得以安定；周幽王、周厉王轻视教化，国家处于危亡。所以古代的贤哲明君竭尽自己的所能而不埋怨别人，严格要求自己而不责备下属。因此说：'禹、汤严于律己，他们的事业就蓬勃兴旺；桀、纣专门整人，他们的灭亡出乎自己的预料。'因为国君没有检点自己，深深地背离了恻隐之情，实际上打开了奸邪之路。温舒遗恨于过去的上书言事，臣也为他的上书未被采纳而感到惋惜，并不是没听说过此事。臣听说尧置敢谏之鼓，舜设诽谤之木，汤有主管正邪曲直的裁判官，周武王立警诫官吏的铭文。这就是听取意见在未出现问题之前，征求意见在问题未发生之前，虚心地对待下属，以求下情能够上达，上下没有私情，国君与臣下同心同德。魏武帝说：'有德行的国君乐于听取逆耳之言，国君要亲近忠臣，厚待敢于提意见的人；斥责好进谗言的阴险之徒，远离这些奸佞的人。这样做的确是想保全自己和国家，远远躲避灭亡啊！'大凡所有的仁人志士，承受天命统治国家的君主，即使不能做到上下无私，君臣同心同德，难道可以不保全自身和国家，远远躲避死亡吗？然而，自古以来圣明睿智的国君，治国的成功，事业的建树，没有不是上下同心同德、我有错误你来纠正、相辅相成的。

"过去在贞观之初，陛下身体力行，努力亲政，谦虚地受理各种政务。听到正确的意见一定改正，有时出现一点儿小过错，引导、采纳忠诚的规谏，每当听到直言，就喜形于色。所以凡是在朝的忠烈之士，全都尽心竭力地提意见。近年来国内安定，远方的少数民族慑服于中国的强大，而陛下却骄傲自满起来，远不是当初的样子了。高谈憎恶邪恶，却喜欢听顺乎自己心意的话；空谈忠诚正直的言论，却不喜欢听逆耳之言。私臣嬖妾的路子逐渐敞开，大公无私的道路便日益闭塞，这种情况连来往的行人都知道。国家的兴衰，正是由于这个原因。作为国君能不从中吸取教训吗？臣数年以来，每当接到圣上的明旨，就深深地担心群臣不肯把内心的话都说出来。臣深切地思考这样一个问题：近来有的人上书，事情本来有成绩也有失误，只见他们讲事情的短处，不见称赞事情的长处。再者，国君居于至高无上的地位，国君的威严难于触犯，有些轻率的地方，下面不敢都说出来；有时虽然能说出一些，也不能畅所欲言，而再想把话完全说出来，又没有机会。而且，所说的话得当有理，未必受到宠爱，给予加官晋级；而所说的话有些地方不合圣意，必将有耻辱随之而来。不能尽到臣子的气节，原因就在于此。即使在陛下左右近侍，朝夕在宫廷里议事，有些事情或许有触犯国君的地方，也都怀有一定的顾虑。何况更多的臣子与国君相距甚远不能妾近，将怎样极力表现他们的忠心耿耿呢？有时陛下或许这样说：'臣下看到什么问题，尽管来说，为什么所说的话立即让我采纳呢？'这实际上是拒绝臣下规谏，实在不是采纳忠言的意思。为什么这么说呢？冒犯国君的威严，提出正确的意见代替错误的意见，是为了成全国君的美德，纠正国君的过失。如果国君听了以后表示疑惑，事情就不能施行，使臣下尽忠直之言，竭辅佐之力，还担心他们临时失态畏惧，不肯效其赤诚之心。假如按照陛下所说的那样，便是允许臣子当面顺从，而又要求他们畅所欲言，使他们左右为难。想要让臣下直言极谏，就在于国君的所好而已。所以齐桓公喜欢穿紫色的衣服，则整个齐国再没有不同的服色；楚王喜爱细腰的美女，则后官的宫女就有不少活活饿死的。在声色玩乐方面，人们还宁死不违背国君的旨意，何况圣明的国君征求忠诚正直的人士，千里之内都会响应，的确并不算难。假如只是在口头上虚有其言，而内心并不打算那样做，要想使忠诚正直之士应征而来，那是不可能的。"

第十八章 尊崇儒学，大兴礼乐

自汉武帝统治时期董仲舒提出"罢黜百家，独尊儒术"以来，儒学思想一直是封建统治阶级的正统思想。唐王朝建立后，唐高祖、太宗也大力提倡周、孔之道。武德二年（619），在国子学立周公、孔子庙各一所，四时致祭。武德七年（624），以周公为先圣，孔子配享。武德九年（626），封孔子的后代为褒圣侯。

唐太宗即位以后说："周孔儒教非乱代之所行，商韩刑法实清平之秕政。道既不同，固不可一概也。"魏徵接着指出，商鞅、韩非的那一套法家思想只能"权救于一时，固非致化之通轨"。治理天下要靠儒家的"王道"，这是贞观君臣的共识。

贞观二年（628）六月，唐太宗说："梁武帝君臣只会谈论佛教的苦行和空寂，侯景之乱，百官不能够骑马。梁元帝被北周的军队包围，还在讲论《老子》，百官穿着戎装听讲，这些深足为戒。朕所好者，只有尧、舜、周公、孔子之道，认为这如同鸟有翅膀，鱼有水，失之将要死亡，不可片刻没有它们。"同年九月，唐太宗问黄门侍郎王珪："近年以来，君臣治理国家，多数比以前的君臣拙劣，这是什么原因呢？"王珪回答说："以前的帝王治理国家，志在崇尚清静无为，他们想百姓之所想；近年来的君臣只损害百姓的利益以满足自己的欲望，所任用的大臣，不再是精通经学的人。汉朝的宰相，没有一个不是精通一门经典的，朝廷如果发生疑难问题，皆引经据典地作出决定，因此人们大多懂得行为规范，国家治理得很安定。近年来，重视武备而轻视儒术，或者参用法令刑律，儒家的道德规范已经遭到损害，淳朴敦厚的社会风气也受到很大破坏。"太宗对王珪的话深以为然。从此以后，百官中学有专长并且懂得政治的人，大多得到晋级，有的多次被提拔重用。

贞观二年（628），唐太宗根据左仆射房玄龄和博士朱子奢的建议，诏令周公为先圣，在国学专门设置孔子庙堂，以孔子为先圣，以颜回为先师，恢复学校中的祭孔仪式。这一年大收天下儒士，赐给他们车马食宿的方便条件，招他们到长安来，提拔他们担任不小的官职，分配在朝廷里做官的人不少。学生中通晓一大经以上的，都兼任官职。国子监增设学舍四百多间；国子、太学、四门、广文馆也增收了不少的生员，书学、算学都设博士和学生，使众多的学科都齐备。唐太宗多次巡幸国学，让祭酒、司业、博士讲学，讲完以后，各赐束帛。四面八方的学生背着书前来就学的，大概有一千多人。不久，吐蕃、高昌、高句丽、新罗等诸多少数民族酋长，也派遣子弟请求入学。于是国学之内，每天听讲的学生，几乎有万人之多。儒学的昌盛，过去从来没有这样的。

贞观四年（630），唐太宗下令：全国各州县都设孔子庙。贞观十一年（637），又下诏尊孔子为宣父，在兖州特设庙殿。贞观十四年（640）二月，唐太宗下诏优赏梁朝的皇侃、褚仲都，北周的熊安生、沈重，陈朝的沈文阿、周弘正、张讥，隋朝的何妥、刘炫等前代名儒，将他们的子孙名字呈报上来，予以荫官。贞观二十一年（647），唐太宗再次下诏，以左丘明、卜子夏、公羊高、穀梁赤、伏胜、高堂生、戴圣、毛苌、孔安国、刘向、郑众、杜子春、马融、卢植、郑玄、服虔、何休、王肃、王弼、杜预、范宁等二十一位先代大儒，配享孔子庙。这样，大大提高了孔子及儒学的社会地位。

唐太宗不仅推崇孔子及前代的儒学大师，而且十分重视当代的儒学之士。太宗即位之初，即在弘文殿的左侧，设置了弘文馆，精选天下的文人学士，令以本官兼任弘文馆学士，供给上等的膳食，轮流值夜班，以便在太宗上朝听政的空闲时间引入内殿，讨论"三坟""五典"，商讨政治问题，有时直到深夜才结束。又诏令有功的贤才三品以上的子孙为弘文馆学士。当时的儒学名士虞世南、褚亮、姚思廉、欧阳询、蔡允恭、萧德言等都是弘文馆的学士，他们可以与唐太宗研讨古今，道前王所以成败，参加议定礼仪、律令等朝廷制度。贞观七年（633），唐太宗提拔虞世南为秘书监，赐爵永兴县子。太宗推重他学识渊博，曾称他有五绝：一曰德行，二曰忠直，三曰博学，四曰文辞，五曰书翰。每当听政之隙，与他谈论古今，共观经史。世南秉性抗直，每论及古先帝王为政得失，必存规讽，多所补益。唐太宗曾对侍臣说："朕因暇日与虞世南商略古今，有一言之失，未曾不怅恨，其恳诚若此，朕用嘉焉。群臣皆若世南，天下何忧不理？"

唐太宗重视经籍图书的搜集与整理工作。由于隋末丧乱，"先代之旧章，往圣之遗训，扫地尽矣"。武德四年（621），平定东都后，"于时海内渐平，太宗乃锐意经籍"。次年，令狐德棻为秘书丞，鉴于经籍散失，"奏请购募遗书，重加钱帛，增置楷书，令缮写。数年间，群书略备"。太宗即位，在弘文殿聚集了四部书二十万卷。贞观二年（628），魏徵任秘书监，向唐太宗奏议：请购募天下图书，并选五品以上官僚的子弟为书手，缮写藏于内库。魏徵"以丧乱之后，典章纷杂，奏引学者校定四部书。数年之间，粲然毕备"。经魏徵等人校定分类，第一为经部，第二为史部，第三为子部，第四为集部，即所谓"经、史、子、集"图书编目的四部体制最终确定了。

贞观四年（630），唐太宗认为儒家的经典书籍离开圣人久远，字句谬误，版本不一，下诏令前中书侍郎颜师古在秘书省考证校订《五经》。颜师古师承家传，博览群书，尤其擅长文字训诂、声韵、校勘之学。他奉太宗之命，潜心于《五经》考订，利用秘书省所藏的大量经籍图书，以晋、宋以来古今本为依据，悉心校正。历时两年多，《周易》《尚书》《毛诗》《礼记》《左传》等《五经定本》完成了，进呈唐太宗。唐太宗又下诏令尚书左仆射房玄龄召集许多学者再加以详细审议。当时的儒家学者墨守师传，错误的东西相传已久，都以讹传讹，异端邪说蜂拥而起，纷纷对《五经定本》提出很多意见。而颜师古引用晋、宋以来的古本，根据版本明白地予以解答，引用的根据既详尽又清楚，都出于他们的意外，诸儒没有不赞叹佩服的。唐太宗为此不断地表扬颜师古，赐给他帛五百匹，提拔他为通直散骑常侍。贞观七年（633）十一月，颁布颜师古所校定的《五经定本》于天下，让学子们学习，作为中央至地方各级学校的标准教科书。

贞观十二年（638），唐太宗针对当时"儒学多门，章句繁杂"的情况，命令新任国子祭酒孔颖达主编《五经》义疏，辅之以颜师古、司马才章、王恭、王琰等名儒，参加者还有国子司业、助教、太常博士以及四门博士等二十多人。经过两年的努力，一百八十卷的《五经》义疏于贞观十四年（640）二月编成，名曰《义赞》，唐太宗下诏改名为《五经正义》，并褒奖孔颖达等人"博综古今，义理该洽，考前儒之异说，符圣人之幽旨，实为不朽"。孔颖达等奉敕编撰的《五经正义》，选取《周易》王弼注、《尚书》伪孔安国传、《左传》杜预注、《诗》毛传郑笺、《礼记》郑玄注等五种作为底本。疏解则多据南北朝至隋经师们的释文，采录诸家旧说，编缀成书。但是，由于《五经正义》杂出众手，弊病很多，太学博士马嘉运因参与编撰义疏，以孔颖达所撰《五经正义》颇多繁杂，提出很多意见。贞观十六年（642），唐太宗下诏更令详定，但因孔颖达年老退休，无法再主持修订工作。至高宗永徽二年（651），下诏继续重修，永徽四年（653）三月完成，仍以孔颖达署名，正式颁行天下，作为钦定的全国性教科书。

礼乐是维护封建统治的重要上层建筑。唐高祖定鼎长安以后，就令窦威为大丞相府司录参军，沿袭隋礼，略加裁定。贞观二年（628），唐太宗下令让中书令兼礼部尚书房玄龄召集一批礼官学士修改旧礼。次年，魏徵任秘书监，也参加修订工作。至贞观七年（633），《贞观新礼》初次修订稿完成，篇目大体上和《隋礼》相同。由于《贞观新礼》有许多不完善之处，唐太宗又命房玄龄、魏徵、王珪等大臣主持修改，同时邀请一批著名学者如颜师古、孔颖达、令狐德棻、李百药等参加。孔颖达起了重要作用，他"与朝贤修定《五礼》，所有疑滞，咸咨决之"。贞观十一年（637）三月，《贞观新礼》修成，定著《吉礼》六十一篇、《宾礼》四篇、《军礼》二十篇、《嘉礼》四十二篇、《凶礼》十一篇，共计一百三十八篇，比初稿增加了八篇。唐太宗诏颁天下说："广命贤才，旁求遗逸，探六经之奥旨，采三代之英华，古典之废于今者，咸择善而修复，新声之乱于雅者，并随违而矫正。"

《贞观新礼》的颁行，唐太宗非常重视，他说："昔周公相成王，制礼作乐，久之乃成。逮朕即位，数年之间，成此二乐五礼，又复刊定，未知堪为后代法否？"魏徵回答说："拨乱反正，功高百王，自开辟以来，未有如陛下者也。更创新乐，兼修大礼，自我作古，万代取法，岂止子孙而已。"

贞观十一年（637）十月，唐太宗在洛阳宫宴请群臣，酒酣，就《尚书》赋诗一首："日昃玩百篇，临灯披《五典》。夏康既逸豫，商辛亦流湎。恣情昏主多，克己明君鲜。灭身资累恶，成名由积善。"魏徵就《汉书》史事作诗道："受降临轵道，争长趋鸿门。驱传渭桥上，观兵细柳屯。夜宴经柏谷，朝游出杜原。终藉叔孙礼，方知皇帝尊。"太宗说："魏徵每言，必约我以礼也。"不久，因魏徵参与修定"五礼"，当封一子为县男，魏徵请求转让给孤兄子叔慈。太宗感叹地说："卿之此心，可以激励风俗。"便答应了魏徵的请求。

除了官修的《贞观新礼》以外，还出现了许多著名的私人礼学研究成果。魏徵"以戴圣《礼记》编次不伦，遂为《类礼》二十卷，以类相从，削其重复，采先儒训注，择善从之，研精覃思，数年而毕。太宗览而善之，赐物一千段，录数本以赐太子及诸王，仍藏之秘府"。

贞观十四年（640），唐太宗对礼官说："同住在一起的人，死后还有服缌麻的恩情，而叔嫂之间却没有丧服；再有舅与姨亲疏关系差不多，而丧服却不相同，未必合于礼，应当召集学者仔细议论一下。其他有亲情重而丧服轻的，也要附带研究上报。"

当月，尚书八座与礼官研究了一个意见说："我们听说礼是用来决断疑难问题，决定犹豫不决的行为，辨别同异，明确是非的。它不是从天上掉下来的，也不是从地下冒出来的，而是出于人的感情而已。为人之道首先在于和睦九族，和睦九族，从关系亲近开始，由近及远。亲属有等级差别，所以丧礼也有尊卑、厚薄的区别。随着恩情的厚薄，应该制定与恩情相称的丧礼条文。舅与姨，虽然都是有血缘关系的亲属，但从母亲方面来看，亲疏轻重就相差悬殊了。为什么呢？舅为母亲的本宗，姨是外姓亲属，从母亲的家族来看，姨是不在其中的，考察经典和历史，舅实在是重要的亲属。所以，齐国世代与周朝通婚，称为甥舅之国，周王行事不能不念及这种关系；秦康公思念晋文公，实在切合《诗·秦风·渭阳》那首诗的诗意。现在舅舅的丧服仅居丧三个月，为姨服丧五个月，按照亲疏关系，这种丧服的规定不符合实际。追逐枝节而失掉根本，这也许是古人的感情没有考虑周到，所应减少或增加的地方，实际上就在于此。

"《礼记》上说：'兄弟的儿子就像自己的儿子一样，这大概是因为有血缘关系而引为近亲；嫂子和小叔之间没有丧服，这大概是因为没有血缘关系而推为远亲。'按照丧礼的规定，继父如果是和自己住在一起的，就为他服一年丧；

未曾在一起住的，就不为他服丧。姨母的丈夫，舅舅的妻子，为二人服同样的丧服。有人说：'同住在一起的人服缌麻（服丧三个月）。'然而继父并不是骨肉之亲，丧服重是由于住在一起，恩情薄是由于不住在一起。由此可知，制定丧服虽然根据亲属的名分，但也缘于亲情的厚薄。或许有年龄大的嫂子，遇到还是小孩子的小叔子，嫂子辛苦抚养，感情就像自己生的，饥寒相共，相依到老，比起同住的继父或其他人，感情的深浅怎么可以相提并论呢？在嫂子活着的时候，爱如骨肉之亲，当她死去时，就把她推得远远的，探讨这种现象的根源，使人很不理解。假如死后把嫂子推得远远的是对的话，那就不可以生前同住在一起；假如活着的时候同住在一起是对的话，那就不应该在死后如同路人那样疏远。看重生前而轻视死后，厚其开始而薄其临终，那么，与感情相称制定丧礼条文的意义何在？而且以侍奉嫂子而被称赞的人，记载于古籍之中的不止一个。东汉的郑仲虞，侍奉寡嫂，抚育孤儿，情谊礼节甚为厚重。晋人颜弘都，其嫂樊氏双目失明，弘都尽心奉养。相传蚺蛇胆可以治疗失明，弘都整日忧愁叹息，终于感动了神人。忽有一童持袋相赠，打开一看，原来是蚺蛇胆，弘都用以治疗嫂嫂的眼病，使嫂嫂的眼睛重见光明。东汉的马援要见嫂子时，先要端正地戴好帽子。孔子的孙子子思在嫂子的灵位前哀哭。这些人本来是亲自实行礼教，仁义深厚，孝敬父母，友爱兄长，考察这些行为的意义，岂不是认识高于常人吗？但是，那时上边没有英明的君主，礼也不是臣民所议论的事，于是就使这种深厚的情义埋没千年，最根本的道理隐藏万古，这种事情由来已久，怎能不让人感到惋惜呢？

现在陛下认为尊卑的次序虽然清楚明白，而丧事制度有的与情理还不符合，于是命令太常礼官详细讨论增删。臣等遵照圣明的旨意，弄清一种情况后触类旁通，选择引用各种经典，讨论各种传记，有的删掉，有的引用，既考虑名分，又结合实际，减其多余的，补其不足的。使过去没有条文的礼节确立常规，敦厚和睦之情都有所体现，改变过去浅薄的风气，为后世立下深厚的情义，陈述六经上所没有谈到的，这是陛下超过百代帝王而独有的建树。

"我们谨向陛下建议：曾祖父母，旧服齐衰（丧服名，五服之一。服以粗麻布做成，因缉边故称齐衰。服期一年者，如孙为祖父母，夫为妻；五月者，为曾祖父母；有三月者，为高祖父母）三个月，请增加为五个月；嫡子妇，旧丧服为大功（丧服名，五服之一。其服以熟麻布做成，服期九个月），请增加为齐衰一年；其他子妇，旧丧服为小功（丧服名，五服之一。其服以较细麻布做成，服期为五个月），现在请求和兄弟一样服大功九个月；嫂与小叔，过去无丧服，现在请服小功五个月；为弟妻和夫兄也服小功五个月；舅，旧服为缌麻（丧服名，五服之一。古代丧服分为五等：斩衰、齐衰、大功、小功、缌麻。缌麻为五服中之最轻者，其服用细麻做成，服期为三个月），请增加到与姨母一样，服小功五个月。"唐太宗下诏，同意这些建议。这些建议都是魏徵提出并写成的。

唐朝建立之初，承袭隋朝的九部乐，直到武德九年（626）正月，唐高祖李渊下令，由太常少卿祖孝孙开始修定雅乐。祖孝孙是著名的音乐大师，熟悉梁、陈、周、齐旧乐，吴楚之音以及胡戎之伎，"于是斟酌南北，考以古音，作为《大唐雅乐》。于贞观二年（628）六月修订完毕。贞观六年（632），唐太宗又令褚亮、虞世南、魏徵等作新乐乐章。

贞观新乐是在隋朝九部乐的基础上形成的。隋朝的九部乐是指燕乐、清商、西凉乐、扶南乐、高丽乐、龟兹乐、安国乐、疏勒乐、康国乐九种。贞观十四年（640），唐朝平定高昌，获得一批高昌乐工，交付太常寺，于是增加了高昌乐，共为十部。贞观十六年（642）十一月，唐太宗宴请百僚，开始演奏十部乐。可见唐朝的新乐吸收了各少数民族以及外国的音乐。

唐太宗还亲自主持创作了新的歌舞，即《秦王破阵乐》和《功成庆善乐》。武德三年（620），秦王李世民平定刘武周，"河东士庶歌舞于道，军人相与为《秦王破阵乐》之曲"。贞观元年（627）正月，唐太宗宴请群臣，开始在殿堂演奏。唐太宗非常得意地说："朕昔在藩，屡有征讨，世间遂有此乐，岂意今日登于雅乐。然其发扬蹈厉，虽异文容，功业由之，致有今日，所以被于乐章，示不忘于本也。"很明显，《秦王破阵乐》是歌颂唐太宗武功的一支歌曲。贞观七年（633）正月，唐太宗又亲自设计了一张《破阵舞图》，请著名的音乐家吕才为艺术指导，按图教练乐工一百二十八人，舞者披甲执戟，象征战场上的情景，往来击刺。旁有乐队伴奏，歌者和唱。还命魏徵、虞世南、褚亮、李百药等人改制歌辞，更名《秦王破阵乐》为《七德舞》，意思是武有七德：禁暴、戢兵、保大、定功、安民、和众、丰财。

《庆善乐》创作于贞观六年（632）九月。那时，贞观之治已初见成效，天下太平，家给人足。唐太宗仿照历史上汉高祖和光武帝衣锦还乡的做法，重游故里，赏赐乡亲父老，触景生情，不禁赋诗十韵，由音乐大师吕才谱曲，名为《功成庆善乐》。还命令六十四个儿童，头戴"进德冠"，身穿广袖曳履，以象文德。此舞又名《九功舞》。表现了唐太宗对故乡的怀念和欢庆胜利的豪情。

关于音乐的作用，唐太宗曾说："礼乐的制作，本来是圣人根据大自然的物象而设置的教化，用来协调约束人们的思想和行为，治理国家政事的好坏，怎么是取决于音乐呢？"御史大夫杜淹回答说："前代的兴亡，确实是由于音乐。陈朝将要亡国的时候作《玉树后庭花》，北齐快要灭亡的时候也作《伴侣曲》，行路的人听了，没有不悲伤落泪的，这就是所谓的亡国之音。由此看来，国家的兴亡确实是由于音乐。"太宗说："不对。音乐怎么能感化人呢？快活的人听了就高兴，哀伤的人听了就悲哀，高兴与悲哀在于人的本心，并不是由于音乐。快要垮台的政治，那时人们的心情悲哀愁苦，这种心情与音乐互相感应，所以听了音乐就感到悲哀。有什么哀伤的音乐，能使心情欢乐的人感到悲哀吗？现在《玉树后庭花》《伴侣曲》，这些曲子都有，我能为你们演奏它，我想你们听了以后一定不感到悲哀。"尚书右丞魏徵说："孔子说：'礼呀礼呀，难道仅是指玉帛之类的礼器而说的吗？乐呀乐呀，难道仅是指钟鼓之类的乐器而说的吗？'乐的意义确实在于使人心和睦，而不在于声音本身。"唐太宗认为魏徵说得很对。

司马光在《资治通鉴》中对礼乐的作用做了全面的论述，反对唐太宗和魏徵的片面看法。他说："我听说古代有一个能工巧匠，名字叫垂，他能够用眼睛测方圆，用内心量曲直，但是不能将自己的技术传授给别人；他能够传授给别人的，必定是圆规曲尺罢了。古代圣人不费力就能看清事物的道理，不深思就能获得治国之道，但却不能传授给别人，所能传授的，一定是礼、乐而已。礼是圣人所亲自实践的；乐是圣人所喜爱的。圣人遵行正道而喜爱和谐，又想与天下人共同遵守实行，使之留传百世，于是便制作了礼乐。所以工匠使用垂所传授的圆规曲尺去制作器物，这是垂的功劳；君主用三皇五帝的礼乐来治理国家，就可以达到三皇五帝那样的治世。三皇五帝离现在已很久远，后代人看见他们的礼就可以知道他们的行止，听到他们的乐就可以知道他们的喜好，昭昭然如同仍存在于今世，这不是礼乐的功劳吗？

"礼乐既有内在的本质，又有外表的形式：中正平和是礼乐之本，仪式声音为礼乐之末，二者不可偏废。先代贤明的君王谨守礼乐之本，未曾须臾离于心，笃行礼乐的外在形式，未曾须臾远于身。兴起于闺阁家门，盛行于朝廷，广被于乡野近郊，通达于诸侯，流播于四海，从祭祀军旅到饮食起居，都离不开礼乐。如此数十百年，然后可以达到教化普及深入，天下太平。如果没有礼乐之本而只有礼乐之末，一日行礼乐而百日舍弃礼乐，想用礼乐来移风易俗，确实很难。所以汉武帝设置协律都尉，歌唱天降祥瑞，不能说不美，但仍不免下伤感的罪己诏。王莽设立执掌天地四时的官吏羲和，考定律吕之音，不能说不精确，但仍不能挽救渐台之祸。晋武帝制笛尺，调金石之声，不能说不详尽，但仍不能消弭平阳之灾。梁武帝设立四器，调理八音，不能说不分明，但仍不能免台城之辱。这样看来，舜、禹、汤、周武王时的韶、夏、濩、武四乐，即使都保存于当世，如果德行不足以与它们相称，并不能感化一个人，更何况普天之下的民众呢？这好像拿着垂的圆规曲尺而没有其他工具、材料，坐等器物的制成，最后一无所得一样。况且齐、陈的荒淫昏庸之主，亡国之音，暂奏于朝廷，又怎么能改变一个时代的哀乐呢？唐太宗说政治的兴衰隆替不在于乐，为什么说话如此轻率，非难圣人又如此武断呢？

"礼并不是仅指威仪而言，然而没有威仪则礼难以施行。乐并非仅指声音而言，然而没有声音则乐就不存在了。譬如一座山，取其一土一石则不能称之为山，但是如果去掉土石，山又何在？所以说：'礼没有内在的本质不能成立，没有外表的形式无法施行。'怎么能因为齐、陈之音对当世无效而说乐无益于治乱呢？这与只看见拳头大的石头而轻视泰山有什么不同！如果像上述这种议论，则三皇五帝作乐都毫无作用了。'君子对于他所不知道的，暂付之阙如'。太宗的这种说法可惜呀！"

第十九章 以史为鉴，总结经验

历史是一面镜子，唐太宗说过，用历史作镜子，可以观察时世的兴衰隆替。贞观君臣为了巩固唐朝的统治，经常在一起谈论历史，编纂史书，总结历史经验。

贞观元年（627）六月戊申（二十八日），唐太宗与大臣议论周朝和秦朝的政治得失，萧瑀说："殷纣王无道，周武王讨伐他。周朝与六国均无罪，秦始皇分别灭掉他们。取得天下的方式虽然相同，人心所向却不一样。"太宗说："你只知其一，不知其二。周朝取得天下，更加修行仁义；秦朝取得天下，一味崇尚欺诈、暴力，这就是周、秦两朝长短得失的不同。所以说夺取天下也许可以凭借武力，治理天下则不可以不顺应民心。"

唐太宗对身边的大臣说："我听说西域有一个胡族商人得到一颗宝珠，用刀剖开身上的肉，将宝珠藏在里面，有这么回事吗？"侍臣答道："确有其事。"太宗说："人们都知道这个胡商爱惜珍珠而不珍惜自己的身体，殊不知官吏受贿贪赃枉法而受刑，帝王追求奢华生活而导致身死国亡，这与那个胡商的可笑有什么区别呢？"魏徵说："从前鲁哀公对孔子说：'有人非常健忘，搬家而忘记了自己的妻子。'孔子说：'还有比这种情况更为严重的，夏桀、商纣王都贪恋身外之物而忘记了自身。'也就像那个胡商一样。"太宗说："你说得很对。

朕与你们应当同心同德，齐心协力，共同治理好国家，以免被后人耻笑。"

贞观二年（628）二月，唐太宗对房玄龄等人说："处理政务没有比大公无私更重要的了。以前诸葛亮流放廖立、李严到南蛮之地，诸葛亮死的时候，廖立悲痛万分，李严哀伤而死。如果诸葛亮不是大公无私能这样吗？再如高颎为隋朝宰相，公正无私，颇识治国之本，隋朝的兴亡，与高颎的生死息息相关。朕既然仰慕前代的明君，你们也不可不效法前代的贤相啊！"

唐太宗说："梁武帝君臣只会谈论佛教的苦行和空寂，侯景之乱，百官不能够骑马。梁元帝被北周的军队包围，还在讲论《老子》，百官穿着戎装听讲。这些深足为戒。朕所喜好的，只有尧、舜、周公、孔子之道，认为这如同鸟有翅膀，鱼有水，失去它们将要死去，不可片刻缺少它们。"

九月，唐太宗说："近来看到大臣们多次上表章恭贺祥瑞之事，百姓家给人足而没有祥瑞，不影响成为尧、舜；百姓愁苦不堪，满腹怨言，而多次出现祥瑞，也不失为桀、纣。后魏的时候，官吏焚烧连理树，煮白雉鸡吃，难道连理树、白雉鸡能是盛世的象征吗？"丁未（初四），唐太宗下诏说："从今以后，大的祥瑞允许上表奏闻，其他各种吉祥瑞兆申报给有关部门即可。"曾有白鹊在皇宫寝殿的槐树上构巢，合欢如腰鼓，左右的大臣齐声称贺。唐太宗说："我经常笑话隋炀帝喜欢祥瑞，只有得到贤才才是祥瑞，这有什么值得庆贺的？"于是命令毁掉其巢穴，将白鹊放回野外。

贞观四年（630）七月乙丑（初二），唐太宗问房玄龄、萧瑀："隋文帝是一个什么样的君主？"回答说："隋文帝勤于治理朝政，每次临朝听政，有时直到太阳偏西，五品以上的官员，引坐论事，卫士不能下岗，站着传递饭菜而食。虽然品性不算仁厚，亦可称为励精图治的君主。"太宗说："你们只知其一，不知其二。文帝不贤明而喜欢苛察，不贤明则观察事理不能通达，喜欢苛察则遇事多疑，万事皆由自己决定，不信任群臣。天下如此之大，君主日理万机，虽劳神费力，难道能把每一件事都办好？群臣既然知道君主的心理，便一切听从皇上的决断，即使皇上出现过失，也没有人敢于谏净，所以到了第二代隋朝就灭亡了。朕不这样做，选拔天下的贤能之人，分别充任各种职务，让他们考虑天下的大事，经由宰相仔细研究认为方便合宜，然后上奏到朕这里。有功则行赏，有罪即惩罚，谁还敢不尽心竭力做好本职工作，又何愁天下治理不好呢？"

房玄龄上奏说："我看过朝廷府库的兵械，远远超过隋朝。"唐太宗说："铠甲兵器诚然不可缺少；然而隋炀帝兵械难道不够多吗？最后还是丢掉了江山。如果你们尽心竭力，使百姓安乐，这就是朕最好的兵械了。"

贞观五年（631）十二月，康国请求归服唐朝。唐太宗说："前代的帝王喜欢招抚极远的国家，以取得降服远方的盛名，这没有一点儿好处而只是让百姓受罪。现在康国请求归服唐朝，如果他们遇到危难情况，按道义来说不能不去救援。士兵们行军万里，岂能不疲劳？让百姓疲劳以获取虚名的事，朕不做。"于是没有接受康国的内服。

唐太宗对身边的大臣说："治理国家和人治病一样，病虽然好了，仍需要调养一段时间，如果立即放纵自己，病就会复发，那就不可救治了。现在中原幸得安定，四方的少数民族归服，实在是自古以来所少有的，然而朕每日谨慎行事，唯恐不能持久，所以想多听到你们的谏诤。"魏徵说："国家内外俱得安定，我并不觉得特别高兴，值得高兴的是陛下能够居安思危。"

贞观六年（632）十二月，唐太宗对亲近的大臣说："近来朕裁决事务有时不能够尽依法令，你们认为这是小事，不再固执地谏诤。凡事无不由小致大，这是危亡的开始。从前关龙逄苦谏而死去，朕常常觉得痛惜。隋炀帝因骄奢暴虐而亡国，你们都亲眼所见。你们应当经常为朕考虑到隋炀帝的亡国，我也应当经常为你们念及关龙逄之死，这样还担心君臣不能相互保全吗？"

贞观七年（633），唐太宗对侍中魏徵说："自古以来诸侯王能自我保全的人很少，都是由于生长在富贵之中，喜欢骄奢淫逸，大多不理解亲近君子远离小人的缘故。朕想使所有的子弟都知道以前诸侯王的言行，希望他们用以作为自己行动的规范。"于是命令魏徵把自古以来帝王子弟成功与失败的事例记录下来，写成《自古诸侯王善恶录》，把它赐给诸王。《自古诸侯王善恶录》序说：

"观察那些接受天命、掌握版图、驾驭天下的国君，都将自己最亲近的子弟封为诸侯王，用以屏障皇室。这些事情都记载在典籍上，可以一一叙述。自从黄帝分封二十五个儿子，舜举用十六个部族的首领（即八元、八恺），经由周朝、汉朝，到陈朝、隋朝，其间分裂国家、动摇国家根基的人太多了。诸侯们有的安定皇室，随着时代沉浮；有的失去封土，不能祭祀祖先。然而考察他们兴衰的历史就会发现，功成名就的都是始封的诸王，国破身亡的多是袭封的子孙，这是什么原因呢？最初分封的国君，正值国家的草创时期，亲眼看到创立帝王之业的艰难险阻，了解父兄之辈的忧患与勤劳，所以他们身居高位而不骄傲，早起晚睡不敢懈怠，有的还摆上甜酒以求贤士，有的一饭三吐哺接见贤才。他们情愿听取逆耳的忠言，博得百姓的欢心。他们生前建树最高的德政，死后留下深厚的恩泽。至于他们的后代子孙承袭封爵，大都在太平盛世，自幼生活在深宫之中，长于妇人之手，不以身居高位的危险而忧惧，又哪里知道农民稼穑之艰难！亲近小人，疏远君子，宠爱美女，轻视美德，违背礼义，淫逸无度，不遵守朝廷的典章制度，超越自己的名分等级。依恃国君一时的宠爱，便怀有与嫡子平起平坐的心理，依恃自己在某一件事上的微薄功劳，便产生无法满足的私欲。放弃忠贞的正路，走上奸宄的迷途。刚愎自用，不听规劝，违背天意，坚持错误，走上迷途而不知返。即使有梁孝王、齐王冏的功绩，有淮南王、东阿王的才华，也要摧折疾飞入云之鸟的翅膀，成为干涸车辙中的鱼；丢掉齐桓公、晋文公的丰功伟绩，落得个梁冀、董卓那样被斩首示众的下场。历史留给后世的明鉴，能不感到惋惜吗？陛下以圣贤的智慧和能力，拯救倾危的国运，宣耀七德以扫平天下，万国来朝，安抚四方边远的国家，九族亲善和睦。顾念兄弟情谊，咏《棠棣》乐章，以连城封宗室子弟，用以辅助皇室。内心充满恩爱，无日不在思念。于是命令卑臣考察阅览历史典籍的记载，广泛地寻求历史借鉴，为子孙后代打算。臣特此竭尽忠诚，考察历代的训诫。凡是藩镇诸侯，屏翰重臣，有封土有家族的人，他的兴盛必然由于不断行善，他的灭亡也都在于不断作恶。所以要知道善如果不坚持做下去就不能成名，恶如果不是不断做下去就不足以身败名裂。然而祸福不定，吉凶在于自己，由人所招致的，这岂是空话！现在摘录三代诸侯王言行的得失，分别善行、恶行各为一篇，称为《诸王善恶录》。希望诸王能见贤思齐，足以扬名不朽；知恶必改，这样大概能够避免大的过错。做好事就会受到赞誉，能改过就没有什么祸患。这关系到国家的兴亡，能不自我勉励吗？"

唐太宗看过魏徵编撰的《自古诸侯王善恶录》及序言以后，称赞写得很好，对诸王说："应该把这本书放在你们的座右，用以作为立身处世的根本。"

唐太宗问魏徵："群臣上书有很多可取之处，为什么等到当面对答时则大都语无伦次？"魏徵答道："我观察各部门上奏言事，常常思考几天，等到了陛下的面前，则三分不能道出一分。况且进谏的人违背圣上的旨意触犯圣上的忌讳，如果不是陛下词语脸色和悦，怎么敢尽情陈述呢？"于是唐太宗接见群臣时更加和颜悦色，曾说过："隋炀帝性情多猜忌，每次临朝与群臣相对多不说话，朕则不这样做，与群臣亲近得如同一个人。"

贞观八年（634），唐太宗对侍从的大臣说："隋朝时百姓即使有些财物，难道他们能够保住这些财物吗？自从朕有天下以来，没有什么杂徭苛捐，人人都得以从事生产，保住他们的资财，这就是朕赐给百姓的。如果我向百姓征收名目繁多的捐税，无止境地征发徭役，虽然朕经常拿出东西来赏赐百姓，还不如不给他们东西。"魏徵对答道："尧、舜在位的时候，百姓也说'种田吃饭，凿井饮水'，无忧无虑地过着原始生活。还有人说'皇帝出了什么力？'现在陛下对百姓这样仁爱，百姓可以说天天享受陛下的恩德而有所不知。"又上奏说："晋文公有一次外出狩猎，把野兽追逐到砀这个地方，进入一片大沼泽地，迷失了方向，找不着出路。正在这时，遇到一个渔夫，晋文公对他说：'我是你的国君，你告诉我从哪儿才能走出去，我一定重重地赏你。'渔夫说：'我有话想对你说。'晋文公说：'等走出沼泽地再向你请教。'于是渔夫把晋文公领出了沼泽地。晋文公说：'你现在有什么话要跟我说？我愿意领教。'渔夫说：'大的天鹅住在大河大海畔，住腻了就搬到小水坑来，这就有可能被弓箭射死。大鳖、鼍龙经常生活在深渊里，住久了就来到浅滩，必然会有被射钓的危险。现在国君出来打猎，追逐野兽到砀，进入这片沼泽地，为什么走得这么远呢？'晋文公说：'你讲得太好了！'让随从人员记下渔夫的名字。渔夫说：'你为什么要记我的名字？国君敬奉上天治理天下，祭祀社稷，保卫四方国土，慈爱百姓，少收赋税，轻派劳役，臣民百姓也就受益了。如果国君不敬奉上天，不敬事社稷，不巩固天下，对外失礼于诸侯，对内违背民意，整个国家灭亡了，我一个渔夫虽然得到厚重的赏赐，也不能够保得住。'于是没有接受晋文公的赏赐就走了。"唐太宗说："你讲得太好了！"

贞观九年（635），唐太宗对魏徵说："最近读周史和齐史，末代亡国的皇帝，作恶的情况大都类似。北齐后主特别奢侈，所有府库的财物，差不多都被他挥霍干净，竟至于关口、集市无处不征收赋税。我常说这就好像嘴馋的人自己吃自己的肉，肉吃完了，自己也必然要死了。国君无休止地征收赋税，百姓既然疲敝，国君也就要身死国灭，齐后主就是如此。那么，北周天元皇帝（即宣帝）与北齐后主相比，优劣如何呢？"魏徵回答道："这两个亡国之君虽然结局相同，但他们的行为不完全相同。齐后主软弱，朝廷政令不统一，国家没有法纪，终于导致亡国。天元皇帝性情凶暴而骄狂，赏罚都由自己独断专行，最后的亡国完全是由他自己造成的。这样看来，齐后主相对差一些。"

贞观十一年（637）三月庚子（十五日），唐太宗在洛阳宫西苑宴饮，泛舟于积翠池，对大臣们说："隋炀帝修筑这宫苑，与百姓结下怨仇，如今全都归我所有，这正是由于宇文述、虞世基、裴蕴之流对内谄谀君主，对外堵塞君主视听的缘故，能不引以为戒吗？"

众大臣又请求唐太宗登泰山行封禅礼，太宗让秘书监颜师古等人讨论礼仪，由房玄龄最后裁定。

四月己卯（二十五日），魏徵上疏："君主善始的多，能够善终的少，难道是取天下容易而守成难吗？那是因为忧患深切则尽心竭诚对待百姓，一俟安逸就骄横恣肆而轻视他人；尽心竭诚待人则胡、越族也会同心协力，轻视他人则亲属也会离心离德，即使以发威动怒来震惊天下，臣民也只是表面顺从，内心不服。君子真能够做到看到心想得到的东西就想到知足；将要兴修营建，大兴土木，就想到适可而止；身处高危之地就想到谦虚谨慎；面临满盈则想到减损；遇到安逸享乐则想到克制；在平安的时候就想到祸患；防止受蒙蔽则想到主动接受臣下的谏诤；痛恨邪恶之人则想到端正自己；行爵赏时就想到不要因自己的一时高兴而滥行封赏；施刑罚时就想到不要因自己一时的恼怒而滥施刑罚。君主经常思考这十个方面的问题，选贤任能，就可以达到无为而治，又何必自己劳神费力去代行百官的职责呢？"

　　唐太宗对侍从的大臣说："狄人杀死卫懿公，把他的肉全吃光了，只留下他的肝脏。卫懿公的臣子弘演呼天大哭，把自己的肝脏取出来，再把卫懿公的肝脏放到自己的肚子里。现在要寻找这样的忠臣，恐怕是不可能找到了。"特进魏徵对答道："过去智伯的家臣豫让为智伯报仇，想刺杀赵襄子，赵襄子把他抓获，对他说：'你过去不是侍奉过范氏、中行氏吗？智伯把他们全灭了，你便投靠智伯，而不为范氏、中行氏报仇；现在你却要为智伯报仇，这是为什么呢？'豫让回答说：'臣过去侍奉过范氏、中行氏，他们以普通人来对待我，我便以普通人的身份来报答他们。智伯把我当作国士礼遇，我便以国士的身份来报答他。'这决定于国君如何对待臣下而已，怎么能说现在的臣下没有忠诚的呢？"

　　魏徵上疏认为："《文子》说：'同样的语言，有时能被相信，可见在说话之前，存在着一个信任的问题；同样的命令，有时能被执行，可见在命令之外，存在着一个是否真诚待人的问题。'大唐兴旺发达，已有十多年了，然而德化还不能普及，这是因为君王对待臣下未尽诚信的缘故。如今制定政策，追求达到大治，必然委托给君子；而事有得失，有时则询访小人，对待君子敬而远之，对待小人轻率而又亲昵。亲昵则言无不尽，疏远则下情难以上达。智力中等的人，岂能没有一点儿小聪明？然而没有经国的才略，考虑问题不远大，即使竭诚尽力，仍不能免于失败，更何况内心邪恶不正的小人，对国家的祸害能不深吗？虽然君子也不能没有小的过失，但如果对于正道没有太大的害处，就可以忽略不计较。既然称之为君子而又怀疑他不可信任，这与立一根直木而又怀疑它的影子歪斜有什么不同？陛下如果真能慎重地选择君子，礼遇信任加以重用，何愁天下不能达到天下大治呢？否则，危亡将至，国家也难以保全。"唐太宗亲自写诏书称赞魏徵说："从前晋武帝平定东吴以后，思想骄傲懈怠，何曾身处三公高位，不能犯颜直谏，而是私下里说与子孙们听，自诩为明智，实际是最大的不忠。如今得到你的谏言，朕已经知错了。当把你的箴言放在几案上，作为座右铭。"

贞观十二年（338）三月辛亥（初二），著作佐郎邓世隆上表，请求搜集唐太宗所写的文章。唐太宗说："朕的语言命令，凡是有益于百姓的，史官都已经记录下来，足可以成为千古不朽的文字。如果毫无益处，搜集它又有什么用呢？梁武帝萧衍父子、陈后主、隋炀帝都有文集流传于世，哪能挽救他们的灭亡呢？作为国君所忧虑的是没有德政，文章有什么用？"因此没有应允。

唐太宗问侍臣："帝王的事业，开创与守成哪一个更难？"尚书左仆射房玄龄答道："天下大乱时，各路英雄竞相起兵，被攻破的就投降，打胜了就压服对方。由此说来，帝王创业艰难。"魏徵回答说："帝王起兵，必然是在世道衰乱的基础上，消灭那些昏乱狂暴之徒，百姓乐于拥戴，天下人心归服，上天授命，人民供养，所以创业不算艰难。然而一旦取得天下以后，意志趋于骄奢淫逸，百姓希望休养生息，而各种徭役却没完没了；已经民不聊生而奢侈的事情却一刻不停，国家衰落凋敝，常常从这里发生。由此说来，保持已经建立的帝王之业更为艰难。"唐太宗说："玄龄过去跟随我平定天下，吃尽了辛苦，出生入死而侥幸活了下来，所以看到创业的艰难。魏徵跟着我安定天下，担心萌发骄奢淫逸的弊端，走上危险的道路，所以认为守成更加艰难。现在创业的艰难已经成为过去，保持已经建立的帝业，应当考虑与诸公谨慎从事。"

贞观十三年（639），唐太宗对魏徵等人说："隋炀帝继承文帝遗留下来的事业，国家百姓生活富足，如果能够经常住在关中，哪能倾家亡国？隋炀帝终于不顾百姓的疾苦，没有限度地出游，直接到江都去，不接受董纯、崔象等人的劝谏，最后身死国灭，被天下人耻笑。虽说帝王之业的长短依托于上天，然而，为善得福，为恶得祸，也取决于人的行为。我经常思考这个问题，如果要想君臣长久相安，国家没有危险衰败，就得国君有过失时，臣下必须极言直谏。我听到你们的规劝，即使当时不能接受，经过深思熟虑，一定会选择好的意见而实行。"

贞观十四年（640），唐太宗对身边的大臣说："朕虽然平定了天下，但巩固已经取得的天下却很艰难。"魏徵答道："我听人说过，取得胜利比较容易，守住胜利果实确实较难，陛下谈到这话，这是宗庙社稷的福气啊！"

唐太宗对房玄龄说："朕每看前代史书，表彰好的君主，憎恨坏的君主，足以使后人警诫。不知为什么自古以来的当代国史不让帝王亲自看它？"房玄龄回答说："国史既然兼写帝王的善恶，目的是让帝王不做非法的事。只是怕所记载的事与帝王的心意相抵触，所以才不让帝王亲自观看。"太宗说："我的想法与古人不同。现在我想亲自看看国史，如有好事，自然无须管它；如有不好的事，也想看了以后作为警诫，使自己改正错误。你可以撰写抄录呈上来给我看。"房玄龄等人于是把国史删简为编年体，撰写了唐高祖、太宗实录各二十卷，呈送给太宗。太宗看到武德九年（626）六月四日的玄武门之变，写得含混不清，就对房玄龄说："古代周公杀了管叔、蔡叔而后，周王朝得以安定，季友用毒酒害死了叔牙而后鲁国才得以安宁，我在六月四日的所作所为，意义同上述历史事件一样，是为了国家安定、万民幸福。史官执笔记载这些事情，有什么值得隐瞒的呢？应当立即修改删简那些浮华之辞，直接把事情写清楚。"侍中魏徵上奏说："我听说皇帝的地位至高无上，没有什么忌讳和畏惧的。只有国史是用来惩恶劝善的，如果写得不真实，怎么让后代人看呢？陛下现在派史官修改其词，非常合乎最公正的道理。"

唐太宗因平定高昌，在两仪殿召见并设宴款待侍臣。唐太宗对房玄龄说："高昌国国君如果不失臣下之礼，怎么能亡国呢？我平定了高昌，内心更加感到恐惧，只应当力戒骄奢淫逸来约束自己，采纳忠臣的意见来纠正自己的过失。罢黜奸佞，起用贤良，不以小人之言来非议君子，用这种方法谨慎守业，也许可以使国家太平无事吧！"魏徵进言道："我看自古以来帝王拨乱创业，必须自我约束谨慎行事，善于采纳平民百姓的意见，听从忠诚正直之言。天下安定之后，便放纵情欲，乐于听阿谀奉承的话，厌恶听取正直的规劝。西汉的张良，是为汉高祖刘邦出谋划策的大臣，等到刘邦即位为天子，便要废掉嫡长子刘盈而立庶子刘如意为太子。张良说：'今日之事，并不是凭口舌可以争辩的。'始终不敢再进一步干导汉高祖刘邦，何况陛下的功德业绩，非汉高祖刘邦所能比拟的。陛下即位至今，已有十五年了，圣德的光泽普照四方，而今又消灭了高昌。陛下经常把国家的安危放在心中，进用忠诚贤良的人，广开直言之路，这是天下最大的幸运。过去齐桓公与管仲、鲍叔牙、宁戚四人在一起饮酒，桓公对叔牙说：'你们为什么不为我祝福呢？'叔牙捧着酒杯站起来说：'但愿君王不要忘记出奔莒国的情景，管仲不要忘记在鲁国被缚的事情，宁戚不要忘记在车下喂牛的境遇。'齐桓公听了鲍叔牙这番话，离开座位感谢鲍叔牙说：'我与这两位大夫假如能不忘记你的这番话，则国家便不会有什么危险了！'"唐太宗对魏徵说："我一定不忘记身为百姓时的情景，你也不要忘记鲍叔牙的为人啊！"

贞观十五年（641），唐太宗问侍从的大臣："保住天下是困难还是容易呢？"侍中魏徵回答说："非常之难。"太宗说："任用有道德有能力的人，接受臣下的正确意见不就行了，怎么说非常之难呢？"魏徵说："我观察自古以来的帝王，当他们处在忧虑困危的时候，就能任用贤良，采纳臣下的意见；等到天下平定、生活安逸的时候，必然松弛懈怠下来。对上奏言事的人，只能使他们谨慎畏惧地说话。照此下去，国势将一天天地衰落，以至于危亡的境地。圣人所以居安思危，正是为了避免这种情况发生。处于安逸的环境中能怀畏惧之心，难道不算难吗？"

唐太宗问身边的大臣："自古以来有时是君主昏乱而臣下清明，有时又是君主清明而臣下昏乱，这两者哪个更严重一些呢？"魏徵答道："君主清明则善恶赏罚得当，臣下又怎么能昏乱呢？如果君主不清明，放纵暴虐，刚愎自用，即使有良臣在身旁，又能有什么作为呢？"太宗说："齐文宣帝得到杨遵彦，难道不是君主昏乱而臣下清明吗？"魏徵答道："他也只能挽救灭亡而已，如何谈得上治理好国家呢？"

唐太宗与贞观群臣谈古论今，以史为鉴，总结了许多宝贵的治国经验。由于唐太宗十分重视以史为鉴，所以贞观年间出现了前所未有的修撰史书的盛况。贞观时期共修成八部正史，即《北齐书》《周书》《梁书》《陈书》《隋书》《晋书》《南史》《北史》。其中除了南北史是李延寿父子独家私撰外，其余六部都是由唐太宗下诏集体官修的史书。

武德四年（621），起居舍人令狐德棻对高祖说："窃见近代已来，多无正史，梁、陈及齐，犹有文籍。至周、隋遭大业离乱，多有遗阙。当今耳目犹接，尚有可凭，如更十数年后，恐事迹湮没。陛下既受禅于隋，复承周氏历数，国家二祖功业，并在周时。如文史不存，何以贻鉴今古？如臣愚见，并请修之。"唐高祖批准了他的奏请，于武德五年（622）十二月下诏修撰史书，任命中书令萧瑀、给事中王敬业、著作郎殷闻礼可修魏史，侍中陈叔达、秘书丞令狐德棻、太史令唐俭可修周史，兼中书令封德彝、中书舍人颜师古可修隋史，大理卿崔善为、中书舍人孔绍安、太子洗马萧德言可修梁史，太子詹事裴矩、兼吏部郎中祖孝孙、前秘书丞魏徵可修齐史，秘书监窦琎、给事中欧阳询、秦王文学姚思廉可修陈史。萧瑀等人接受诏命，经过数年之后，结果没有修成。于是续修六代史的任务便落到唐太宗及贞观群臣的身上。

贞观三年（629），唐太宗又一次下诏修撰史书，命令狐德棻与秘书郎岑文本修周史，中书舍人李百药修齐史，著作郎姚思廉修梁、陈史，秘书监魏徵修隋史，魏徵与尚书左仆射房玄龄总监诸代史。众议以魏史既有魏收、魏澹两家，已为详备，遂不复修。贞观十八年（644），唐太宗下诏改撰晋书，房玄龄奏令狐德棻令预修撰，当时同修一十八人，并推令狐德棻为首，其体制多取决于他。

《隋书》的主编是魏徵，号称良史。《隋书》成书以前，有王劭的《隋史》十八卷和王胄的《大业起居注》。但王劭的《隋史》"编年纪传并阙其体"；王胄的《大业起居注》经江都之变多所散佚。《隋书》纪传多出于中书侍郎颜师古、给事中孔颖达之手，魏徵"受诏总加撰定，多所损益，务存简正。《隋史》序论，皆征所作，梁、陈、齐各为总论，时称良史"。贞观十年（636），魏徵、颜师古、孔颖达三人撰成《隋书》纪传五十五卷。书成，魏徵加左光禄大夫，进封郑国公，赐物二千段。

五朝史的总编，名义上是宰相房玄龄，但由于宰相总揽政务，于是唐太宗任命魏徵为实际的总编，"上仍使秘书监魏徵总知其务。凡有赞论，征多预焉"。周、隋遭大业离乱，史籍多有遗阙，魏徵受诏修五朝史，为了解决史籍不足的问题，屡次询访年近百岁的老人，如孙思邈谈起周、齐间事，历历有如目睹。有一次，唐太宗问魏徵："隋《大业起居注》，现在还保存着吗？"魏徵答道："保存下来的极少。"太宗又问："既然没有起居注，为什么能写成隋史？"魏徵说："隋家旧史，遗落甚多，比其撰录，皆是采访，或是其子孙自通家传，参校，三人所传者，从二人为实。"可见魏徵修五朝史下了很大功夫，以采访活史、搜寻私人家传等方法，解决官撰史籍的遗缺，并对传闻之事经反复校订、考证，方写入史书。

五朝史修成以后，唐太宗下令嘉奖道："公辈以数年之间，勒成五代之史，深副朕怀，极可嘉尚。"

此后，唐太宗感到五朝史只有纪传，没有志这个缺陷，于贞观十五年（641）又任命于志宁、李淳风、韦安仁、李延寿等续修史志，终贞观之世没有修成，一直到高宗显庆元年（656）书成，由长孙无忌进呈，共十志，三十卷，初名《五代史志》。由于史志内容偏重于隋代典章制度，故当时也称《隋书十志》，后编入《隋书》。

魏徵死后，唐太宗于贞观二十年（646）下诏重修《晋书》，任命太子太傅房玄龄、黄门侍郎褚遂良、中书侍郎许敬宗三人为监修，由令狐德棻、李淳风、李义府、李延寿等十八人分工修撰。两年后成书，计有帝纪十卷、列传七十卷、志三十卷、载记三十卷，共一百四十卷。唐太宗亲自为《晋书》的宣帝、武帝、王羲之、陆机的纪传写了史论，所以旧本题为御撰，又因是房玄龄监修，亦题房玄龄撰。

唐太宗与贞观群臣不仅重视前朝史书的编撰，而且重视当代史的撰述。贞观三年（629），唐太宗在宫禁门下省北始置史馆，创议由宰相监修国史。太宗朝的国史由房玄龄监修。因唐太宗想要自看国史，贞观十四年（640），提出让房玄龄撰写实录进呈的要求。房玄龄等人遂删略国史为编年体，撰高祖、太宗实录各二十卷，表上太宗。实录成书于贞观十七年（643），记载自创业至贞观十三年（639）的史实。这是唐朝第一部实录，也是有史以来最详备的实录。

除了国史和实录以外，唐太宗还十分重视起居注的编录工作。起居注是中国古代史官记载帝王的言行录。唐朝承袭隋制，设起居舍人，录皇帝制诰，另置起居郎两员，掌录皇帝起居法度。唐贞观初扩大了起居注史官的人员，除起居舍人、郎以外，还以给事中、谏议大夫等他官兼知起居注。这些记载皇帝言行的史官，大都能够做到秉笔直书。贞观二年（628），给事中杜正伦，兼知起居注。唐太宗曾对侍臣说："朕每日坐朝，欲出一言，即思此言于百姓有利益否？所以不能多言。"杜正伦进言说："君举必书，言存左史。臣职当修起居注，不敢不尽愚直。陛下若一言乖于道理，则千载累于圣德，非直当今损于百姓，愿陛下慎之。"太宗大悦，赐绢二百段。贞观十六年（642），唐太宗对谏议大夫褚遂良说："你还在兼管起居注的事，朕可以看看都记了些什么吗？"褚遂良回答说："史官记载君主言行，详细记录善恶诸事，这样君主也许不敢胡作非为，我没听说过君主自己可以看起居注的。"太宗说："朕有不合适的事，你也记下来吗？"褚遂良答道："我的职责在于秉笔直书，不敢不记。"黄门侍郎刘洎说："假如褚遂良不记下来，天下人也都会记下来。"太宗说："的确是这样。"在唐太宗的鼓励下，杜正伦、褚遂良、魏徵等人秉笔直书，开创贞观一代淳朴的史风。

唐太宗与贞观群臣通过修史，总结了从秦始皇到隋炀帝几个封建王朝正反两个方面的统治经验和教训，重点是秦、隋两朝二世而亡的沉痛教训。汉承秦，唐承隋，汉、唐两朝都是承接短命的封建王朝。汉朝前期出现了"文景之治"，这就为唐太宗提出了一个值得深思的问题，那就是如何总结汉文帝、景帝成功的统治经验，在隋末天下大乱之后使国家走上正常的轨道。

贞观十一年（637），特进魏徵上了一则奏章，全面总结了隋朝灭亡的历史教训，为唐太宗的致治敲响了警钟，指明了方向。魏徵说：

"我看自古以来得到河图承受天命，继承皇位，遵守典章制度，控制驾驭英雄豪杰，居至尊帝位治理天下的君王，都想以自己的美德与天地相配，以高大光明的智慧与才能和日月同辉。国家的根基牢固就可以永保江山，传位百世。然而帝王能够善始慎终的却很少，身败名裂的人却一个接着一个，原因何在？其原因在于没有遵循治国的根本原则。隋朝灭亡的教训就在眼前，可以引以为鉴。

"智慧超人的圣君顺应时机，拯救垂危的国家和遭到灭顶之灾的百姓。即刻倾倒的国家大厦重新被扶正，沦丧的道德规范重新得到弘扬。远方的人前来朝贡，近处的人安居乐业，国家达到治理没有超过一年，战胜残暴，消灭杀戮，也无须百年。现在隋朝的宫殿观阁楼台亭榭全部归大唐居住，奇珍异宝全部由大唐收藏，宫中美女全部侍候在君王的身边，举国上下都是君王的臣民和奴婢。如果能借鉴隋朝灭亡的历史教训，时刻不忘今日之天下是怎样取得的，因此一天比一天谨慎行事，虽然取得一定成绩也不骄傲自恃。烧掉鹿台的宝衣，烧毁阿房宫的广阔宫殿，住在雄伟高大的宫殿里要忧虑国家的危亡，想到住在低矮房舍的人的安乐，这样，君王的自我精神修养能对百姓起到潜移默化的作用，君王与百姓在思想上息息相通，从而可以达到无为而治，这就是以德治国的上策。如果既成的东西不毁坏，仍然保持原来的样子，除去那些不急用的东西，减而又减，减少到最低限度，即使简陋的房子与华丽的宫殿相间，王石栏杆与泥土台阶相参，这样的差别也没有人计较，百姓高兴的事就让他们去做，要量力而行，不要耗尽他们的力量。要经常想到居住的人虽然舒适安逸，但干活的人却很辛苦劳累。这样，百姓就会高兴地像儿子侍奉父亲那样归服国君，芸芸众生依靠国君美德的感化而返璞归真，这是以德治国的中策。如果国君有一念之差，不能坚持慎终，忘记了创立国家大业的艰难，认为可以依恃上天的旨意，忽视节俭，一味地追求宫室的豪华，在原有的基础上扩而大之，装饰得更加华美，类似这样的欲望没有止境，百姓看不到国君的美德，而只听到不断征发徭役的消息，这是以德治国的下策。这就好像背着木柴去救火、扬汤止沸一样，用一种残暴代替一种动乱，与隋朝原来的动乱如出一辙，其恶果是难以估量的，还有什么可观的业绩留给后人呢？国君没有做出业绩，就会引起百姓的怨恨，百姓怨恨则鬼神就会发怒，鬼神发怒则灾害必然发生，灾害一旦发生，那么就会发生动乱，动乱既已发生，而能使国君保全性命、名誉那就很难了。顺应天的旨意改朝换代以后，帝王之业将兴隆七百年，把江山留传给子孙，传至万代。江山难以取得却很容易丧失，这不能不认真地加以思考啊！"

第二十章

鞠躬尽瘁，死而后已

贞观十七年（643）正月，魏徵病情日益恶化，多方医治，仍然不见好转。于是，唐太宗多次派人前去探望，并赐予药饵，送药的中使往来不断。

魏徵平生俭朴，家中没有正厅。太宗为了抚恤魏徵，下令停止了正在为他本人兴建的小殿，而把材料用来替魏徵修建正厅，五天时间完成了正厅修建任务，并赐给魏屏风等物。太宗又依照他俭朴的生活习惯，赐给他素褥和布被，以满足他崇尚节俭的愿望。

为了能够随时掌握魏徵的病情，太宗又命令宫里中郎将在他家中守候，随时报告病情。

太宗还决定把衡山公主嫁给魏徵的儿子魏叔玉，双方结为亲家。

同时，太宗还多次亲自去魏徵府中探视，有时屏退左右，和魏徵整天谈心。这一天，太宗又亲往魏府探望。裴夫人率叔玉、叔璘、叔瑜跪迎皇驾。

太宗说道："诸位爱卿，平身。"随即一转，问道："魏卿病势如何？"

"病情日趋恶化。"裴夫人擦着早已哭红的双眼站起身来，十分悲伤地回答。

"哦！"太宗神情一暗，顿觉心头又沉重了许多，说道，"请夫人带朕前去探视。"

一行人进入内室，李世民来到床头，看着卧在帐中的魏徵，面黄肌瘦，气息浊重，瘦骨嶙峋，始终处于半昏迷半清醒状态，心中一酸，眼泪不禁潸然而下。其他人也轻声抽泣着。良久，魏徵清醒过来。太宗强忍住泪水，一探身，轻声问道："魏卿，还有什么话要对朕说吗？"魏徵闻言心潮翻滚，思绪万千，很有感触地说："寡妇不愁织布的纬线少，只是担心周朝的灭亡啊！"太宗十分感动，热泪又不禁势如泉涌，心想：魏卿在弥留之际，仍念念不忘大唐社稷的安危，可见对唐朝是多么忠诚。

时隔数日，这天夜晚寒风呼啸，大殿檐角上的风铃"叮叮"作响，忽见天际一颗流星转瞬即没。太宗在宫寝中辗转反侧，久久不能入睡，而在似睡非睡之际，又恍惚间见魏徵如同以前一样，站在殿前，慷慨陈词，抗颜极谏。

第二天，即大唐贞观十七年（643）正月十七日，留在魏徵府中的中郎将来报：魏徵因病医治无效，于清晨已溘然而逝。太宗听罢大痛，顿时昏厥，内侍急忙上前抢救。待太宗幽幽醒来之后，失声痛哭。

噩耗传出，举朝上下大为震动。在早朝上，君臣压制住悲伤，共同商议为魏徵发丧之事。太宗说："魏卿一生，为我大唐王朝的繁荣昌盛，贡献了他的聪明才智、忠心赤胆，为国、为民办了很多实事，其功高如山，其绩大如海。今日谢世离我等而去，我理应按一品官的礼仪为他举行安葬事宜。"百官皆道："陛下圣明，理应如此。"

但裴夫人上表辞谢说："陛下，姜夫生前一向注重节俭朴素，从不浪费一针一线、一草一木，用一品的礼仪安葬，恐怕不符合他一贯坚持的'凡婚丧之事，均应从简'的主张。臣妾请求陛下，还是改为二品的规格办吧。"

太宗被深深地感动了，流着热泪答应了裴夫人的要求。他下了一道旨意，按二品礼仪改用白木车子、白布车帷送葬，免去了许多豪侈的场面和昂贵的殉葬物品。

次日早朝，徐茂公出班上奏："启奏陛下，这是微臣在魏大人书房的几案上看到的，请陛下御览！"李世民接遗表在手，仔细观看，由于内心过于激动，他的手不由得抖动起来。遗表上的字迹已很难分辨，只有前面数行稍稍可以辨识，但李世民还是从头到尾又看了一遍。看后说道："这一定是魏卿在病危之中留下的半稿遗书，写得多么情真意切，掷地有声啊！"

兴奋之余，太宗不禁向文武百官读起来："天下之事，有好有坏，选任良善之人，社稷则安定兴盛；误用妄劣之徒，国家则受害无穷。圣上对于大臣，感情上有喜有恶，对喜爱之人，只见其优；对厌恶之人，只见其劣，在爱憎之间，应当仔细审慎才是。如果喜欢他，又能看到他的缺点，厌恶他却能注重他的长处，就会毫不迟疑地去掉邪恶，毫无猜忌地任用贤能。这样，国家就可兴旺发达……"

读罢，太宗不禁又长叹一声，说道："魏卿遗表如此，但在朕思之，恐怕不免要有违背魏卿遗表的言行。如果这样，就请众位爱卿，把朕的过错写在笏板上，务必要抗颜极谏。"

这时，朝廷上一片肃穆，隐约还可听见群臣中的掩泣之声，听完太宗的话，齐声奏道："臣等一定向魏大人学习。"

李世民克制着悲痛，微微颔首，又向群臣宣布说："朕原定按一品官仪发葬魏爱卿，可是他的夫人念其一生俭朴，恳请降为二品，朕已准奏。凡朝廷命官九品以上者，皆去送葬。从今日起，罢朝五日。朕要自撰碑文，亲笔书石，以示纪念。并将魏卿陪葬于昭陵（太宗与长孙皇后合葬陵墓）。"文武百官跪拜齐呼："臣遵旨，望陛下保重节哀！"

随后，太宗又赠魏徵为司空、相州都督，谥号文贞。并给羽葆鼓吹、班剑武士四十人，赐绢布一千段、米粟一千石，以安排丧事。又赐魏徵家九百户的租税，以示表彰和抚慰。

退朝之时，唐太宗无限慨叹地对臣下说："用铜做镜子，可以端正衣冠；用历史做镜子，可以知道兴亡；用人做镜子，可以明白得失。从前我保持这三面镜子，谨防自己犯错误，现在魏徵去世，我少了一面镜子了。"说完，心中不禁万分痛惜。

这一天，寒风乍起，漫天又飘起鹅毛大雪来，一会儿，便把原本灰蒙蒙的长安城笼罩在银装素裹的世界中。在大唐王朝的京城长安的东西大街，一辆围有白布帷帐的灵车载着魏徵的遗体，向郊外缓缓行进。呼啸的寒风，刮得枯枝"呜呜"作响，如哭似泣。而一会儿，不知何时，寒风又踪影皆无，只有道旁的秃松枯柏用一种静穆的神态默然伫立，含泪无语，犹如万物都为魏徵的在天亡灵哭泣、送行。

千百面白色的旗幡，映着白雪，簇拥着灵车在风中摇曳、飞舞。

叔玉、叔璘、叔瑜身穿重孝，走在灵车的前面。裴夫人、云姐等女眷皆全身缟素，坐在另一辆送葬的车上，泣不成声。

新立太子李治率领徐茂公、程咬金、房玄龄、长孙无忌等文武百官，皆着孝服，随在后边，掩面而泣。

街道两旁，挤满了男女老幼，他们个个面带泪痕，或焚香，或烧纸，或顶礼膜拜，或默默地跟随灵车一同行进。

长安古城沉浸在一片悲哀的气氛之中。

这时，李世民也身上戴孝，登上御苑西楼，悲伤地目送着远去的灵车，不禁低吟出一首悼念魏徵的诗句：

闾阖总金鞍，上林移玉辇。

野郊怆新别，河桥非旧饯。

惨日映峰沉，愁云随盖转。

哀筇时断续，悲旌乍舒卷。

望望情何极，浪浪泪空泫。

无复昔时人，芳春共谁遣？

李世民吟罢，肃然伫立，目送灵车，直到在远方与茫茫的天地融合，消失不见。

魏徵作为唐初的一代名相，回顾他的一生，足见他是我国封建社会中少有的杰出政治家、卓越的思想家、优秀的文学家和著名的史学家。他为中华民族创建了历史伟绩，留下了宝贵的文化遗产。

魏徵的生活道路，十分崎岖而复杂。前半生，隐居乡里，孜孜求学，默默无闻；后半生，卷入隋末社会阶级斗争浪潮后，毅然决然地走出书斋，弃笔投戎，加入农民起义的行列。他先后做过李密、窦建德等义军领袖的幕僚，企图建功立业，有所作为。但是，在历史转变关头，伟大的农民战争失败了。魏徵无所归宿，自然地投入了封建地主阶级的怀抱，成为唐朝的积极拥护者。他从太子东宫的一个普通官员，逐渐为人们所重视，被提拔和信任，终于成为在唐初政局中举足轻重的一位宰相，唐代封建社会中的杰出政治家。

这位政治家，不是贵族豪门出身，也不是在温室中成长起来的，而是身经隋朝社会的繁荣，目睹隋王朝的衰亡，在隋末唐初的伟大阶级斗争中成长起来的。人民群众的伟大力量和时代革命斗争气息给他以深刻的影响，使他在脑海中留下了终生难忘的印象。

魏徵同所有的历史人物一样，不是超越时代、超越阶级的超人，而是我国封建社会中的杰出政治家，封建地主阶级利益的代理人。这可以从个人出身、社会教养、历史环境以及本人的思想言行表现等方面说明。他奋不顾身，忠心耿耿，为唐朝国家效劳，直到呼吸停止。

以李渊、李世民为首的统治集团，在隋朝废墟上重建的唐朝封建地主阶级政权中，组成人员比较复杂。这个政权是以李渊、李世民集团为基础，吸收了隋朝遗老以及在隋末唐初战争中新起的文臣武将，家庭出身、社会经历以及思想要求是不同的。所以，在对广大人民群众方面采取哪一种手段和办法，确定什么样的方针和政策存在着分歧。其中，以魏徵、王珪为首的一些官僚，出身地位较低，头脑比较清醒，肯于接受隋亡的教训，正视现实，敢于直谏，具有一定的革新精神。他们主张恢复和发展社会经济，对广大农民群众施行一些缓和政策。这部分人，从地主阶级长远利益出发，比较正直廉洁，顾全大局，维护国家统一，力求巩固唐朝封建国家的统治地位。这一派官僚，就是当时所说的"良臣"，是唐朝封建地主阶级政权内部进步势力代表者。

魏徵是唐初政权中的杰出代表人物。他的言行作为，可谓是良臣的典范，这是不言而喻的。但毕竟他受其阶级道德的支配，自觉地、积极地维护封建地主阶级国家的最高利益，坚决同违反唐朝国家根本利益的一切现象作斗争，不怕善意的误会，无知的嘲讽，也不怕恶意的诽谤，无耻的打击，本着"一心可以事百君"的封建道德标准，坚持原则，始终如一，站在时代的前端，奉公为国，效忠于唐王朝。他的正直言行，有时冒犯了皇帝的淫威，刺伤了统治者的痛处，以至于触怒唐太宗要杀掉他。但魏徵为什么未被杀害呢？问题十分明显：魏徵所言，不是只图眼前，而是为了长远；魏徵所行，不是为了个人，而是为了封建地主阶级的国家根本利益。只要是人们认真考虑这个问题，是可以得到答案的。保留魏徵这个人物，并且加以重视，对唐朝来讲非常有用。唐太宗说得很有道理：魏徵"每犯颜切谏，不许我为非，我所以重之"。

大量事实证明，魏徵具有一个政治家的才能与特点：眼光敏锐，头脑清醒，坚持原则，长于辩论，不与奸邪同流合污，敢于说出一般人所不敢说的话，敢于做出一般人所不敢做的事；高瞻远瞩，安不忘危，理不忘乱，敢于正视现实，总结经验教训；才智出众，精力充沛，积极热情，勤奋工作，自觉地为封建地主阶级国家服务。因此，魏徵在唐代政治生活中起了很大作用，不仅对巩固封建地主阶级统治地位，在"贞观之治"中有所贡献，而且对唐朝国家的统一，社会的进步，群众生活的某些改善，都具有一定的推动作用。

魏徵还是一位博经通史的著名学者。他的平生著述很多，主要有：《文集》二十卷、《时务策》五卷、《谏事》五卷、《隋靖列传》一卷、《类礼》二十卷、《祥瑞录》十卷、《祥应图》十卷、《励思节》四卷、《自古诸侯王善恶录》二卷、《周易义》六卷。此外，经他手主编的著作有：《梁史》五十六卷、《陈史》三十六卷、《周史》五十卷、《齐史》五十卷、《隋史》五十五卷、《群书治要》五十卷、《大唐仪礼》一百卷、《文思博要》一千二百卷。可惜其中大部分著作都已失散，传留至今的仅有《群书治要》和《隋史》等几部历史著作了。

魏徵的许多著作，都是直接为封建统治阶级服务的，立场坚定，具有鲜明的政治倾向性。比如《群书治要》《自古诸侯王善恶录》等书，是为唐太宗及其王子们编纂的。该书从前代大量儒家经典中，搜集许多有关治国安邦的道理、经验和教训以及所谓"明王""暗主"的言行事迹，希望读者从中吸取教益，"以为鉴戒""临事不惑"，而有助于自己的统治。

从现存的有关著述（包括奏疏）中，也可见到，魏徵学识渊博，造诣很深。他既熟悉儒家经典教条，又了解前代兴亡历史，在文学上也取得较高成就。特别值得提到的是，他的政论性文章写得很出色，文字简练，语言生动，材料丰富，论点明确，逻辑严谨，富有强烈的战斗气息。

魏徵的为人，坦白直爽，生活也较为节俭。他平素能够克制自己，同一般腐朽官僚有所不同，既不偏好声色犬马，也不喜欢铺张浪费，家中除收藏的许多图书外，没有多少财物。身为当朝宰相，仍能习惯于"素褥布被"，住普通房舍，甚至没有正厅。魏徵死后，唐太宗为了表彰他的功绩，下诏举行规模盛大的葬礼。魏徵的妻子裴氏辞谢说："魏徵平素节俭朴素，如今按一品朝官葬礼，物品仪仗都非常丰盛，恐怕不是他所愿意的。"太宗只好根据死者愿望，免去那些豪华场面和丰盛殉葬物品，只用白木车子、白布车帷送葬。由此可见魏徵的为人了。

魏徵"忧国如家，忠言正谏"的精神，廉洁奉公、生活俭朴的作风，正直不阿、敢于斗争的品德，给人们留下了极为深刻的印象。魏徵死后，太宗非常悲痛，想念不止，时常到凌烟阁去看魏徵的画像，作诗追悼魏徵。太宗曾在诏书中写道："从前，只有魏徵毫无保留地指出我的过错。自他死以后，我有过错也未能被人提示，难道说从前有过错，而现在完全没有了吗？这都是因为朝野群臣顺从苟安，不敢触犯威颜啊！"

魏徵之死，对唐朝是一个无可补救的损失。唐太宗曾对臣僚说，自己有铜镜、史镜、人镜三面镜子，魏徵死了，就等于自己失去了一面镜子。唐太宗深有体会，魏徵的确是唐初社会的一面镜子。这面镜子，无情地照着封建社会政治生活中落后、反动、腐朽和黑暗的死角，照着封建统治者骄横、跋扈、贪纵和放逸的形迹，使人们从中得到启示，作为自己思想行动的参考。

魏徵不是一位完整无缺的历史人物，事实上也找不到这样的历史人物。他毕竟是封建地主阶级中的杰出政治家，一切言行都为封建地主阶级利益着想，忠实地为封建国家服务，本身受到阶级的历史的制约，这是不言而喻的。我们之所以评定这位历史人物，肯定他的主导方面，是因为他区别于那些腐朽没落反动的封建官僚，他的思想言行客观上对当时国家统一、社会进步和人民群众利益具有一定的积极作用。

魏徵，一代名相，千古流芳！

魏徵生平大事年表

580 年（北周大象二年） 1 岁

魏徵出生于巨鹿的下曲阳（今河北晋州西）。

杨坚称隋王。

617 年（隋大业十三年） 38 岁

李渊于太原起兵，入长安。武阳郡丞元宝藏聘魏徵为典书记。元宝藏率部投瓦岗军，李密召魏徵为文学参军，掌记室。魏徵向李密条陈发展瓦岗军的十条计策，李密未采纳。

618 年（唐武德元年） 39 岁

宇文化及江都兵变，隋亡。李渊在长安即位，国号唐。

九月，魏徵向李密元帅府长史郑颋建议，加强对王世充的防御，不要硬拼，郑颋不从，瓦岗军大败。

十月，李密降唐，魏徵随之进入长安。十一月，魏徵自请出使安抚山东，唐高祖李渊任命他为秘书丞，批准他出使。至黎阳劝徐世勣降唐。

619 年（唐武德二年） 40 岁

颁布租庸调法。窦建德大败宇文化及。王世充于洛阳称帝。杜伏威降唐。正月，魏徵劝说元宝藏以魏州降唐。窦建德组织十万大军，南下黎阳，大败唐军，徐世勣、李神通和魏徵等人被俘。十月，窦建德任命他为起居舍人，负责记录夏王窦建德的言行事迹，准备编写史书。

620 年（唐武德三年） 41 岁

唐军占山西。李世民率军围攻王世充。

621 年（唐武德四年） 42 岁

虎牢关大战，唐军大胜，窦建德被俘牺牲。五月，魏徵从窦建德军中回到长安，被任命为太子洗马。

622 年（唐武德五年） 43 岁

刘黑闼起兵称王，李渊诸子矛盾激化，太子李建成请率军征刘黑闼。十一月，魏徵与王珪等劝太子李建成往讨刘黑闼，提高自己的威信，结纳地方势力。十二月，魏徵随军到河北，向李建成建议，释放刘黑闼军的俘虏，以分化刘军。

623 年（唐武德六年） 44 岁

刘黑闼败亡，唐军得胜。正月，魏徵随太子李建成回到长安。

625 年（唐武德八年） 46 岁

检校地方度量衡。

626 年（唐武德九年） 47 岁

六月初四，玄武门之变，李世民杀太子李建成、齐王李元吉，李世民被立为太子。七月，李世民引魏徵为太子詹事主簿。八月，李世民即皇帝位，拜魏徵为谏议大夫，封巨鹿县男。魏徵出使山东，至磁州释放前太子千牛（太子侍卫官）李志安、齐王府护军李思行二人。十二月，唐太宗多次召魏徵进入卧室，谈论国家大事，颇受重视，晋升尚书省右丞，与左丞戴胄执掌尚书省政务，更订刑律。同封德彝等人论"教化"，阻征中男服役。

627 年（唐贞观元年） 48 岁

更定律令，放宽刑罚，裁减官吏，整顿州县，划分全国为十道。诏令谏官随宰相入朝议事。九月，魏徵出使地方赈济灾民。十月，谏出兵岭南讨伐冯盎。十二月，有人告发魏徵包庇亲属，唐太宗命御史大夫温彦博按验，查无实据。

628 年（唐贞观二年） 49 岁

梁师都败亡，全国统一。河南蝗灾，太宗吞蝗，出宫女三千人回乡。王珪为侍中。太宗书都督、刺史姓名于屏风，记其善恶，以备黜陟。正月，魏徵论"兼听则明，偏信则暗"。二月，劝太宗勿自尊自崇。十月，返乡祭扫回京，谏唐太宗巡游终南山。

629 年（唐贞观三年） 50 岁

房玄龄、杜如晦为尚书省左右仆射。李靖受命征伐突厥，突利可汗降唐。二月，魏徵任秘书监，参与朝政。召引学者校定四部书。受诏监修梁、陈、齐、周、隋史。治书御史告房玄龄考官不平，魏徵为之辩解。

630 年（唐贞观四年） 51 岁

唐军大败突厥，颉利可汗被俘。边疆各族上太宗尊号"天可汗"。四月，朝廷讨论如何安置突厥降部的问题，魏徵建议迁之故地，太宗没有采纳。六月，支持张玄素谏兴建洛阳宫。十二月，谏西域各国遣使朝贡。太宗赞赏魏徵提出的偃武修文方针而使天下得到治理。

631年（唐贞观五年） 52岁

修仁寿宫，更名九成宫。初令决死刑者，地方须三复奏，中央须五复奏。八月，魏徵谏御史权万纪滥劾朝臣。九月，魏徵总编《群书治要》成书。十月，唐太宗下令群臣讨论分封制度，魏徵持反对态度。十一月，魏徵谏新罗所进美女。十二月，魏徵答辩治国之道——"居安思危"。

632年（唐贞观六年） 53岁

党项前后归附者三十余万人，唐于其地新建十六州。全国断死刑增至三百九十人。正月，群臣建议唐太宗举行"封禅"典礼，魏徵极力谏阻。三月，魏徵谏诤过激，唐太宗想要杀掉他，被长孙皇后劝阻。五月，魏徵检校侍中，晋爵巨鹿公。十二月，魏徵指陈唐太宗对节用民力、虚心纳谏不如贞观初年。

633年（唐贞观七年） 54岁

王珪罢相。戴胄死。正月，太宗宴请朝臣，演奏《七德舞》，魏徵俯首不视，以劝太宗偃武修文。三月，代王珪为侍中。处理尚书省滞讼不决案件受到赞扬。主编《自古诸侯王善恶录》成书。

634年（唐贞观八年） 55岁

修建大明宫及永安宫。魏徵谏处罚皇甫德参以诽谤罪。谏聘郑仁基女为充华。

635年（唐贞观九年） 56岁

唐将李靖等大破吐谷浑，逾星宿川。唐高祖李渊死，葬献陵。魏徵同唐太宗谈论周齐末代君主优劣。

636年（唐贞观十年） 57岁

整顿全国府兵制，十道置军府六百三十三个。长孙皇后死，葬昭陵。正月，魏徵监修的梁、陈、齐、周、隋五代史修成。魏徵以修史功，进左光禄大夫、爵郑国公。魏徵以目疾求为散官。六月，以魏徵为特进，仍知门下省事。八月，谏责斥上疏臣僚。十二月谏王子不得折辱大臣。

637年（唐贞观十一年） 58岁

颁房玄龄等修新律，修飞山宫。帝经显仁宫至洛阳宫，谷、洛水涨入洛阳宫。太宗以武则天为才人。太宗于洛阳游猎不止。正月，魏徵上论政疏，谏作飞山宫。二月，魏徵谏太宗以供应不周责显仁宫官司。三月，唐太宗宴洛阳宫西苑，泛积翠池，魏徵作诗约帝以礼。魏徵与房玄龄等订《五礼》成。封一子为。上时事疏。四月，上第二疏，陈"十思"。五月，上第三疏，陈"居安思危"。七月，上第四疏，谏亲君子疏小人。八月，太宗不满上封事者或不切事理，魏徵认为上封事可取，于国无损有益。

638年（唐贞观十二年） 59岁

太宗回长安，高士廉等编定《氏族志》。正月，魏徵谏三品以上大臣见诸王下马。三月，唐太宗论贞观前后房玄龄、魏徵之功，亲解佩刀以赐二人。魏徵谏太宗听谏不如贞观初年。

639 年（唐贞观十三年） 60 岁

太宗至九成宫。突厥阿史那结社率作乱。计全国州府三百五十八、县一千五百五十一。魏徵上《十渐不克终疏》。

640 年（唐贞观十四年） 61 岁

诏令孔颖达等编《五经正义》。修襄城宫。唐灭高昌，置西州。五月，唐太宗以魏徵所撰《类礼》分赐太子、诸王。八月，魏徵谏于高昌设州县。十二月，魏徵谏太宗责罚大将张士贵。是年，魏徵谏太宗处杀县尉刘仁轨。上疏论择官及治国之道。

641 年（唐贞观十五年） 62 岁

文成公主出嫁吐蕃松赞干布。太宗至襄城宫。遣使立西突厥沙钵罗叶护可汗。二月，魏徵论守天下之难。七月，魏徵谏命使者历西域诸国市马。十月，魏徵与高士廉等合编《文思博要》成书。

642 年（唐贞观十六年） 63 岁

正月，魏徵上书谏魏王泰徙居武德殿。七月，魏徵病重，太宗下令为他构筑正堂。九月，太宗命魏徵为太子太师。十二月，魏徵与太宗论君臣关系准则。

643 年（唐贞观十七年） 64 岁

正月十七日，魏徵病故，太宗自制碑文，并为书石，陪葬昭陵。太宗言称有三镜，魏徵亡，痛失一镜。二月，太宗命图画功臣长孙无忌、杜如晦、房玄龄、魏徵等人像于凌烟阁。